描かれた三木合戦

上：別所長治画像
下：別所長治夫人画像　いずれも裏面墨書に「別所長治殿絵像二幅」とあり、寛文10年（1670）9月に近江の大津代官小野長左衛門貞正によって法界寺に寄進された旨が記されている。狩野外記秀信筆。小野長左衛門家は別所長治家臣の子孫であり、当時は三木の代官も務めていた。長治百回忌に向けて寄進されたものとみられる。天保12年（1841）に表具が修理されている　共に兵庫県三木市・法界寺蔵　画像提供：三木市教育委員会

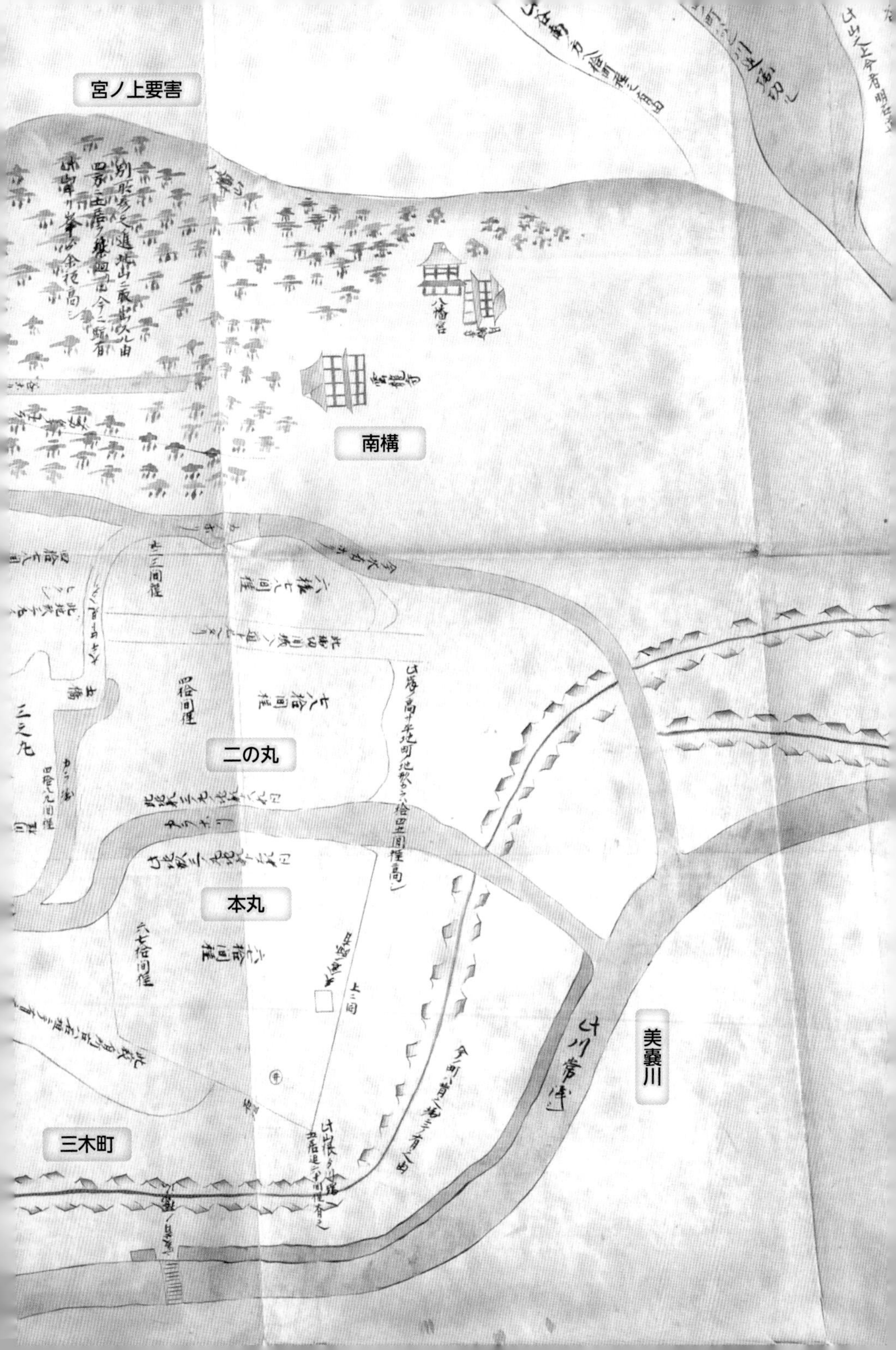
宮ノ上要害
南構
二の丸
本丸
美嚢川
三木町

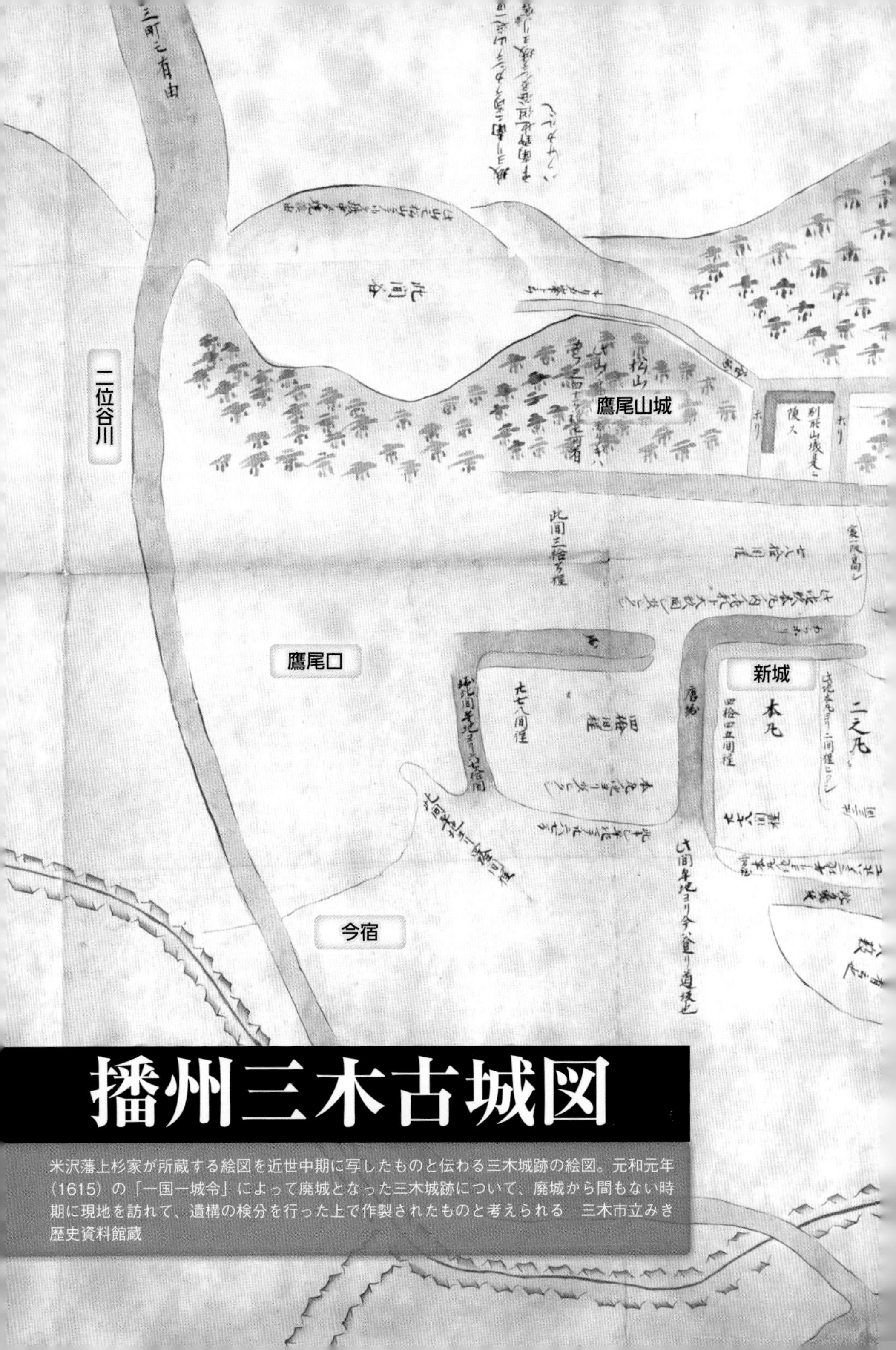

播州三木古城図

米沢藩上杉家が所蔵する絵図を近世中期に写したものと伝わる三木城跡の絵図。元和元年(1615)の「一国一城令」によって廃城となった三木城跡について、廃城から間もない時期に現地を訪れて、遺構の検分を行った上で作製されたものと考えられる　三木市立みき歴史資料館蔵

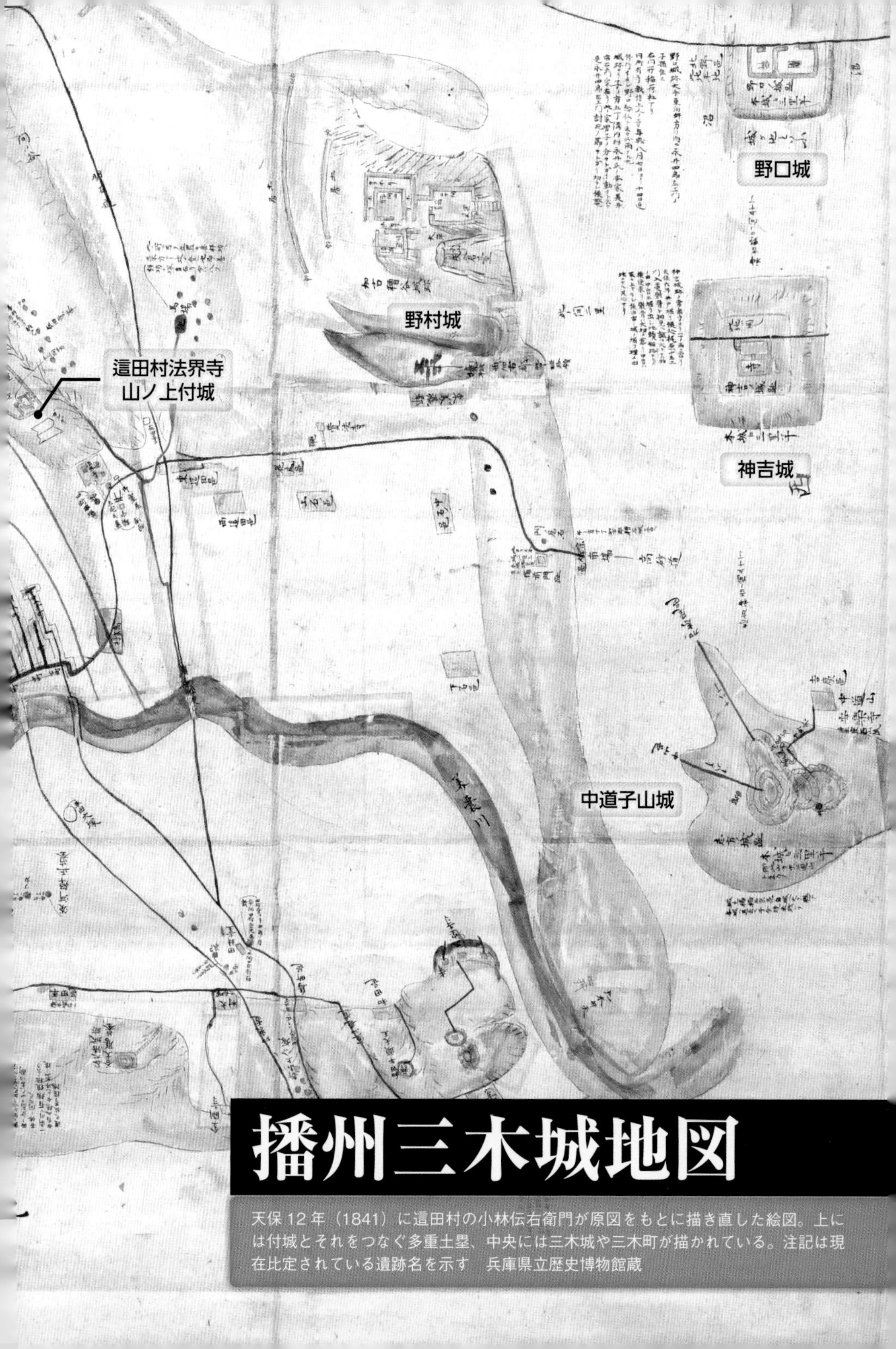

播州三木城地図

天保12年（1841）に這田村の小林伝右衛門が原図をもとに描き直した絵図。上には付城とそれをつなぐ多重土塁、中央には三木城や三木町が描かれている。注記は現在比定されている遺跡名を示す　兵庫県立歴史博物館蔵

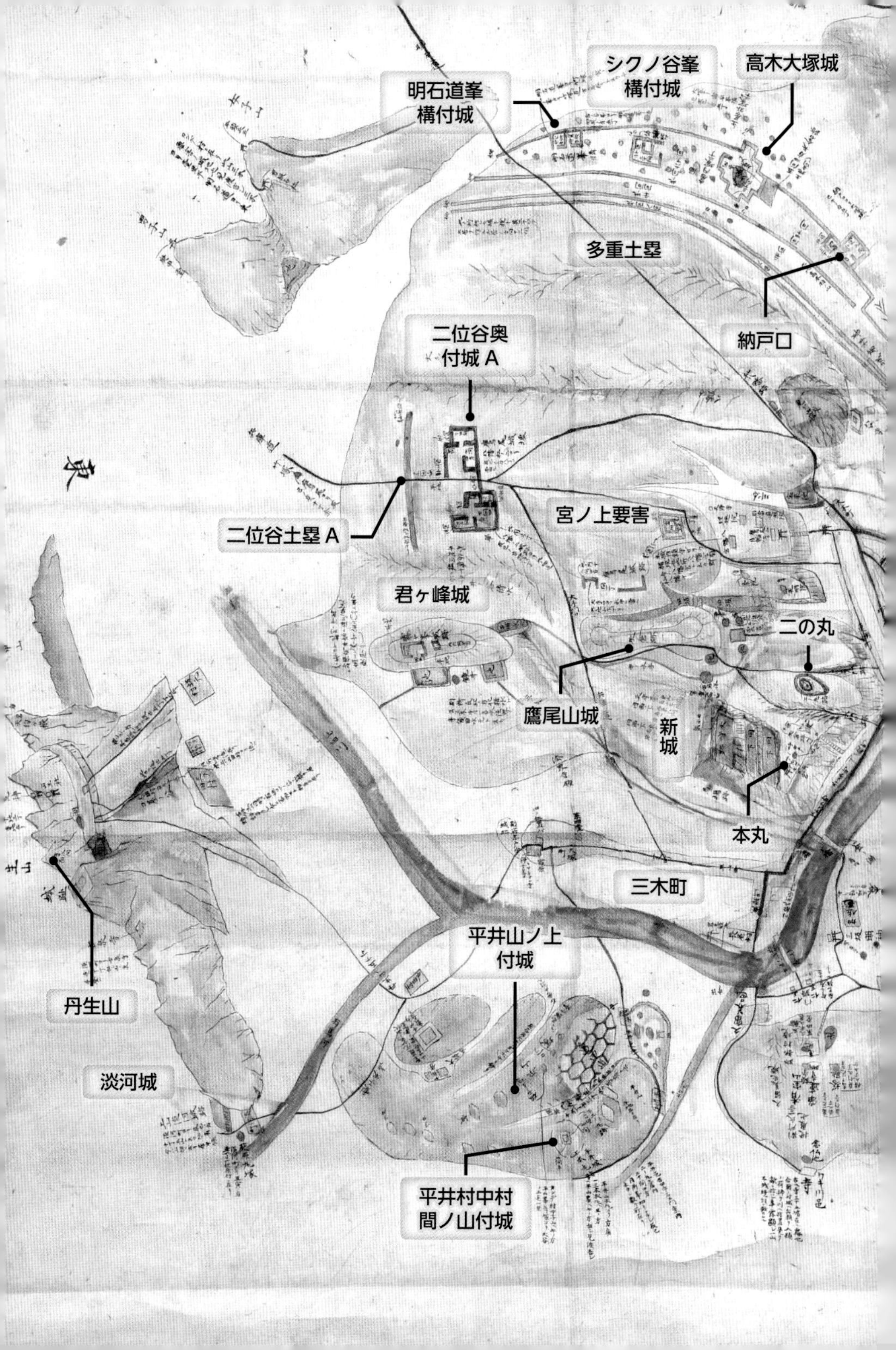
明石道峯
構付城
シクノ谷峯
構付城
高木大塚城
多重土塁
納戸口
二位谷奥
付城 A
東
二位谷土塁 A
宮ノ上要害
君ヶ峰城
二の丸
鷹尾山城
新
城
本丸
三木町
平井山ノ上
付城
丹生山
淡河城
平井村中村
間ノ山付城

三木合戦軍図

三木合戦の様子を描いた３幅の合戦図。毎年４月 17 日、これを本堂に掲げ、語り手がそれら各場面の絵を指し示し三木合戦の次第を説き聞かせる伝承行事（三木合戦軍図絵解き）が行われている（三木市指定無形民俗文化財）。本図は、天保 12 年（1841）に寄進された模写図　兵庫県三木市・法界寺蔵　画像提供：三木市教育委員会

右図右上：平井山の羽柴秀吉本陣。
同左上：別所方が秀吉に対し降伏の書簡を届け出る場面。
同　下：平井山合戦の場面。
左図上：糟屋館（加古川城）の評定において、三宅肥前守が上座の秀吉に対し進言している場面。
同　下：野口城における合戦の場面。

上　：糟屋館における決裂を受けた、三木城での評定の場面。上座は別所長治。
中央：左は長治等が切腹する場面。その右は、夫人等の自害の場面。
下　：兵糧攻めに遭い、痩せ細った城兵が馬や鼠を食べている場面。

秀吉の播磨攻めと城郭

図説 日本の城郭シリーズ⑯

金松 誠

戎光祥出版

はしがき

羽柴秀吉《はしばひでよし》の播磨《はりま》攻めは、天正五年（一五七七）十月から同八年五月までの二年七か月にわたる長期戦であった。当時、秀吉は中国地方の毛利輝元《もうりてるもと》攻めの総責任者であり、毛利領内に接する播磨国衆を味方に付けていたのであるが、三木《みき》城主別所長治《べっしょながはる》の離反により、播磨国衆のほとんどが毛利方に転じてしまったのである。

この戦いでは、「三木の干し殺し」と秀吉自身が表現した三木城に対する兵糧攻め、それを実行するための付城《つけじろ》群の構築など、のちの鳥取《とっとり》城攻めや備中高松《びっちゅうたかまつ》城攻めのノウハウを習得した戦いでもあった。播磨攻めの勝利こそが、秀吉の天下取りの足掛かりとなったといっても過言ではなかろう。

播磨攻めの主戦場となった三木城をめぐる戦いは、「三木合戦」と呼ばれ、三木市内には、現在も三木城を取り囲むように、織田方の付城やそれをつなぐ多重土塁《たじゅうどるい》の多くが残っている。これら遺跡群は、戦国期の合戦の過程や全容を把握する上で重要な史跡として、平成二十五年（二〇一三）三月二十七日、「三木城跡及び付城跡・土塁」として国の史跡に指定された。これは、領主の居城と、攻城方によって築かれた包囲網の付城・土塁を一体として指定する全国で初めての史跡となった。

このように、歴史上有名な戦いである三木合戦とその遺跡群については、史跡指定に向けて調査研究が進められ、平成二十二年に『三木城跡及び付城跡群総合調査報告書』（三木市教育委員会）が刊行され、文献史学・縄張り・考古学的成果がまとめられたほか、三木城と別所氏に関する史料集成が行われた。筆者はこの報告書の分担執筆及び編集を担当した。

一方、これまでに刊行された一般向けの書籍においては、史料の典拠があいまいなものや後世の軍記物に依拠しているものが多く、いずれも不十分な内容にとどまっている。

本書では、このような現状に鑑み、総合調査報告書の成果を踏まえた上で、この十年間の研究の進展も織り交ぜつつ、秀吉による播磨攻めの実像に迫ることとしたい。

まずは、文献史学の視点から、その前史として織田氏・毛利氏・別所氏の関係を概観した上で、秀吉の播磨攻めに至る背景を探る。そして、秀吉による播磨攻めの経過を周辺勢力の動向も含めて時系列でていねいに追いかけることにより、その実態を明らかにする。

次に、別所氏の居城である三木城、織田方の三木城攻めの付城とそれをつなぐ土塁、その他播磨攻めに関連する城郭の分析から、播磨攻めの具体的な様相を探っていく。

本書をきっかけとして、秀吉の播磨攻めにまつわる遺跡群を知っていただき、さらに多くの方々に関心を持っていただければ幸いである。

二〇二一年二月

金松　誠

目次

第二章　播磨攻めに関連する城郭　169

凡　例

一、本書は、羽柴（豊臣）秀吉による播磨攻め（主に三木合戦）の攻防の舞台となった中世城郭および付城から39城を選び、解説したものである。
一、各城の記事には、①指定区分、②所在地、③遺構、③規模、④標高、の五項目を付した。
一、三木市内に所在する城郭等の写真と図面については、ことわりのない限り基本的に三木市教育委員会から提供を受けたものである。
一、本書掲載の地図は、国土地理院発行の1／25000地形図を利用した。
一、付城とは、一般的には攻略目標とする城郭を包囲するように築かれた臨時的な城のことを指す。よって、本書では三木城包囲網戦における織田方の城を「付城」と呼び、付城も含めた特定の合戦に備えた臨時的な城のことを「陣城」と呼ぶこととする。

※本文中に注記する史料のうち、以下の史料集に収録されているものは、次のように略記する。
『明智光秀　史料で読む戦国史』・文書番号→明〜
『織田信長文書の研究』・文書番号→信〜
『久世町史』資料編第一巻　編年資料・文書番号→久一〜
『新熊本市史』史料編第二巻　古代 中世・文書番号→熊二〜
『戦国遺文』瀬戸内水軍編・文書番号→戦瀬〜
『戦国遺文』三好氏編・文書番号→戦三〜

『豊臣秀吉文書集』・文書番号→秀〜
『萩藩閥閲録』（巻数）・文書番号→萩〜
『姫路市史』第八巻 史料編 古代 中世1・文書番号→姫八〜
『兵庫県史』史料編中世（近世）巻数・頁数→兵中（近）〜
『和歌山県史』中世史料二・文書番号→和県二〜
『和歌山市史』第四巻 古代中世史料・文書番号→和市四〜

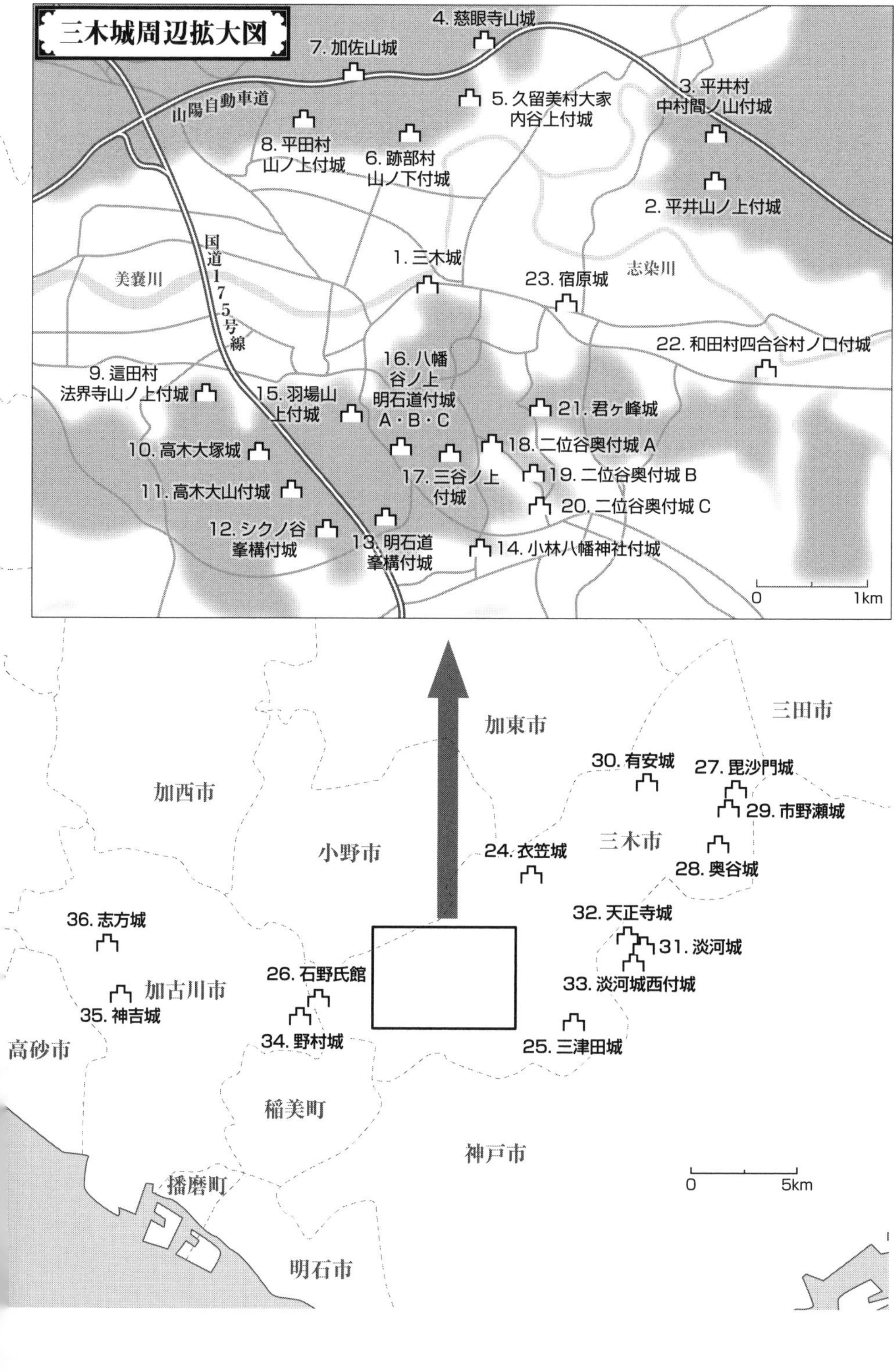

三木城周辺拡大図
4. 慈眼寺山城
7. 加佐山城
山陽自動車道
5. 久留美村大家
内谷上付城
3. 平井村
中村間ノ山付城
8. 平田村
山ノ上付城
6. 跡部村
山ノ下付城
2. 平井山ノ上付城
国道175号線
1. 三木城
美嚢川
23. 宿原城
志染川
22. 和田村四合谷村ノ口付城
9. 這田村
法界寺山ノ上付城
15. 羽場山
上付城
16. 八幡
谷ノ上
明石道付城
A・B・C
21. 君ヶ峰城
10. 高木大塚城
18. 二位谷奥付城 A
11. 高木大山付城
17. 三谷ノ上
付城
19. 二位谷奥付城 B
20. 二位谷奥付城 C
12. シクノ谷
峯構付城
13. 明石道
峯構付城
14. 小林八幡神社付城
0
1km
三田市
加東市
30. 有安城
27. 毘沙門城
29. 市野瀬城
加西市
小野市
24. 衣笠城
三木市
28. 奥谷城
36. 志方城
32. 天正寺城
31. 淡河城
33. 淡河城西付城
26. 石野氏館
加古川市
35. 神吉城
34. 野村城
25. 三津田城
高砂市
稲美町
神戸市
0
5km
播磨町
明石市

本書掲載城郭位置図

朝来市
神河町
宍粟市
市川町
佐用町
福崎町
39. 上月城
38. 置塩城
姫路市
上郡町
たつの市
太子町
相生市
37. 御着城
赤穂市

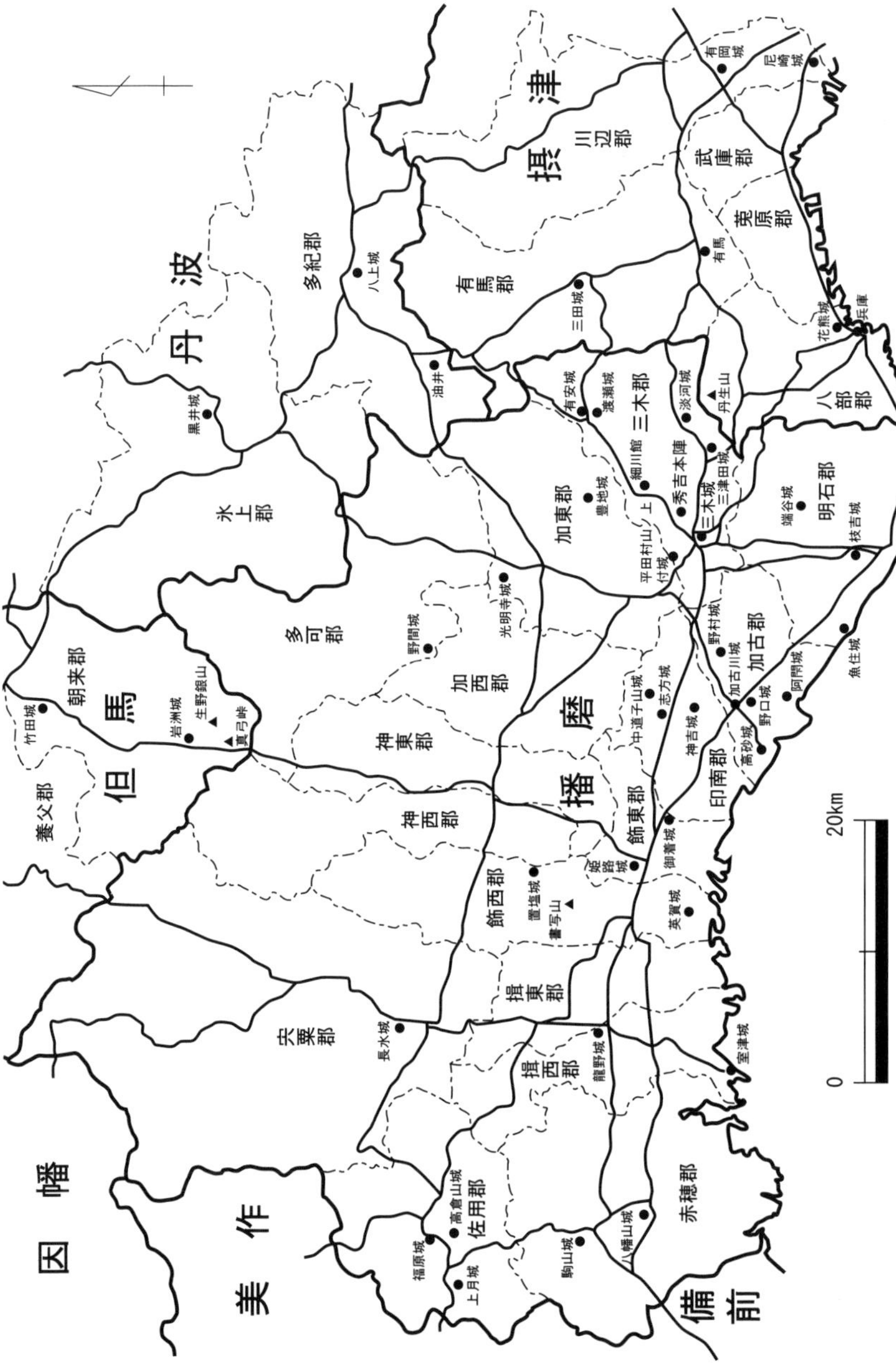

播磨国周辺関係図（『兵庫県史』3 付図7を参照して作成）

第Ⅰ部　文献史料から見た秀吉の播磨攻め

第一章　織田信長の上洛と播磨の雄・別所氏

播磨をめぐる織田・毛利の関係

永禄十一年（一五六八）九月、尾張《おわり》・美濃《みの》を領国とする織田信長《おだのぶなが》は、足利義昭《あしかがよしあき》を奉じて上洛を果たし、十月初旬には畿内を平定した。十八日、義昭は十五代征夷大将軍《せいいたいしょうぐん》に就任し、ここに足利義昭政権が成立した。信長は、義昭を補佐する立場で畿内における存在感を次第に強めていくこととなる。

このようななか、中国地方最大勢力を誇る安芸《あき》郡山城《こおりやま》（広島県安芸高田市）に拠る毛利元就《もうりもとなり》は、上洛した信長に対し友好関係を築いていく。しかし、織田・毛利は次第に対立を深めていき、やがて北近江《きたおうみ》（伊香《いか》・浅井《あざい》・坂田《さかた》郡か）を治める長浜城《ながはま》（滋賀県長浜市）の羽柴秀吉《はしばひでよし》を主将とする中国攻めへと発展していく。この緒戦が、両勢力の中間に当たる播磨《はりま》において繰り広げられた。

本章では、播磨の雄・別所《べっしょ》氏を軸として播磨をめぐる織田・毛利の関係を読み解き、播磨攻めの経過を明らかにしていく。

播磨の雄・歴代別所氏の動向

別所氏は、三木《みき》（美嚢《みのう》）郡三木城（兵庫県三木市）を拠点とした有力国人《こくじん》である。赤松《あかまつ》庶流家に出自をもち、東播磨八郡（三木・明石《あかし》・印南《いんなみ》・加古《かこ》・多可《たか》・神東《じんとう》・加西《かさい》・加東《かとう》）の守護代に任じられるなど、戦国期東播磨最大の勢力として、その広い範囲に影響力を及ぼした。

ここでは、主に依藤保の研究[*1]を参照し、歴代別所氏の動向を概略する。

＊1　依藤二〇一〇a

【則治《のりはる》】生没年月日未詳

三木別所氏の初代当主。官途《かんと》名は大蔵少輔、受領《ずりょう》名は加賀守を自称した。東播磨八郡の守護代に任じられるなど、三木を拠点として別所氏発展の礎を築いた。

文明十五年（一四八三）十二月、播磨・備前《びぜん》・美作《みまさか》三か国の守護赤松政則《まさのり》が但馬《たじま》国朝来《あさご》郡真弓峠（兵庫県朝来市）で但馬守護山名政豊《やまなまさとよ》に大敗を喫し、姫路に逃げ返ると、播磨へは山名氏の兵が乱入する。これにより、浦上則宗《うらがみのりむね》を筆頭に、小寺《こでら》・中村《なかむら》・依藤《よりふじ》・明石の五人の老臣衆は政則を追放し、政則は和泉《いずみ》国堺（大阪府堺市）に逃れた。こうしたなか、文明十六年二月六日、別所則治はその救援のため、政則を擁してひそかに入京し、前将軍足利義政《よしまさ》に助けを求めた。*2 則治は、この事件で史料上初めて登場する。

則治は、赤松政則の復活を助けた功績によって老臣となった。山名政豊が但馬へ去った長享二年（一四八八）七月十八日以後、政則は短期間のうちに播磨・備前・美作の三か国を回復する。これにより、則治は東播磨八郡を管轄する守護代に任じられた。*3 以後、則治は三木郡久留美《くるみ》荘（兵庫県三木市）を拠点として、その職務を背景に赤松家臣団中において政則の老臣筆頭の地位に座るなど、盤石の位置を確保した。

【村治《むらはる》】文亀二年（一五〇二）～永禄六年（一五六三）正月三十日

則治の嫡孫に当たる。官途名は大蔵少輔、受領名は加賀守を名乗った。父耕月《こうげつ》が永正十二年（一五一五）に死去したため、若年で当主の座に就いたと考えられる。

村治の代には、三木城での合戦がいくつか確認できる。播磨守護赤松晴政《はるまさ》と浦上村宗《むらむね》方との対立により、大永二年（一五二二）十月六日、村宗が「別所館」を攻撃したが、村治はこれを撃退

*2　「赤松別所大蔵少輔則治公寿像賛」『翠竹真如集』姫八・一〇一八

*3　「赤松別所大蔵少輔則治公寿像賛」『翠竹真如集』姫八・一〇一八

三木城本丸跡伝天守台現況（南東から）　兵庫県三木市

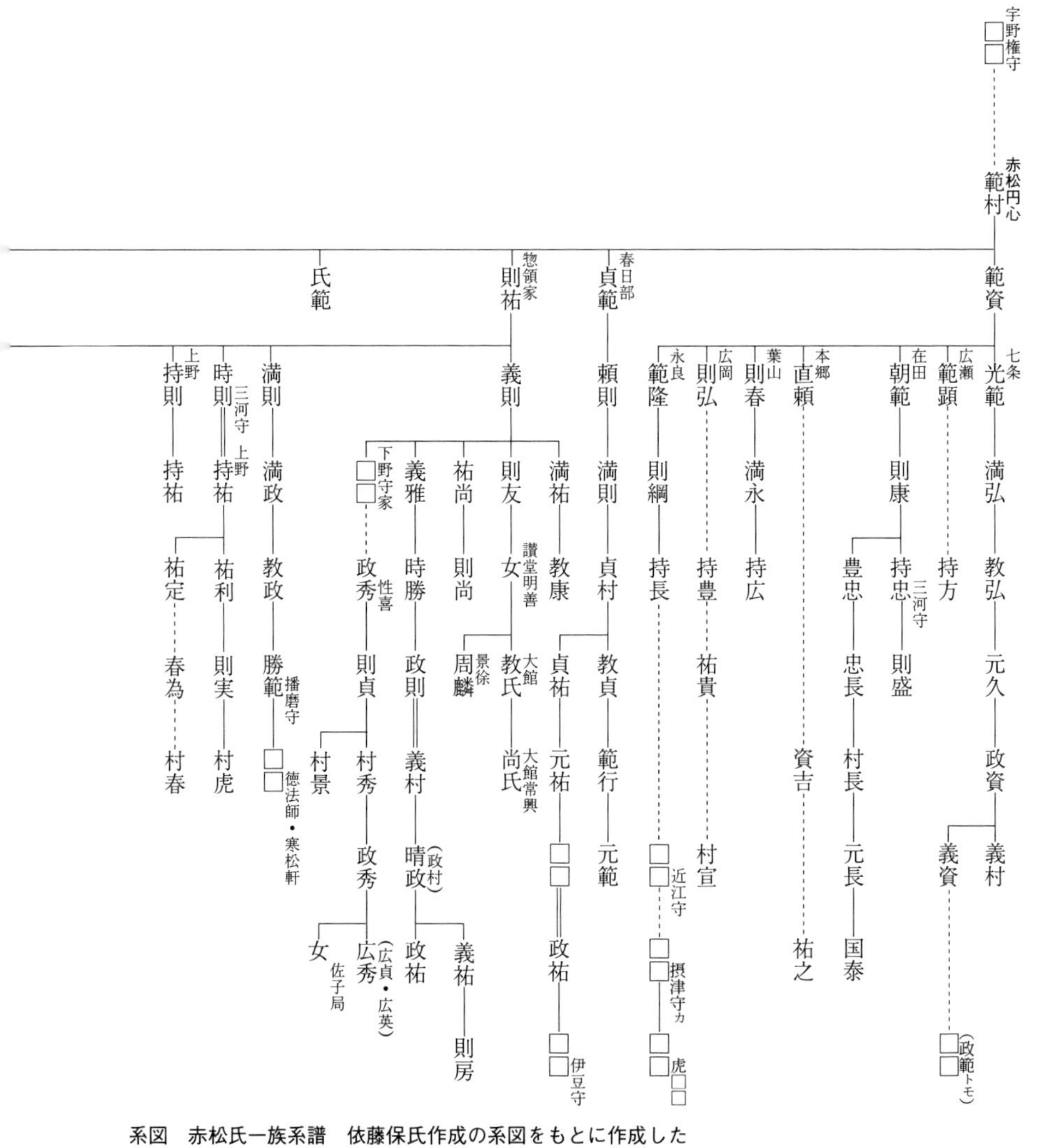

系図　赤松氏一族系譜　依藤保氏作成の系図をもとに作成した

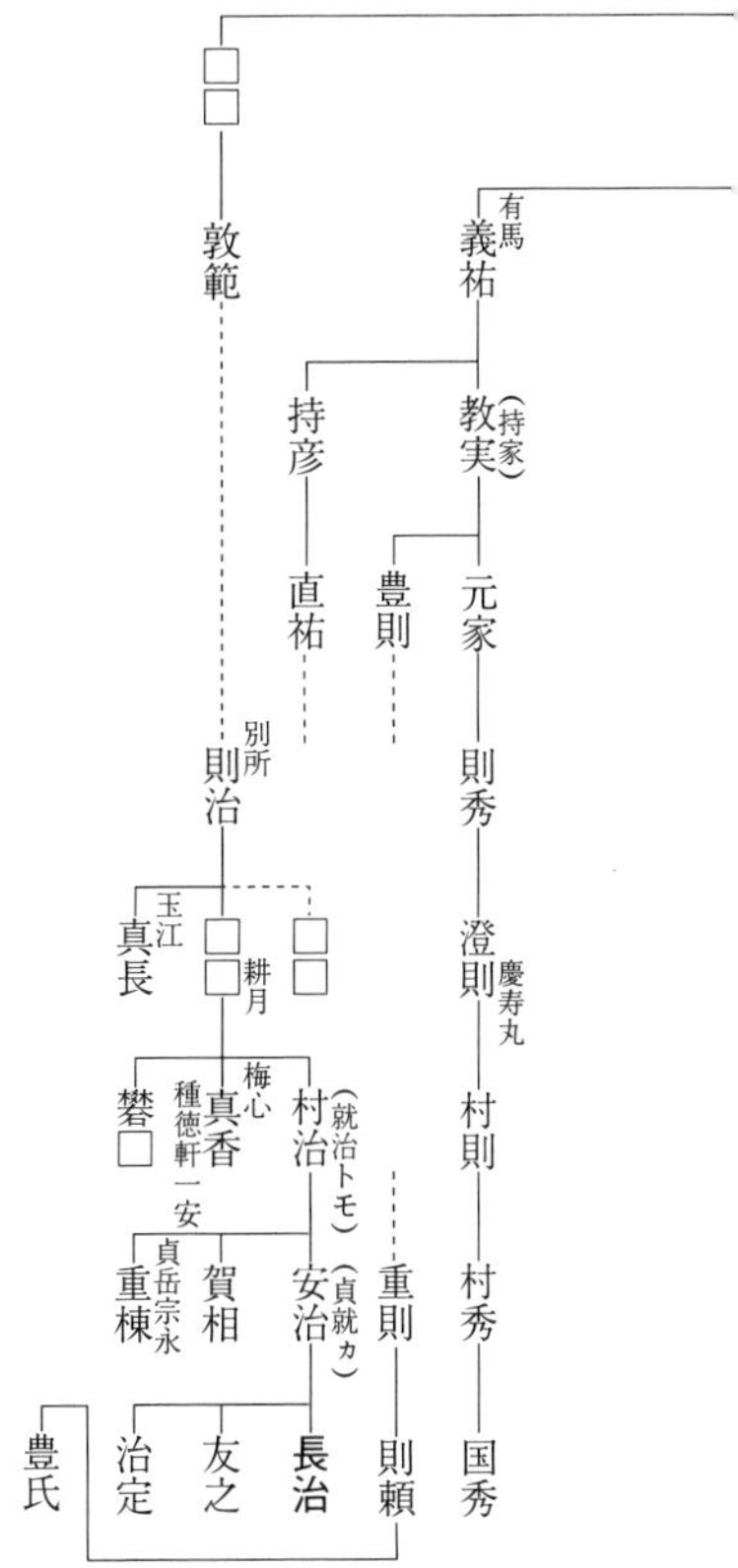

した。*4　これが三木城の初見である。享禄二年（一五二九）十月三日、再び浦上村宗に三木城が攻められたが、櫛橋則高《くしはしのりたか》・上月又六《こうづきまたろく》ら牢人衆が籠城に加わって抗戦したことから、三木城は持ちこたえた。*5　翌年五月、村治とその要請を受けた柳本賢治《やなぎもとかたはる》が浦上方の依藤秀忠《ひでただ》の豊地《といち》城（兵庫県小野市）を攻撃したが、六月二十九日夜半に賢治が暗殺されたことにより敗走している。これにより、味方の諸城が落城、村治は三木城を捨てて国外に脱出し、一時流浪の身となった。*6

享禄四年六月、赤松晴政は摂津天王寺《せっつてんのうじ》合戦において浦上村宗を討った。これにより、村治は三木城に復帰したようである。

播磨の混乱に乗じて、天文六年（一五三七）冬、美作を治めた出雲《いずも》の尼子詮久《あまごあきひさ》が播磨に侵攻した。翌年十一月二十日、尼子方によって三木城が攻められたが、村治はこれを撃退している。*7

天文八年、村治は尼子方との戦況がふるわない赤松晴政を三木城に迎え入れた。しかし、村治が尼子方に内通したとの噂が立ったことから、晴政は身の危険を感じ、十二月二十五日に三木城を退去した。*8

*4　『春日社司祐維記』

*5　十月四日付「上月又六宛別所村治感状」『上月文書』兵中九・二七四頁

*6　『二水記』『細川高国晴元争闘記』

*7　十二月五日付「飯尾源三宛別所村治感状」『飯尾文書』兵中二・一四三頁

*8　『得平記』

天文二十三年八月末、村治は京都の細川晴元《ほそかわはるもと》になびいたことにより、赤松晴政と対立関係となった。これにより、摂津三田《さんだ》城（兵庫県三田市）の有馬村秀《ありまむらひで》の要請を受けた三好長慶《みよしながよし》が、三好長逸《ながやす》を大将として摂津国衆を播磨へ出陣させ、九月一日からの合戦において、別所方の七城が落城した。三木城は十一月頃から翌二十四年初めにかけて、三好方に攻められていたようだが堅固に守り切り、二月に三好方は撤退した。*9

永禄元年（一五五八）閏六月、盛厳寺《じょうごんじ》某が謀叛を企て村治不在の三木城へ乱入するも、留守衆が「南構」にてこれを防いでいる。*10

永禄二年には、村治は加東郡に進出して依藤氏を攻略、その後、三男重棟《しげむね》を依藤氏の居城豊地城に入れた。*11 重棟は、天文二十一年十二月の時点では、加東郡垂井《たるい》荘（兵庫県小野市）の臨済宗一派福源山徳岩寺《とくがんじ》の住持を務めていた。当時、貞岳宗永《じょうがくそうえい》と号し、前住持で叔父の西花宗竹《せいかそうちく》の跡を継いでおり、「実に英俊の少年也」と賞されていた。*12 別所氏の勢力拡大にともない還俗《げんぞく》したといえよう。

【安治《やすはる》】生没年月日未詳

村治の嫡男に当たる。当主であった期間は短く、永禄六年（一五六三）から永禄十一・十二年頃までのようである。官途名は大蔵少輔である。

安治は、種徳軒一安《しゅとくけんいちあん》（死去後は三宅治職《みやけはるもと》）・別所家敏《いえとし》・別所盛相《もりすけ》の三宿老体制を敷き、永禄七年頃には、多可郡まで勢力を延ばした。

永禄八年正月に播磨守護赤松晴政が死去すると、赤松義祐《よしすけ》がその跡を継いだ。安治はこれを契機として、主家赤松氏との関係改善を進めていった。

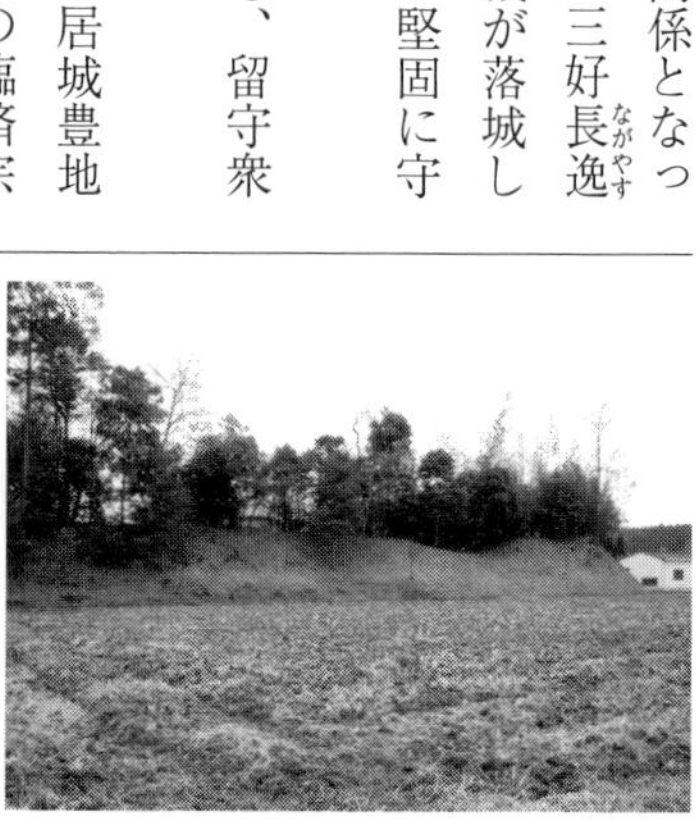

豊地城跡　兵庫県小野市

*9　『細川両家記』

*10　閏六月二十五日付「高橋肥前守宛別所村治書状」『高橋文書』兵中二・六〇四頁

*11　『赤松傳記』、永禄二年十月二十一日付「別所（村治）宛清水寺衆僧請文案」『清水寺文書』戦三・五六八

*12　「貞岳宗永道号頌」『鏤氷集』

このころには、畿内中心部での動向にも深く関与していく。永禄十年九月三日、別所方は松永《まつなが》久秀《ひさひで》と対立していた三好三人衆（三好長逸《みよしながやす》・三好宗渭《そうい》・石成友通《いわなりともみち》）の援軍のため、約千人の軍勢をもって大坂へ出陣した。十月十日、奈良東大寺での合戦で、三好三人衆方は松永方に敗れ、大仏殿等が兵火により焼失している。このとき、近傍の氷室山《ひむろやま》に陣取っていた別所方は、自ら陣に火を放って退いた。*13

最後に安治が史料に見えるのは、永禄十一年二月十九日に摂津国山田荘谷上村（神戸市北区）の被官板屋与兵衛にその買得地を安堵し、借銭・借米の徳政を免除した書下《かきくだし》である。*14 ここで注目すべきは、安治が徳政を免除したということは、裏を返せば徳政令を出していたということである。適用範囲は、支配領域の一部のみであった可能性があるが、別所権力の成熟度を示すものとして見逃せない。

信長の上洛と長治

安治の跡を嗣いだのが、嫡男の長治《ながはる》である。生年は永禄元年（一五五八）説*15が有力であるが、弘治元年（一五五五）とする説もある。*16 通称名は小三郎、官途名・受領名はない。

永禄十一年九月、織田信長は足利義昭を奉じて上洛を果たした。信長軍は、摂津・河内へ進軍し、敵対する三好三人衆を退け、十月初旬には畿内を平定した。十八日、義昭は十五代征夷大将軍に就任し、ここに足利義昭政権が成立した。別所氏もこれを機に三好三人衆を見限り、義昭・信長方となったようである。

永禄十二年五月、毛利領国となっていた出雲国を奪還しようとして挙兵した尼子《あまご》氏の残党を但馬国の山名祐豊《やまなすけとよ》が支援したため、八月、毛利元就の要請を受けた信長は、将軍義昭の命により、

*13　『多聞院日記《たもんいんにっき》』

*14　永禄十一年二月十九日付「山田庄谷上村板屋与兵衛宛別所安治書下」『阪田文書』戦三・一三八七

*15　『播州御征伐之事』

*16　『信長公記』

東大寺大仏殿の炎上を描く『絵本太閤記』　当社蔵

別所長治画像　兵庫県三木市・法界寺蔵

但馬・播磨へ派兵した。これは信長による但馬・播磨における最初の軍事行動であった。出陣の命を受けた羽柴秀吉と坂井政尚《さかいまさひさ》は、五畿内約二万の軍勢を率いて但馬へ侵攻し、十日の内に十八城を攻め落としている。一方、播磨へは木下助右衛門尉・木下定利《さだとし》・福嶋や池田勝正《いけだかつまさ》のほか、別所氏も加わり、約二万の軍勢で合戦に及び、増《ます》井《い》・地蔵院《じぞういん》両城（兵庫県姫路市）、大塩《おおしお》（同姫路市）・高砂《たかさご》（同高砂市）・庄山《しょうやま》（同姫路市）の各城を攻め落としている。また、赤松義祐の置塩《おじお》城（同姫路市）・小寺政職《こでらまさもと》の御着《ごちゃく》城（同姫路市）のほか曽根《そね》城（同高砂市）も降伏間近となった。[*17]

しかし、九日の青山（同姫路市）における合戦で龍野《たつの》の赤松政秀《まさひで》が小寺政職等の軍勢に敗れ、[*18]備前の浦上宗景《うらがみむねかげ》が義祐支援のため播磨へ派兵すると、織田軍はやむなく撤収した。宗景は龍野城（同たつの市）を取り囲み、窮地に立たされた政秀は和睦を申し出ている。[*19]ここに、播磨は幕府・織田・毛利に与する勢力とそれに反発する勢力に二分された。

永禄十三年（一五七〇）正月十五日、信長は禁裏修理・武家御用・天下静謐《てんかせいひつ》のためという名目で、諸国の武士の上洛を求めた。播磨では、「別所小三郎・同播磨国衆・同孫右衛門尉同同名衆」すなわち、長治とその叔父重棟《しげむね》等が上洛した。[*20]これが、長治の確実な初見史料である。長治は信長との初対面を果たしたとみられる。このとき、長治は十三歳もしくは十六歳であった。

元亀元年（一五七〇）九月四日には、重棟が尼崎から天王寺（大阪市天王寺区）へ出陣、織田方

＊17　八月十九日付「毛利元就他宛朝山日乗書状写」『益田家什書』姫八・一四六五

＊18　八月二十二日付「芥田家久宛小寺政職感状」『芥田家文書』姫八・一四六六

＊19　□月二十三日付「某宛浦上宗景書状写」池田家古判手鑑古文書写『岡山県古文書集』第四輯

＊20　『二条宴乗記』

として大坂本願寺方と戦っている。[*21] 重棟は、長治の老臣として外交と軍事を担当し、若き長治を補佐していたとみられる。

　このようななか、同年十月以前に浦上宗景が三木城を攻撃、[*22] 元亀二年七月には長治が姫路国衙《こくが》方面へ兵を出し、置塩城に詰める浦上方の上月《こうづき》次郎太郎と戦うなど、[*23] 浦上方との対立が続いた。

　十一月三日、重棟は印南郡曽根八幡宮（兵庫県高砂市）に禁制《きんぜい》を交付している。[*24] 浦上氏との抗争に際し発給されたものなのか、それとも領域支配に基づくものかは即断できないが、重棟が実質的に別所氏を代表する立場にあった可能性がある。

　元亀三年十月には、毛利・浦上・宇喜多《うきた》の三氏が和解した。[*25] これは、義昭と信長の調停によるものであった。父赤松義祐から家督を譲られた則房《のりふさ》と信長の和睦も成立したものとみられる。これにより、播磨はすべて信長の味方となった。この後、則房が父義祐と対立すると、義祐が長治を頼って一時期三木に滞在している。[*26]

　元亀四年七月、信長は関係が破綻していた義昭を山城槇島《まきしま》城（京都府宇治市）に攻め、これを追放した。これにより、室町幕府は実質的な権力を失った。天正元年（一五七三）十二月頃、信長は京都において長治と浦上宗景を対面させ、両者を和睦させた。この際、信長は宗景に対し、備前・播磨・美作三か国の支配を承認する朱印状を発給し、宗景を厚遇している。[*27] この三か国は織田領国下ではなく、実効性はほぼない形式的なものではあるが、毛利氏に対する牽制であったといえる。信長は宗景に対し、毛利氏に対する防波堤の役割を期待したのであろう。

織田・毛利と別所氏の関係

　ここではまず、別所氏が織田・毛利とどのような関係にあったかを確認したい。

＊21　『細川両家記』

＊22　十月二十二日付「草刈三郎左衛門宛上野信恵書状」『草刈家證文』兵中九・二〇八頁

＊23　七月九日付「上月次郎太郎宛浦上宗景書状」『上月文書』姫八・一四七五

＊24　『曽根天満宮文書』

＊25　元亀三年十月二十九日付「横井左衛門尉宛小早川隆景・吉川元春連署起請文写」清水宮内所持文書『萩藩閥閲録』萩一・二五—17

＊26　『赤松傳記』

＊27　十二月十二日付「山県就次・井上春忠宛安国寺恵瓊書状」『吉川家文書』戦三・参考一二九

播刕別所の事、承り候、連々信長に対し、疎意無き趣に候条、大切に候、其方へも元就已来相通ぜらるるの由に候、然るべく候、毎篇御入魂希う所に候、恐々謹言、

四月五日　　信長（花押）

小早川左衛門佐殿[*28]

これは、毛利家当主輝元《てるもと》の叔父小早川隆景《こばやかわたかかげ》が信長に対し、別所氏が信長に疎意がない旨を伝え、信長がそれを了承した旨を返事したものである。「其方へも元就已来相通ぜらるるの由」との文言から、別所氏は元就以来、毛利方と誼を通じていたことがわかる。これは先述のとおり、永禄十二年（一五六九）八月に毛利氏の要請による織田方の播磨派兵に別所氏も加わったことを指しているのであろう。

肝心のこの文書の年次比定であるが、最近の研究によると、依藤保は、別所氏が信長と主従関係を結ぶのを小早川隆景が間を取り持ったものと解釈し、元就の死去が元亀二年（一五七一）六月十四日であることから、元亀三年以降のものと推定している。[*29]それに対し、渡邊大門は、天正二年（一五七四）説を提示している。すなわち、天正元年十二月、信長は別所長治と浦上宗景を和睦させた際、信長が宗景に対し播磨・備前・美作三か国の支配を承認する朱印状を与えた。[*30]それに対して別所氏が遺恨を抱いたのではないかとし、翌二年に毛利方を通して別所氏が信長に疎意がないことを確認し、信長が了解した旨を隆景に返事したとも考えられるとしている。[*31]

いずれにせよ、この四月五日付の文書では詳細が記されておらず、深読みは避けることとするが、少なくとも元亀三年から天正二年の間で織田氏・毛利氏・別所氏との間で一定程度の関係を維持していたと見て間違いない。

---

*28　『小早川家文書』信・五〇三

*29　依藤二〇一〇a

*30　十二月十二日付「山県就次・井上春忠宛安国寺恵瓊書状」『吉川家文書』戦三・参考一二九

*31　渡邊二〇一八

織田と毛利の対決

天正三年（一五七五）四月十三日、織田信長は天王寺へ出陣し、翌十四日に大坂本願寺を攻撃した。播磨衆がこれに加わっていることから、別所氏も参陣したようである。七月一日、長治と叔父重棟は京都相国寺《しょうこくじ》で信長に拝謁している。*32

九月二日、越前に在陣していた摂津国主荒木《あらき》村重《むらしげ》は、信長より直ちに「播州奥郡」へ向かい、人質を取り固めるよう命じられた。*33 これは、宇喜多直家《なおいえ》に天神山《てんじんやま》城（岡山県和気町）を奪われ、播磨に逃れた浦上宗景の救援のためであった。*34 勢いに乗った宇喜多軍は、赤穂郡に侵攻し、角南隼人佐が八幡山城（兵庫県赤穂市）に入った。*35 これにより、宇喜多軍は赤穂郡全域を制圧したようである。これに対し、荒木軍は「端城」に籠もる宇喜多軍を追い払い、十月初旬までには宗景が入城した。*36 五日、村重は村宗に対し兵糧を入れている。*37 以後、この一帯は織田方の浦上氏と毛利方の宇喜多氏との境目として軍事的緊張が続くこととなる。これをきっかけとして、村重は中国方面への対応を担うことになった。

織田信長画像　東京大学史料編纂所蔵模写

十月二十日、赤松則房・赤松広秀《ひろひで》・小寺政職・別所長治等が上洛し、信長に拝礼した。*38 彼らが村重の指揮下において宇喜多軍の討伐に加わったとみられることから、信長への戦果の報告が主な目的だったのであろう。

天正四年二月、足利義昭は毛利輝元を頼って備後国鞆《とも》（広島県福山市）に入った。義昭は再上洛の意

*32 『信長公記』

*33 『信長公記』

*34 九月十二日付「小寺政職宛織田信長朱印状」『花房文書』姫八・一五〇〇

*35 九月十六日付「法隆寺年会御坊御同宿中宛興了書状」姫八・一五〇二

*36 十月八日付「細川藤孝宛織田信長黒印状」『細川家文書』姫八・一五〇三

*37 十一月二十四日付「吉川元春宛八木豊信書状」『吉川家文書』姫八・一五〇四

*38 十一月二十四日付「吉川元春宛八木豊信書状」『吉川家文書』姫八・一五〇四、『信長公記』

思が固く、上杉謙信・武田勝頼・北条氏政・大坂本願寺等に協力を求めるなど、信長打倒を画策したが、これは織田と毛利の決裂を招いた。長治は、赤松則房等とともに織田方として毛利と対峙することになる。正月に丹波八上城《やかみ》（兵庫県丹波篠山市）の波多野秀治《はたのひではる》が信長に反旗を翻したのも、義昭側の調略によるものであろう。

　そして、毛利氏は織田方に抵抗を続けていた大坂本願寺への救援を試みる。まず、毛利氏は大坂本願寺への兵糧補給のため、毛利方諸勢力からなる連合水軍を派遣し、海路により淡路国岩屋《いわや》（兵庫県淡路市）を経由し、和泉国貝塚《かいづか》（大阪府貝塚市）で紀伊雑賀衆《さいかしゅう》と合流し、木津川《きづがわ》河口へと向かった。織田方は、それを防ごうと兵船を出し、七月十三日から十四日早朝にかけて両軍が衝突した。結果、毛利方はこれを撃破し、兵糧搬入を果たしている。[*39] 毛利方は、この序盤戦に勝利し、瀬戸内海の制海権をほぼ押さえることになり、以後、織田方は主に陸上交通での播磨進攻を余儀なくされることとなった。

信長と長治の関係

　ここではまず、織田信長が別所長治に送った黒印状を紹介する。

　年甫の祝詞として、太刀一腰・馬一疋并びに板物三端、祝着せしめ候、近日上洛すべきの条、
　其刻を期し候、恐々謹言、
　　正月廿八日　信長（黒印）
　　　別所小三郎殿[*40]

　天正四年（一五七六）と推定されているもので、信長が長治に送ったことが確認できる唯一のものである。正月、長治が年始の祝詞として信長に太刀・馬及び反物を贈ったことに対する礼状

八上城跡遠景　兵庫県丹波篠山市

*39　七月十五日付「児玉元良他宛村上元吉他十四名連署注進状」『毛利家文書』戦瀬・四六〇

*40　個人蔵　信・六二二

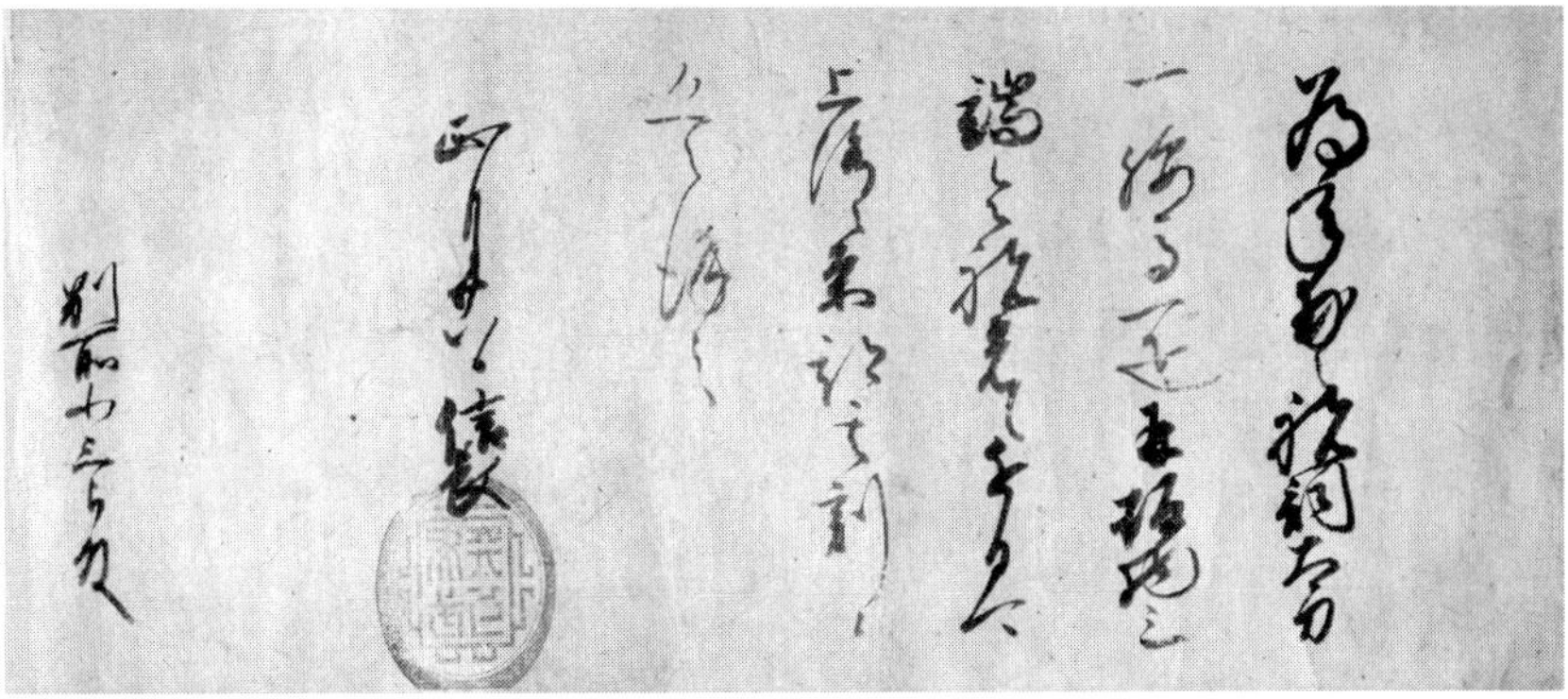

別所長治宛織田信長黒印状　個人蔵　画像提供：兵庫県立考古博物館

であり、信長は近日中の長治の上洛を促している。

ちなみに、長治はその後も十一月十二日、翌五年正月十四日と上洛して、信長に挨拶している。[*41] 信長と長治の良好な関係を読み取ることができる。

なお、依藤保は、長治が信長からその偏諱《へんき》「長」を拝領して長治を名乗ったと推測する。[*42] 確実な史料によって「長治」の諱が確認できるのは、封紙ウワ書により天正四年とわかる十月二十九日付「宰相宛別所長治書状」[*43]が初見である。

毛利軍の攻勢

天正五年（一五七七）二月二十二日、織田信長は大坂本願寺に一味する紀伊雑賀を攻撃した。播磨勢も参陣し、別所長治と叔父重棟は、佐久間信盛《さくまのぶもり》・羽柴秀吉・荒木村重等とともに、雑賀にて端々を焼き払っている。[*44]

このようななか、播磨勢の紀伊在陣の隙をつき、毛利勢が三月十六日に播磨方面へ出陣することになった。[*45] 毛利輝元等は、毛利水軍に対し、岩屋へ上陸したうえで、淡路・雑賀・大坂本願寺との連携を命じるとともに、宇喜多直家や備中・美作衆すべての出陣を命じている。[*46] これにより、毛利軍は反織田勢力の結集を図ったうえで、信長との本格

＊41　『信長公記』

＊42　依藤二〇一〇a

＊43　『丸岡資康氏所蔵文書』兵中九・七五八頁

＊44　『信長公記』

＊45　三月六日付「湯浅将宗宛毛利輝元書状」『湯浅文書』戦瀬・四九四

＊46　三月十一日付「湯浅将宗宛小早川隆景書状」『湯浅文書』戦瀬・四九八、三月十二日付「冷泉元満宛毛利輝元書状」『冷泉文書』戦瀬・四九九、三月十六日付「冷泉元満宛小早川隆景書状写」冷泉五郎所持文書『萩藩閥閲録』萩三・一〇二ノ一―41ほか

黒田孝高画像　福岡市中央区・光雲神社旧蔵

的な対決に突入していくこととなった。

三月二十日、宇喜多直家が西播磨へ侵攻し、二十二日には揖西郡龍野まで進出した。*47 四月二十三日、毛利の兵舟は室津《むろつ》（兵庫県たつの市）に着岸し、陸路は直家をはじめ、そのほかの中国地方の兵が播磨へ出陣した。また、五月初頭には、冷泉元満《れいぜいもとみつ》が室津に着岸し、直家が龍野方面において麦薙ぎを行うなど、龍野周辺における毛利軍の侵攻が本格化している。*48

五月十四日、毛利軍は英賀《あが》（兵庫県姫路市）まで進出したが、小寺政職と黒田官兵衛孝高《よしたか》がこれを撃退した。*49 このとき、荒木村重は信長からこれを賞した黒印状を受け取り、孝高にもその旨を申し伝えている。*50 このように、村重が引き続き播磨における毛利方との戦いの責任者として対峙していたのであった。

＊47　三月二十三日付「湯浅将宗宛小早川隆景書状」『湯浅文書』戦瀬・五〇三

＊48　五月六日付「冷泉元満宛小早川隆景書状」『冷泉文書』戦瀬・五一一

＊49　五月十六日付「荒木村重宛織田信長黒印状」『黒田家文書』姫八・一五一四

＊50　五月十八日付「黒田孝高宛荒木村重書状」『黒田家文書』姫八・一五一五

第二章　播磨攻めの経過と三木合戦

秀吉の播磨攻め始まる

天正五年（一五七七）十月二十三日、織田信長の命を受けた羽柴秀吉が播磨へ出陣した。これは、荒木村重に代わり秀吉が毛利攻めの司令官の座に就いたことを意味する。二十八日には、秀吉は播磨国中の国衆から悉く人質を取り、織田方への帰属を誓わせた。[*1]

十一月十日頃、秀吉は播磨方面において、なすべきことがなくなった旨を信長に注進した。信長は、秀吉に対して早々の帰国を命じたが、秀吉自身はこれでは働きが足りないとし、そのまま但馬南部へ進軍し、岩洲《いわす》城（兵庫県朝来市）を攻略、ついで竹田《たけだ》城（同朝来市）に攻め懸かり、山名氏の有力被官太田垣輝延《おおたがきてるのぶ》を退散させ、竹田城の普請を行い、弟羽柴秀長《ひでなが》を城代としている。[*2]これにより、秀吉は但馬南部の朝来郡および日本有数の銀の産出量を誇る生野《いくの》銀山を傘下に収めたとみられ、毛利方の山名氏勢力に睨みを利かせることになった。

その後、秀吉は播磨西部へ転戦し、十一月二十七日に赤松七条家の佐用郡上月《こうづき》城（兵庫県佐用町）攻めを開始し、黒田孝高・竹中半兵衛重治《たけなかはんべえしげはる》を先鋒として福原《ふくはら》城（同佐用町）を攻め、これを落とした。翌日、秀吉軍は上月城に攻め込み、水の手を奪取したところ、援軍として宇喜多直家軍がやってきたが、秀吉軍はこれを迎え撃ち、首六一九を討ち取り、撃退した。敗戦濃厚となった城内からは、降参の申し入れがあったが、秀吉はこれを受け入れず、さらに包囲を厳重にした。十二月三日、秀吉軍は城内に乗り入り、ことごとく城兵の首を刎ねたうえ、見せしめとして、播磨・備前・美作の国境付近で子供を串に刺し、女を磔に処している。そして、上月城に尼子勝久《あまごかつひさ》・山中鹿介《やまなかしかのすけ》

＊1　『信長公記』

＊2　『信長公記』

但馬竹田城跡　兵庫県朝来市

幸盛《ゆきもり》主従等を入れて守備させ、その女・子供・老人は人質として三木に置き、五日には龍野へ転戦した。*3

このように、秀吉は毛利方との最前線となる上月城を確保し、三木城は織田軍の東播磨における拠点になっていたといえる。

十二月十日、秀吉は別所長治の叔父重棟と黒田孝高に対し、重棟の娘と孝高嫡男の松千代《まつちよ》（のちの長政《ながまさ》）の縁組みと今後の合力を命じている。*4 秀吉は、この二人に姻戚関係を結ばせることにより、播磨の安定化を円滑に進めようとしたと考えられる。ただ、家格としては、別所家は東播磨守護代、黒田家は御着城主小寺氏の家臣にすぎないことから、長治が不満を持った可能性が指摘されている。*5

長治、信長を裏切る

天正六年（一五七八）二月二十三日、秀吉は播磨へ再び出陣し、別所氏の与力である加古川の糟屋《かすや》武則《たけのり》の城を借り、兵を入れた。秀吉自身は書写山《しょしゃざん》（兵庫県姫路市）に上り、要害を構えて在陣している。*6

このようななか、突如として別所長治が反旗を翻した。『信長公記』には、「然る間、別所小三郎存分を申立て、三木城へ楯籠るなり」とあり、長治が「存分《ぞんぶん》」（恨み）を申し立て、三木城に立て籠もったことがわかる。

これについては、『播州御征伐之事《ばんしゅうおんせいばつのこと》』が詳述している。「同月七日（三）秀吉播州國衙に至り布陣す、爰に長治伯父別所山城守賀相《よしすけ》と謂う佞人《ねいじん》有り、長治に相語り曰く、秀吉此地に入り自由の働き有り、殃《わざわい》終《つい》には身に及ぶべし、戈を逆にして中途より帰る、三木城郭において楯籠る」とある。

---

*3　十二月五日付「下村玄蕃助宛羽柴秀吉書状」『下郷共済文庫所蔵文書』秀・一五二

*4　天正五年十二月十日付「別所重棟・黒田孝高宛羽柴秀吉書状」『黒田家文書』秀・一五四

*5　光成二〇二〇

*6　『信長公記』

すなわち三月七日、秀吉が播磨国衙（兵庫県姫路市）に布陣し、長治の叔父賀相も同じく在陣したが、秀吉がこの地に入り、思いのままにしていることについて、最後には災いが身に及ぶであろうことから離反し、途中で帰ったという。同じく長治の叔父重棟はそのまま秀吉に味方し、長治と秀吉の間に立ち、数十度に及び説得を試みたものの、賀相が反対したため失敗に終わった。[*7]

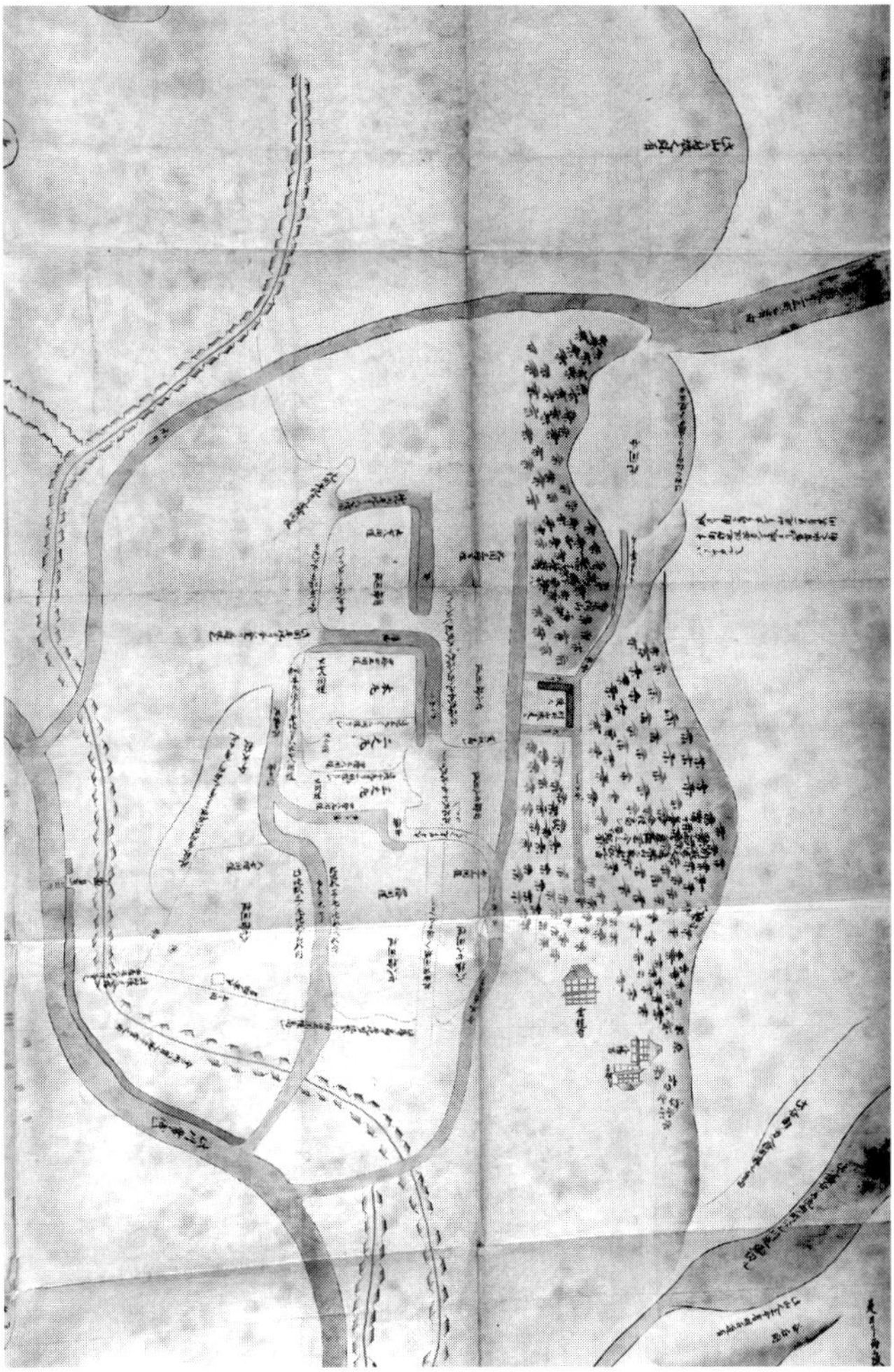

播州三木古城図　三木市立みき歴史資料館蔵

＊7　『播州御征伐之事』

これまでは重棟が別所家中の外交・軍事を担当していたが、ここでは賀相が別所家の命運を握っていた。これについて渡邊大門は、天正五年九月に加古郡常楽寺《じょうらくじ》の僧高理《こうり》が梶原重右衛門に出した置文《おきぶみ》により、長治と賀相の二人の意向を確認するよう求めていることから、[*8]重棟に代わって賀相が台頭していたのではないかと推測している。[*9]別所家中における権力抗争も、謀叛の要因の一つになったのかもしれない。

なお、慶長十二年（一六〇七）に書写山の僧快倫が記した「播州書写山円教寺古今略記」[*10]によると、円教寺は三千石の兵糧米を献じるなど、色々馳走したので、破却されるようなことはないだろうと思っていたところ、別所氏が敵対したため、三月六日に秀吉が乱入して自陣にしたという。これによると、三月六日までには別所氏が離反していたようである。

いずれの史料でも別所氏の離反時期は異なるが、おおむね三月初頭頃というふうに捉えて問題ないだろう。

足利義昭・大坂本願寺との連携

別所氏等の離反は、足利義昭が大きく関わったようである。天正六年（一五七八）三月八日、毛利方の村上光吉《むらかみみつよし》・清次《きよつぐ》は雑賀《さいか》御坊惣中《ごぼうそうちゅう》に対し、義昭の仰せにより羽柴勢を打ち破るため、毛利方が押さえていた淡路岩屋へ警固衆約三百人の派兵を求めている。このなかで、「三木・高砂・明石、其外の国衆皆々此方へ一味仕り候」とあり、三木の別所長治、高砂《たかさご》の梶原景秀《かじわらかげひで》、明石の明石則実《のりざね》その他の国衆が、毛利氏に味方したことが記されている。そして、巳《み》の刻に義昭側近の小《こ》林家孝《ばやしいえたか》が岩屋から大坂本願寺に到着し、別所氏等の離反を知らせたことを追伸として伝えている。[*11]ここからは、三月八日までに別所氏以下の播磨国衆のほとんどが織田方から離反したことが

円教寺　兵庫県姫路市

*8　天正五年九月九日付「梶原重右衛門宛常楽寺高理置文」『梶原文書』依藤二〇一〇b・四八頁

*9　渡邊二〇一七

*10　姫八・一五二九

*11　三月八日付「雑賀御坊御物中宛村上光吉・清次連署書状」『鷺森別院文書』和県二・一〇一三

わかる。

十九日には、義昭は吉川元春《きっかわもとはる》に対し、このたび別所氏以下を味方に引き付けたので、毛利輝元・小早川隆景とともに、播磨に加勢に行くよう申し付けている。[*12]これにより、長治やその他の播磨国衆は、義昭の調略により毛利方に味方し、大坂本願寺・紀伊雑賀衆等と反織田包囲網を形成し、織田方との戦いに臨むこととなった。

大坂本願寺は、この序盤戦に力を注ぐため、紀伊雑賀衆に対し援軍を求めている。十一日、大坂本願寺門主顕如《けんにょ》は紀州惣門徒衆に対し、毛利の安芸衆の海・陸の軍勢が出陣することとなったことから、万事を差し置き、早々に警固衆を岩屋に派兵するよう、家老の下間頼廉《しもつまらいれん》を使者として要請している。[*13]十六日には隆景が冷泉元満《れいぜいもとみつ》に対して諸警固衆が岩屋に上陸し、阿波・淡路・雑賀・大坂本願寺の軍勢が申し談じ、軍事行動に及ぶ段取りであることから、早急に岩屋へ向かうよう命じている。[*14]

このような情勢下、信長は長治征伐を本格化させることとなった。

信長、長治の成敗を命じる

天正六年（一五七八）三月二十二日、信長は秀吉を介して黒田孝高に朱印状を発給した。

今度別所小三郎（長治）、羽柴筑前守（秀吉）に対し存分これ有りと号し、敵に同意候段、言語同断の次第に候、然して無二に馳走せしむるの由、尤以て神妙に候、別所小三郎急度《きっと》成敗を加うべく候条、此砌《みぎり》弥《いよいよ》忠節を抽んずべく候事、専一に候、猶羽柴申すべく候也、

三月廿二日　（朱印）（織田信長）

小寺官兵衛尉

＊12　三月十九日付「吉川元春宛足利義昭御内書」『吉川家文書』姫八・一五三〇、三月十九日付「吉川元春宛真木嶋昭光副状」『吉川家文書』姫八・一五三一

＊13　三月十一日付「紀州門徒惣中宛本願寺顕如書状案」『顕如上人文案』戦瀬・五五九

＊14　三月十六日付「冷泉元満宛小早川隆景書状」『冷泉文書』戦瀬・五六〇

とのへ[*15]

このなかで、信長は別所長治の離反を言語道断とし、これを成敗するよう孝高に命じている。信長は長治の裏切りの理由について、秀吉に対する「存分」(恨み)を挙げている。

なお、これに先立ち、孝高は秀吉の使者として、播磨における戦況報告のため、信長の奏者である蜂須賀正勝《はちすかまさかつ》のもとを訪れていた。その報告について、堀秀政《ほりひでまさ》が秀吉の不利にならないように詳細に信長に対し上聞したところ、信長がそれを了承したことが秀政副状に記されている。[*16]孝高が播磨戦線において、秀吉の側近として重用されていたことがわかる。

二十三日、秀吉は西播磨の八幡山(兵庫県赤穂市)・那波(同相生市)に出陣し、所々を焼き払った。秀吉は信長に対し、近日中に三木城を攻める旨を以前に報告しており、それを受けて、信長は秀吉に対し、秀吉が求める人数を派遣すること、自身の出馬も前向きに考えていることを伝えた。そして、信長は越後の上杉謙信が死亡したとの情報が加賀から伝わっている旨を秀吉に伝えている。[*17]

二十四日、下間頼廉は雑賀御坊物中に対し、雑賀衆の岩屋派兵が遅れており、このままでは大坂本願寺が油断しているとされ、追々岩屋へ到着する予定の毛利勢が立腹するであろうことから、まずは五百・六百でもよいから早々に岩屋へ派兵するよう重ねて要請している。[*18]これに対し、雑賀衆は二十七日に渡海すると返答した。頼廉は、雑賀御坊物中に対し、安芸衆や内輪の喧嘩口論を禁止する御書が出されたこと、たとえ渡海してどのような忠節を行ったとしても、不慮を行えばたちまち当寺と毛利とが不和となり、一大事になることから、分別を遂げてすべてを我慢することが親鸞上人と本願寺と本願寺法主への何よりの報謝であると繰り返し伝えるよう、顕如が仰せになったことを申し伝えている。ついで、警固衆が岩屋へ着岸次第、即時に摂津・播磨間で軍

＊15　『黒田家文書』姫八・一五三二

＊16　三月二十二日付「黒田孝高宛堀秀政副状」『黒田家文書』姫八・一五三三

＊17　三月二十七日付「羽柴秀吉宛織田信長黒印状」『黒田家文書』姫八・一五三四

＊18　三月二十四日付「雑賀御坊物中宛下間頼廉書状」『鷺森別院文書』戦瀬・五六三

事行動がなされる予定であることを伝えている。[*19]

このように、雑賀衆の派兵は滞っていることから、反織田方は必ずしも一枚岩ではなかったのである。

また、足利義昭は織田包囲網の一翼を担う働きを謙信に期待していたはずだが、この目論見は外れた。これにより、織田方は北国からの脅威が薄れ、中国攻めに力を注ぐことが可能となった。長治にとっても、謙信の死は誤算であったに違いない。なお、毛利方は四月を過ぎても謙信の死を把握していなかったようで、二十三日に小早川隆景と吉川元春は加州御旗中に対し、「三木・明石・高砂」が味方になったとしたうえで、謙信の出陣が延引なきよう求めている。[*20]

三木城周辺における序盤戦

天正六年（一五七八）三月二十九日、秀吉は信長への報告通り、三木城に押し寄せた。二次史料の『別所長治記』には、「三月廿九日三木ノ城ニ押寄ス。此城ハ前ニハ大河流レ、後ニハ高山峨々トシテ、林ニ続テ人家アリ。厳峙テ道狭シ。殊ニ数代武将ノ別所一族、数を尽シ八千余騎ニテ楯龍。」とある。一次史料で裏付ける直接の史料はないものの、秀吉は二十五日に加古郡刀田山鶴林寺《かくりんじ》（兵庫県加古川市）、二十九日に印南郡志方荘（同加古川市）と三木郡淡河《おうご》荘石峯寺《しゃくぶじ》（神戸市北区）にそれぞれ禁制を交付していることから、[*21]三木城周辺に軍勢を進めていたことが明らかであるため、この記述については信用してよいだろう。ただし、三木城において八千余りの軍勢が籠城していたとの記述については、その数字を裏付ける史料はないため、真偽は不明である。

四月一日、別所長治は秀吉に一味した細川荘（兵庫県三木市）の領主冷泉為純《れいぜいためずみ》を攻め、為純・為勝《ためかつ》父子を討ち取った。[*22]為純は、近世儒学の祖として知られる藤原惺窩《せいか》の父である。また二日に

---

*19　三月二十五日付「雑賀御坊御惣中宛下間頼廉書状」『鷺森別院文書』戦瀬・五六四

*20　四月二十三日付「加州御旗中宛小早川隆景・吉川元春連署書状」『古文書纂』卌三、戦瀬・五〇八

*21　『鶴林寺文書』秀・一六五、『浄智寺文書』秀・一六六、『石峰寺文書』秀・一六七

*22　『惺窩先生系譜略』

冷泉氏の居館・細川館跡　兵庫県三木市

は、紀伊雑賀衆と安芸の水軍が別所重棟の守る加古郡別府の阿閇《あえ》城（兵庫県加古川市）を攻撃した。これに対し、秀吉は黒田孝高を遣わして数十人を討ち取り、これを撃退している。[*23]

こうした動きに対し、秀吉は東播磨の反織田方の攻略を進めていく。まずは、別所方の長井四郎左衛門の籠もる野口城（兵庫県加古川市）を攻めた。三日三夜にわたる激しい攻撃により、四月十二日、四郎左衛門は降参し、秀吉はこれを許して逃がした。[*24] この戦いは四郎左衛門の抵抗も激しく、重棟が負傷している。[*25]

上月合戦と神吉・志方城攻め

天正六年（一五七八）四月中旬、安芸より毛利・吉川・小早川・宇喜多の軍勢が、尼子勝久等の拠る上月城を取り巻き、南尾根続きの大亀山に着陣した。[*26] 十八日には吉川元春が上月に至り、陣取っている。このとき、上月城には出雲・伯耆・因幡・美作の諸牢人が籠城していた。[*27] このように、別所氏を支援するため毛利方が播磨に入り、織田方の西播磨の拠点上月城を取り囲んでいたのである。

織田方の劣勢に際し、信長は自らの出陣を決意した。そして長男の信忠《のぶただ》に対し、二十七日に上洛する旨を告げ、伊勢を本拠とする次男の信雄《のぶかつ》（伊勢田丸《たまる》城主）・三男の信孝《のぶたか》（伊勢神戸《かんべ》城主）・弟の信包《のぶかね》（伊勢安濃津《あのつ》城主）の軍勢を京都に召集するよう命じている。[*28]

そして二十九日には、明智《あけち》光秀《みつひで》・滝川《たきがわ》一益《かずます》・丹羽《にわ》長秀《ながひで》が播磨へ向けて出陣している。しかし、信長自身の出陣については、佐久間《さくま》信盛《のぶもり》ら重臣から、播磨の情勢が厳しいため様子を見計らってから出陣すべきとの進言を受け、中止となった。[*29]

なお、五月一日には信長の指示通り、信忠・信雄・信包・信孝のほか細川藤孝《ほそかわふじたか》・佐久間信盛か

＊23　四月二日付「黒田孝高宛羽柴秀吉書状」『黒田家文書』秀・一六九、四月四日付「羽柴秀吉宛織田信長黒印状」『黒田家文書』姫八・一五三七

＊24　『播州御征伐之事』

＊25　四月十七日付「別所重棟宛丹羽長秀書状」『清水寺文書』兵中二・三一五頁、四月十七日付「別所重棟宛村上頼家・長束新三郎連署書状」『清水寺文書』兵中二・三一五頁

＊26　『信長公記』

＊27　四月二十二日付「湯原元網宛吉川元春書状写」湯原文左衛門所持文書『萩藩閥閲録』萩三・一一五ノ三―135

＊28　四月二十四日付「織田信忠宛織田信長朱印状」『金子文書』信・七六三

＊29　『信長公記』

＊30　『信長公記』

らなる尾張・美濃・伊勢の三か国の軍勢が播磨に出陣した。六日には明石郡大久保（兵庫県明石市）に陣を据え、先陣が別所方の神吉《かんき》民部少輔の神吉城・櫛橋政伊《くしはしまさこれ》の志方《しかた》城・梶原景秀の高砂城へ差し向かい、加古川近辺に野陣を張っている。[*30]

上月城の攻防

さて、上月城における攻防については、天正六年（一五七八）四月二十八日に織田軍と宇喜多直家軍が「上月攻口」で一戦に及び、合戦の火蓋が切られた。[*31]

五月四日には羽柴秀吉・荒木村重が本陣の高倉山《たかくらやま》にて対陣するも、動きがとれなかった。[*32] 同日、明智光秀は書写山に入り、[*33] 上月城への援軍として待機している。

一方、大坂本願寺顕如は、紀州惣門徒中に対し六日、上月城における毛利方の苦戦と織田方の後詰めの状況を伝えるとともに、延引している雑賀鉄炮衆の渡海を急ぐよう要請している。[*34]

二十四日、竹中重治は宇喜多方の赤穂郡八幡山城主を味方に引き付けた旨を信長に報告している。[*35] 守勢を強いられる織田方は、調略により劣勢を挽回しようとしていた。

三十日、吉川元長《もとなが》は西禅寺以徹に対し、上月の戦況を報告した。そのなかで、毛利の軍勢は三万、織田方は一万以内とし、落人が言うには、上月城内には尼子勝久・立原源太・山中幸盛等が入っているとのこと、水・兵糧がないとのことを伝えている。[*36]

一方、赤穂郡では宇喜多軍が六月一日に駒山《こまやま》城（兵庫県上郡町）・八幡山城から出撃し、織田軍約千を討ち取った。[*37] 先述の重治による八幡山城の調略は功を奏さなかったことがわかる。なお、まもなく直家が八幡山城に入り、攻勢を強めていく。[*38]

このように、秀吉は毛利方の勢力に圧倒されたことから十六日に上京し、信長に救援を求めた。

---

*31　天正六年五月十五日付「祇園弥太郎宛宇喜多直家判物写」『岡田某氏所蔵文書』久一・七一四

*32　五月六日付「内藤元輔宛吉川元春書状写」内藤新右衛門所持文書『萩藩閥閲録』萩三・一二五—28、『信長公記』

*33　五月四日付「里村紹巴宛明智光秀書状」『竹内文平氏所蔵文書』明・七五

*34　五月六日付「紀州惣門徒中宛本願寺顕如書状案」『顕如上人文案』戦瀬・五七一

高倉山　兵庫県佐用町

しかし、信長からの返事は、謀略が整っておらず、これ以上陣を張っても仕方ないことから、撤兵のうえ、三木城を支援する神吉・志方両城を攻め破り、その上で三木城を取り詰めるべしというものであった。[*39]

この結果、上月城への援軍は叶わず、二十一日には織田方は高倉麓における毛利方との合戦に敗れ[*40]、尼子勝久等は二十四日に降参するに至った。吉川元春は開城にあたって、勝久と弟助四郎には切腹を申し付けること、毛利家に敵対したものはことごとく討ち果たすこと、山中幸盛ら生け捕りの者は毛利輝元の陣所に差し下すことを命じている。[*41]

敗北を喫した織田方は、六月二十六日に滝川一益・明智光秀・丹羽長秀が三日月山へ登り、羽柴秀吉・荒木村重は高倉山の兵を引き払い、書写山に軍勢を入れている。[*42] そして七月五日、上月城を明け渡した。[*43]

このように、上月城をめぐる戦いは毛利方の勝利で終結した。これにより、織田方は佐用郡から撤退し、宍粟郡の宇野氏も毛利方となった。吉川元春は本陣を黒沢山（兵庫県赤穂市）へ移し、[*44]十月頃まで播磨在陣を続けている。[*45]

高砂城・神吉城・志方城の攻防

一方、東播磨の戦局については、天正六年（一五七八）五月、雑賀衆が淡路岩屋から高砂に陣を移していたものの、二十日交代の番替えで帰国することになっていた。そのため十九日になり、大坂本願寺門主顕如は紀州門徒渡海衆中に対し、このままでは毛利勢の思い通りにならず、大坂本願寺の不行き届けとなり、ともに本意を失うことから、何としても在陣を延長するよう求めている。[*46]

＊35　『信長公記』
＊36　五月三十日付「西禅寺以徹宛吉川元長書状」『吉川家文書』兵中九・一九二頁
＊37　六月六日付「雑賀御坊惣中宛証賢・下間頼廉連署書状」『鷺森別院文書』戦瀬・五七六
＊38　六月十八日付「荒木村重宛織田信長黒印状」『釈文書』信・七六七
＊39　『信長公記』
＊40　七月一日付「岡本秀広宛宇喜多直家判物写」『黒田御用記　乾　辻新兵衛所持文書』久一・七一五
＊41　七月十二日付「一色藤長宛吉川元春書状」『吉川家文書』兵中九・一九三頁
＊42　『信長公記』
＊43　『石山本願寺日記』
＊44　七月二十七日付「吉川元春宛足利義昭御内書」『吉川家文書』兵中九・一九四頁

六月六日、織田信忠は高砂城攻めのために加古川に在陣し、織田信雄はその一里以内のところに在陣したものの、肝心の高砂城の雑賀衆は、事前案内もなく、番替えの軍勢も待たないままうでに帰国していた。大坂本願寺は毛利に対して面目を失ったうえ、代わりの軍勢派遣が遅れれば、毛利からは当寺は不要であると思われてしまうことから、雑賀御坊惣中に対し速やかな派兵を要請している。[*47] 以上のように、大坂本願寺は播磨戦線で雑賀衆の支援に頼り切っているものの、雑賀衆は乗り気ではなかったことがわかる。

その後まもなくして、織田方による梶原景秀の高砂城攻めが始まった。十八日、信長は荒木村重に対し、別所重棟が高砂城を攻めていることをもっともなことであるとし、早速討ち果たして帰服させるべき旨を命じている。[*48]

信長の命を受け、信忠を主将とする織田方が神吉城を包囲したのは六月下旬のことであった。顕如が紀州惣門徒中に送った書状によると、二十六日に神吉城の軍勢が織田方の城攻めに反撃して約三千人を討ち取ったとし、手負いは数を知れずとある。しかしながら、織田方の軍勢は取り詰めを続けているとしている。[*49] 数字には誇張が見られるが、神吉城もよく防戦している様子が読み取れる。山岡半左衛門による松平家忠《まつだいらいえただ》への報告によると、信忠・滝川一益・美濃三人衆（稲葉《いなば》一鉄《いってつ》・氏家直昌《うじいえなおまさ》・安藤守就《あんどうもりなり》）・明智光秀・丹羽長秀が神吉城を攻めるも、多くの負傷者を出し、一益も負傷していることから、織田方が苦戦していたことは間違いない。[*50]

このような状況下、七月七日に顕如は紀州惣門徒中に対し、神吉城が落城すれば高砂や一向宗の拠る英賀も危うくなり、海上通路が止まるので、一刻も早く高砂へ二千の兵を渡海させるよう指示している。[*51]

しかし、神吉城にとっては頼みとする別所氏や毛利氏等の救援がないことから、やがて織田方

*45　十月十六日付「吉川元春宛足利義昭御内書」『吉川家文書』兵中九・一九五頁

*46　五月十九日付「紀州門徒渡海衆中宛本願寺顕如書状案」『顕如上人文案』戦瀬・五七四

*47　六月六日付「雑賀御坊惣中宛証賢・下間頼廉連署書状」『鷺森別院文書』戦瀬・五七六

*48　六月十八日付「荒木村重宛織田信長黒印状」『釈文書』信・七六七

高砂城がかつてあったとされる高砂神社　兵庫県高砂市

の城内乱入を許すこととなる。『信長公記』によると、七月十五日夜に滝川一益・丹羽長秀の軍勢が東の丸に乗り入り、十六日に中の丸へ攻め込み、神吉民部少輔を討ち取っている。そして天主に火をかけ、焼け落とし、神吉方の過半の兵を焼死させた。一方、西の丸に籠もる神吉藤大夫は、荒木村重・佐久間信盛に詫言を入れて赦免され、志方城へ退いた。これによりようやく神吉城が落城し、秀吉に渡されることとなった。この勢いで織田方は志方城へ総勢で攻め、降参させている。秀吉は人質とともに志方城を受け取ったという。

ただし、後述の通り、十六日時点で秀吉は但馬竹田城にいることから、秀吉の神吉・志方両城の受け取りは疑わしいといえよう。

本格的な三木城攻めの開始

天正六年（一五七八）七月十六日に神吉・志方両城を落とした織田方は、そのまま三木に向かい、付城《つけじろ》の構築が始まった。『信長公記』には「又これより、別所小三郎楯籠候三木の城へ惣御人数取懸け、塞々《つまりづまり》に近々と付城の御要害仰付けられ御在陣候なり」とある。すなわち、織田方は別所長治が立て籠もる三木城に総勢で攻め寄せ、要所に近々と複数の付城を築き、在陣したことがわかる。

同日、但馬竹田城に在陣していた羽柴秀吉は、新免弾正左衛門の下に前野長康《まえのながやす》を遣わし、「一、我等の事当城に候、近日三木表に五六町□に取出を相拵え、人数を申し付け、拙者の儀は四方此方相働くべく覚悟に候、当手の者共相甘えるべきため、二三日ハ遠慮せしめ候」と伝えている。つまり、近日中に三木城から五・六町辺りに取出を構え、自身は四方八方で働く覚悟であること、ただ自身の軍勢は二・三日は遠慮するとのことであった。[*52] そして、七月下旬に秀吉は三木に向か

＊49　七月七日付「紀州惣門徒中宛本願寺顕如書状」『念誓寺文書』姫八・一五四〇
＊50　『家忠日記』天正六年七月七日条
＊51　『念誓寺文書』姫八・一五四〇
＊52　七月十六日付「新免弾正左衛門宛羽柴秀吉書状」『新免文書』秀・一七三

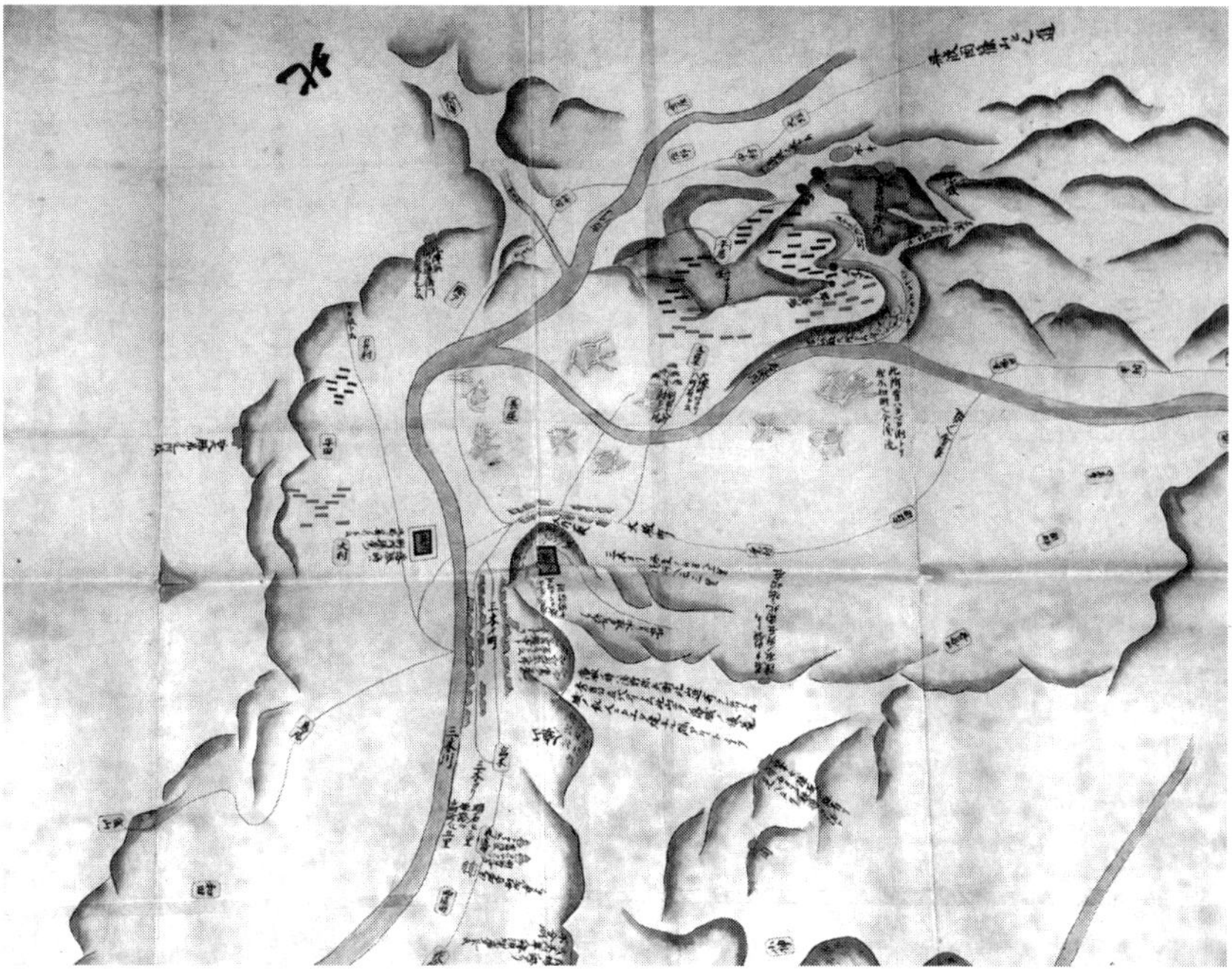

播磨国城攻図　三木市立みき歴史資料館蔵

い、付城構築に取りかかることとなった。

『播州御征伐之事』には、「其競いを以て三木城郭に取り寄せ、一里二里の間に付城を拵え、二三ヶ所に御馬を納め給う、扨て秀吉拵え平山と曰う峯を居城と為す」とあり、三木城から四～八kmの間に付城を構築し、その内の二・三か所に軍勢を入れたこと、秀吉は平山という峯に居城を築いたとする。

このような情勢下、足利義昭は吉川元春に対し、織田信忠が三木方面に在陣しているとのことで、こちら側に味方した播磨国衆の苦戦は避けられないことから、長陣の覚悟を持って、これと対峙するよう命じている。[*53] 義昭にとって、信忠が主導する

＊53　七月二十七日付「吉川元春宛真木嶋昭光副状」『吉川家文書』兵中九・一九五頁

三木城包囲は、今後の戦局を占ううえで憂慮すべき事態であったといえる。

なお、付城の構築を主導したのは、信忠とみられる。『豊鑑』には「信忠も実さぞな日をうつさず三木へこそはよせめとて、軍のなにがしどもにふれ給ふて、八月末かた大勢を三木の城へつかはし、廻りをかこみ、向城余多所、秀吉の居給はん所は平山とで乾にあたれるにや、かたくかまへをなし置き秀吉に渡し」とある。信忠は、三木城周辺に大軍を派遣し、数多くの付城構築を命じ、平井山を秀吉の本陣として引き渡したとする。信忠は実際には八月十七日に美濃へ帰国していることから[*54]、七月下旬から帰国までの間に、これら付城が構築されたものと考えられる。『豊鑑』は、竹中重治の嫡男重門《しげかど》により寛永八年（一六三一）に成立したものであり、慎重に取り扱うべきものであるが、信忠の立場を考えると、自然な成り行きであったといえる。その指揮下において、秀吉も主体的に築城に関与したと解釈するのが妥当であろう。

ところで、秀吉が書写山から平井山に本陣を移したことに関して、次のような史料がある。

帰山の衆勘（堪）忍分として、坂本において五百石、相違無く請け納めらるべく候、其の為此くの如く候、恐々謹言、

天正六年

八月廿四日　　　　　　　　筑前守

秀吉 御判

書写

□□（宿カ）中

まいる[*55]

その前日もしくは同日には書写山の衆徒が帰山しており[*56]、秀吉は一種の迷惑料として、書写山に対して坂本（兵庫県姫路市）で五百石を与えたことがわかる。以上のことから、秀吉は八月

＊54　『信長公記』

＊55　『書写山十妙院文書』（姫八・一五四二）

＊56　『播州書写山円教寺古今略記』姫八・一五二九・『書写山円教寺長吏記』姫八・一五二八

二十三・二十四日以前に書写山を引き払い、平井山に本陣を移したといえよう。

九月十五日、秀吉は高田長左衛門尉・浅野長政に対し、別所重棟のもとに置かれている葺板について、此方（平井山ノ上付城か）で建築中の十間×五・六間の家の屋根を葺くために、早々に持参するよう命じている。またあわせて、三木への兵粮以下の搬入通路を塞ぐことを堅く申し付けている。[57] 兵糧攻めと付城における作事が進んでいる様子がわかる。織田方の付城構築による兵糧攻めは、当初からの作戦であったことを示すものといえよう。

十月二日、秀吉は黒田孝高の主君・小寺政職に対し、別所長治の知行分神東郡内一二五〇石を宛行った。[58] これにより、神東郡は秀吉の手に陥っていたことがわかる。秀吉は三木周辺を制圧し、三木城の兵糧攻めをより強固なものとしていく。ただし、政職はまもなく荒木村重の離反に加担してしまう。

秀吉が陣中で開いた茶会

天正六年（一五七八）十月十五日朝、秀吉は「播州三喜の付城」（平井山ノ上付城か）で、堺の茶人津田宗及を招いて茶会を催した。[59] これは、秀吉が初めて主催した茶会であった。茶道具として、乙御前釜・手桶・牧溪筆洞庭秋月・四十石壺・天目・天目台・紹鷗平高麗茶碗が使用され、生きた白鳥を殺して汁に供している。

茶道具のうち、乙御前釜は天正五年十二月十日、牧溪筆洞庭秋月は天正四年七月一日に織田信長から拝領したものである。[60] この茶会は、信長から拝領の「御道具」を使用した茶会（「御茶之湯」）であり、信長からの許可を受けて開催されたものといえる。すなわち、織田政権下では、何らかの功績により信長から「御道具」を拝領し、その後さらなる功績を積むと、天正六年正月の織田

＊57　九月十五日付「高田長左衛門尉・浅野長政宛羽柴秀吉書状」『浅野文書』秀・一七六

＊58　天正六年十月二日付「小寺政職宛羽柴秀吉知行宛行状」『小寺文書』秀・一七八

＊59　『津田宗及茶湯日記』

＊60　『信長公記』、竹本二〇〇六

平井山ノ上付城跡主郭　兵庫県三木市

『英名百雄伝』に描かれた荒木村重　当社蔵

信忠の茶会以後、「御茶之湯」の開催を許可されることが指摘されている。[*61] 秀吉の茶会開催は、織田政権下では信忠・明智光秀・佐久間信栄《のぶひで》に次いで四人目のことであった。このように、秀吉は播磨での戦いぶりを信長から高く評価され、茶会開催の許可を受けたのであろう。

しかし、このときにはすでに荒木村重の謀叛の動きが進みつつあった。

荒木村重の謀叛

天正六年（一五七八）十月十四日、足利義昭の家臣小林家孝は、毛利氏家臣の末国《すえくに》左馬守とともに荒木村重への調略工作を行った結果、村重が同心した旨を小早川隆景等へ報告している。[*62] ついで十七日には、大坂本願寺顕如が村重・村次《むらつぐ》父子に起請文を送っている。[*63]

そしてまもなく、信長のもとに村重謀叛の情報が入った。二十一日、信長は村重の裏切りについて疑念を抱き、松井《まつい》友閑《ゆうかん》や娘が村次に嫁ぎ姻戚関係にある明智光秀のほか、側近の万見《まんみ》重元《しげもと》を村重のもとへ派遣した。しかし、村重はこの時点では事実無根と否定したものの、人質として母を差し出すこと、自ら安土へ出仕して弁明することを拒否したため、実質的に村重の離反が明るみにでたのであった。十一月三日、信長は村重説得のため、有閑・光秀に加え羽柴秀吉も派遣したが、功を奏さなかった。[*64]

この謀叛は、村重が毛利攻めの司令官の座を秀吉に奪われ面目を失ったことや、摂津支配の不

*61　竹本二〇〇六

*62　十月十四日付「小早川隆景・口羽通良・福原貞俊宛小林家孝書状写」末国与左衛門所持文書『萩藩閥閲録』萩三・一二八―20

*63　天正六年十月十七日付「荒木村重・村次宛本願寺顕如起請文」『京都大学総合博物館所蔵文書』

*64　『信長公記』

安定化により信長に対する不信感が増大したことが主要因であったとみられている。[*65] 反織田方は、このような村重の心の隙間を見逃さなかったといえる。

　窮地に陥った信長は、この直後に朝廷を介して正親町《おおぎまち》天皇の勅命による大坂本願寺との講和を画策した。本願寺の要望に応えるべく、信長は毛利輝元との講和交渉も進めつつあったが、荒木方の高山右近《たかやまうこん》をキリスト教の布教の許可を条件に帰服させ、中川清秀《なかがわきよひで》の内通により茨木《いばらき》城（大阪府茨木市）も攻め落とすなど、形勢が有利になったことから、これらの交渉は打ち切っている。[*66]

　これにより、織田方は畿内近国において新たに村重討伐もしなければならなくなった。別所長治にとっても、東方の最前線が有岡城に移ったことから織田軍の脅威が薄れたこと、荒木元清《もときよ》の拠る花熊《はなくま》城（神戸市中央区）経由で反織田方からの人員・物資の支援ルートが確保できたことから、形勢逆転の糸口を掴んだといえる。

黒田孝高、有岡城に幽閉される

　天正六年（一五七八）十月下旬、黒田孝高は荒木村重の説得のために有岡城に赴いたが、そのまま幽閉されてしまった。黒田家の家臣は、孝高が逗留し続けていることについて、村重に同心した可能性も排除しきれないことから、長浜に人質となっている孝高の嫡男・松千代の身の安全を守るために、孝高の父職隆《もとたか》に対して忠誠を誓っている。[*67]

　そして職隆は、黒田家は何があったとしても織田家に忠誠を誓うことを、竹中重治を介して羽柴秀吉に申し伝えている。早速、秀吉は信長にこれを進達し、信長が満足したとの返書を受けた。十一月十一日、秀吉は孝高の叔父・小寺休夢斎に対して、孝高のことについて、とりわけ村重への対処をおろそかにせず、今度の巡り合わせは仕方ないとし、職隆と休夢斎の忠誠への感謝を申

*65　天野二〇一七

*66　堀二〇一一

*67　天正六年十一月吉日付「黒田家家臣連署起請文」『黒田家文書』姫八・一五四七

花熊（隈）城跡　神戸市中央区

し伝えている。[*68]

『黒田家譜』によると、孝高の有岡城幽閉は村重に味方した主君小寺政職の計略であったという。信長は孝高が村重に同心したと疑い、人質の松千代の殺害を重治に命じた。しかし、重治はその命に背き、美濃国不破郡岩手の居城菩提山《ぼだいさん》城（岐阜県垂井町）に松千代を隠し置いたという。ただし、『黒田家譜』は福岡藩黒田家が十七世紀後半に編纂させた公式記録という性格上、信憑性については同時代史料と比べて劣るため、そのすべてを鵜呑みにはできない。

秀吉本陣の襲撃を試みた平井山合戦

天正六年（一五七八）十月二十二日、荒木村重の謀叛と示し合わせるかのように、別所方では長治の叔父賀相と弟の治定《はるさだ》を大将として、三木城から平井山の羽柴秀吉本陣への襲撃を試みた。『播州御征伐之事』には、

> 扨て秀吉拵え平山と曰う峯を居城と為す、其後三木城内各評議し曰く、敵人数三四千に過ぎず、城内楯籠る士卒は七八千也、寔《まこと》に大軍を以て小敵の擒《とりこ》成る事無念極まり無し、是非引き出し一戦に及び、勝負を決すべきの由、（中略）
> 別所山城・同小八郎治定を大将として、川を渡り馳懸け威《おど》す、（後略）

とある。別所方の見立てとしては、平井山の兵は三・四千人、三木城内の兵は七・八千人であることから、勝てる見込みのある戦と考えていたという。しかし、別所方は治定をはじめ数十人が討ち死にするなど大敗を喫した。[*69]

十一月十四日、小早川隆景は毛利輝元の家臣・粟屋元種《あわやもとたね》に対し、御着の小寺政職・姫路の黒田職隆・野間の在田国泰《ありたくにやす》・志方の櫛橋政伊・三木の別所長治・長水の宇野政頼《うのまさより》へ申し合わせてこと

有岡城跡石垣　兵庫県伊丹市

*68　十一月十一日付「小寺休夢斎宛羽柴秀吉書状写」『黒田家譜』秀・一八〇

*69　『播州御征伐之事』、天正六年十月二十二日付「樋口彦助宛羽柴秀吉書状写」『伯耆志』秀・一七九

ごとく味方になっていること、龍野の赤松広英・置塩の赤松則房の帰参は、宇喜多直家の反対により叶わず、一両日中に宇喜多勢が龍野に攻め込む旨を報告している。そして、荒木村重・大坂本願寺・別所長治の三家と申し合わせ、手先を緩めず、追々後詰すべきことが大事である旨を申し伝えている。[*70] どうやら、七月の志方落城で織田方に降った櫛橋政伊が再び毛利方に与したようである。ただし、先述のとおり黒田孝高の父職隆・叔父小寺休夢斎は信長に対する忠誠を誓っていることから、[*71] 隆景の認識は誤っている。

なお、秀吉はこのころから約三年間、書状では受領名の筑前守を用いず、藤吉郎の通称名に戻している。これについては、播磨諸将の謀叛を防げなかった責を負ったものではないかと推測されている。[*72]

信長の摂津出陣

天正六年（一五七八）十二月十一日、信長は有岡城を攻めるため、各所に付城の築城を命じ、自身も古池田（大阪府池田市）に陣を移した。信長は、羽柴秀吉に加え、佐久間信盛・明智光秀・筒井《つつい》順慶《じゅんけい》に対して播磨へ出陣し、まずは摂津三田城（兵庫県三田市）攻略のため、道場河原（神戸市北区）・三本松（同北区）の二か所に「足懸り」を築いて秀吉の軍勢を入れ置くこと、「別所居城三木への取出城々」に対し、兵粮・鉄炮・玉薬の搬入及び普請等を命じた。[*73]

二十日、光秀は小寺休夢斎に対し、三田城攻めの付城四か所の普請を実施したこと、「油井口へ横《(吉カ)》川谷の由候、つなきの城□□《(普請)》明日申し付け候、佐右・羽藤先ず三木表罷り越され候、其面諸事御忠節此節候」、すなわち明日吉川《よかわ》谷につなぎの城を築くことを伝えるとともに、佐久間信盛と秀吉が先に三木方面へ向かうので、諸事忠節を尽くすよう要請している。[*74] 光秀は三木城への

＊70　十一月十四日付「粟屋元種宛小早川隆景書状案」『毛利家文書』戦瀬・五九八

＊71　『黒田家譜』秀・一八〇

＊72　依藤二〇一五

＊73　『信長公記』

＊74　十二月二十日付「小寺休夢斎宛明智光秀書状」『中島寛一郎氏所蔵文書』明・八三

進軍に際し、丹波国多紀郡油井《あぶらい》（兵庫県丹波篠山市）の入口に当たる播磨国三木郡吉川（同三木市）の谷につなぎの城を築いたといえる。この城を経由して、『信長公記』が記すとおり、織田方の軍勢が兵粮・鉄炮・玉薬の搬入及び普請等のために三木方面に向かったといえよう。この頃には、丹波・三田方面から三木への「つなぎの城」が複数築かれていたことがわかる。

長治、和睦を申し入れる

毛利輝元は荒木村重の救援のため、天正七年（一五七九）正月十日に出陣することが決まった。九日には、輝元は甲斐の武田勝頼から京都への進攻を要請されている。しかし、傘下の国衆の離反が危惧されたことから、輝元の出陣は見送られた。[*75]別所長治にとっても大きな落胆があったに違いない。

次に、正月二十八日付「赤松則房宛織田信長印判状写」[*76]を取り上げたい。

態《わざ》と使札を以て啓せしめ候、別所の事、信長に対し無礼の条、成敗すべき為、羽柴藤吉郎に申し付け、彼れが城郭を取り巻かせ候、然らば、其方の儀、西国の手宛《てあて》として、居城残し置かせ候、左候処に芸州の者共、其表に相働く処、一戦を遂げ切り崩し、数人討ち捕らるる由、藤吉郎かたより注進致し候、扨々《さてさて》比類無き手柄也、あげてかぞうべがらず候、天下の覚え、之に過ぐべからず条、弥《いよいよ》西国表の才覚、一重《ひとえ》に憑み存ずる義に候、近日上洛せしむべき間、旁面謁を以て申し達すべく候条、委細能《あた》わず候、

正月廿八日　　　　　　信長

赤松左京大夫殿

進之

---

*75　光成二〇二〇

*76　『武家事紀』姫八・一五
五二

織田信長は則房に対し、置塩方面で安芸衆と合戦に及び、数人を討ち取ったことを賞している。あわせて、置塩城は西国に対する処置のために残しているところであり、より一層しっかり対処するように頼み入っている。

しかし、置塩方面での合戦が他の史料では確認できないこと、数人しか討ち取っていないにもかかわらず、比類無き手柄と賞賛していること、その割に書止文言が「恐々謹言」等ではなく、礼を欠く結び方になっていることから偽文書の可能性が指摘されている。[*77] 軍学者の山鹿《やまが》素行《そこう》による、延宝元年（一六七三）の序文がある『武家事紀』所収文書であり、原本も確認できないことから、その可能性は否定できない。

ただし、赤松則房が織田方であったことは間違いない。すなわち二月二十三日、羽柴秀吉は則房奉行人の鳥居職種《とりいもとたね》・祝融軒周登《しゅくゆうけんしゅうとう》に対し、三月五日に信長が三木方面に向けて出馬する予定であることから、摂津方面よりわれらが先に播磨へ参るので、その節は信長の御意を得るよう申し伝えている。ついで、「三木侘言仕り候由承り候、方々より取り続き申候へ共、承引能わず候条、一切御許容有るべからず候」とあることから、秀吉は別所長治が和睦を申し入れてきたと聞き、諸将から取り次ぎがあったが承諾できないので、一切許容しないよう申し伝えている。[*78] 長治による最初の和睦交渉であり、反織田勢力が劣勢になりつつある状況下で、単独での講和を求めたものといえよう。

新たな付城の構築

天正七年（一五七九）四月になると、信長の命により播磨に軍勢が再び派遣された。八日に越前衆の不破光治《ふわみつはる》・前田利家《まえだとしいえ》・佐々成政《さっさなりまさ》・原長頼《はらながより》・金森長近《かなもりながちか》・織田信澄《のぶずみ》・堀秀政《ほりひでまさ》、十日に丹羽長秀・

＊77　渡邊二〇一八

＊78　二月二十三日付「鳥居職種・祝融軒周登宛羽柴秀吉書状」『大阪城天守閣所蔵文書』秀・一九〇

筒井順慶・山城衆、十二日には織田信忠・信雄・信包・信孝が出陣している。そして、同日に「猪子兵介・飯尾隠岐両人、播州三木表今度御取出御普請の御検使として、相副へ遣はされ候」とあり、猪子兵介・飯尾隠岐が三木方面の付城普請の検使として派遣されている。[*79]

四月十八日、信忠の軍勢は三木方面で別所方の足軽部隊の攻撃を受けたが、数十人を討ち取った。[*80]二十六日には「中将信忠卿、播州三木表に、今度六ヶ所塞々に御取出仰付けられ」[*81]とあり、信忠が三木方面において要所に六か所の付城を築き、三木城の包囲をさらに厳重なものとしている。

丹上山・淡河城の戦い

三木方面における付城構築を終えた織田信忠は、天正七年（一五七九）四月二十八日に摂津有馬郡に入った。二十九日、信忠は古池田に帰陣し、信長に播磨方面の状況を報告し、翌日岐阜城に帰った。そして、信長は越前衆・丹羽長秀に対し、播磨三木郡淡河《おうご》城（神戸市北区）へ向かい付城を構築するよう命じた。なお、越前衆等は古池田に帰陣後、信長に状況を報告のうえ帰国している。[*82]

毛利方は兵庫（神戸市兵庫区）に上陸し、花熊城を拠点として丹生山《たんじょうさん》・淡河経由で三木城へ兵糧を運び込んでおり、[*83]淡河城攻めはその補給路を断つために行われることとなる。

五月十九日、別所長治は花熊城に詰めていた小早川隆景の家臣で水軍を率いる乃美宗勝《のみむねかつ》に対し、書状を送った。

一両日貴意を得ず候〳〵、

一、此表相替わりなき儀候条、御心安べく候、

＊79　『信長公記』
＊80　『信長公記』
＊81　『信長公記』
＊82　『信長公記』
＊83　『播州御征伐之事』

一、彼一行の事、御緩め無き通り、先日も仰せ蒙り候、先ず以て畏み存じ候、遅々候へば、
御味方中不慮眼前に候間、一日片時も差し急がれ候は、大慶たるべく候、其段具《つぶさ》に岡神
御意を得るべく候、
一、淡川の儀、羽筑一両日以前に打ち越し候、相城今二三ヶ所付け置くべき行《てだて》候由候、城
内より始末申し究め人を指し出し候条、則ち様子を申し聞き、福千右参り置き候、御得
心成され、趣示し預けるべく候、此刻御心付き御油断無き様に頼み奉り迄候、丹生山の事、
是又御心副え仰す所候、恐々謹言、
五月十九日　長治（花押）
宗勝
参御陣所*84

淡河城の戦局について、秀吉が一両日以前に攻めてきて付城を二・三か所構築したことについて、城内からの使者から報告があった旨を伝えたうえで援軍を要請し、丹生山（神戸市北区）も注視するよう申し伝えている。三木合戦における長治の初見文書として注目すべきものである。

二十日、隆景は宗勝に対し、「三木火急の条」として、長治救援のため、普請衆・鉄炮衆等の援軍および兵糧千俵・鉄炮・玉薬を輸送すること、軍勢を大船で送るので、岩屋と兵庫で小船に積みかえるよう指示している。*85

しかし、毛利軍の援軍も間に合わず、五月二十五日、秀吉方は丹生山の海蔵寺取出《かいぞうじとりで》を夜中に忍び入って乗っ取り、翌日には丹生山の北麓の淡河城を開城に追い込んだ。*86 これにより、三木城は東側からの兵糧の補給ルートが閉ざされてしまう。五月二十九日、小早川隆景は乃美宗勝と毛利氏直轄水軍（川ノ内警固衆）の中心人物である児玉就英《こだまなりひで》に対し、丹上山の陥落は仕方がないこと

*84　『乃美文書』戦瀬・六一一

*85　五月二十日付「乃美宗勝宛小早川隆景書状」『乃美文書』戦瀬・六一二

*86　『信長公記』

丹生山　神戸市北区

であるとし、三木や摂津・播磨の境目の様子を知らせるとともに、引き続き兵員と兵糧を送り届けるよう指示している。[*87]

六月二十八日、秀吉は淡河市庭《いちば》に制札を交付し、市の開催日を毎月五・十・十五・二十・二十五・三十日とすること、楽市楽座《らくいちらくざ》とするなど、町の復興に取り組んでいる。[*88]

八上落城

天正七年（一五七九）四月初め、波多野秀治が拠る丹波八上城は、明智光秀方の兵糧攻めにより、もはや風前の灯火であった。波多野側は助命と退城を懇望し、籠城衆のうち四・五百人が餓死し、城を出てきた者の顔は青く腫れており、人間の顔をしていなかったという。だが、光秀は降参を認めず、五日・十日のうちに必ず討ち果たし、一人も取り漏らしてはならないこと、要害・塀・柵・乱杭《らんぐい》・逆茂木《さかもぎ》を取り重ね、落城を待つことを和田弥十郎に命じている。[*89]

五月初めには、光秀方の調略により本丸が焼き崩れた。六日、光秀は城への攻撃を禁じるとともに、城内から逃げてきた者のみを討ち取ること、取り逃がしを防ぐために互いに取り合うことを禁じた。[*90] 八上城は五月下旬についに落城し、四百人余りが討ち死にした。[*91] 波多野三兄弟（秀治・秀尚・秀香）は捕らえられ、六月四日には安土に送られ、城下の慈恩寺町において磔のうえ、切り殺された。[*92]

これにより、反織田方の一角が欠けることとなり、以後はより一層織田方優位の戦局となっていく。

三木合戦を象徴する多重土塁の構築

八上城本丸跡石垣　兵庫県丹波篠山市

＊87　五月二十九日付「乃美宗勝・児玉就英宛小早川隆景書状」『小早川家文書』兵中九・三〇六頁

＊88　天正七年六月二十八日付「淡河市庭宛羽柴秀吉制札」『歳田神社文書』秀・一九九

＊89　四月四日付「和田弥十郎宛明智光秀書状写」『下条文書』明・九〇

＊90　五月六日付「彦介他宛明智光秀書状」『小畠文書』明・九一

天正七年（一五七九）五月下旬に花熊方面からの補給ルートが閉ざされた別所方に対し、毛利方からの援軍はいまだ到着していなかった。六月六日、別所長治は児玉就英・乃美宗勝・鵜飼元《うがいもと》辰《とき》に対して再度書状を送り、窮状を訴えている。

其許異儀無く御取り堅めの由風聞候、実儀承りたく候、先日一札を以て申せしめ候つ、今に御左右承らず条、御心許無く存じ候、様子具《つぶさ》に示し預けるべく候、毎日煙相見え、味方中珍重に覚え候、此表の様躰、委細先度申し候、定めて参着たるべく候、野之上付城一ケ所申し付け、其後別に替わり無き義候、猶追々申し入るべく候、通路計り難く一紙ニ申し候、恐々謹言、

六月六日　　　長治（花押）

児蔵太

乃兵

鵜新

参

御陣所*93

このなかで、長治は其許（魚住城）を支障なく取り堅めている由、風聞している旨を伝えている。そして、先日（五月十九日付）出した書状の返書がなく、心もとないことから、様子を詳しく教えてほしいこと、毎日煙が見えており味方も心強く思っていること、野之上に付城一か所を構築した以外は特に変わりがないこと、通行困難になっていることを伝えている。ここからは、毛利方とのやり取りが困難になっている様子が見て取れるだろう。毛利方も宇喜多氏の離反が表面化しており、速やかな対応に苦慮していたようである。

*91『兼見卿記』
*92『信長公記』
*93『乃美文書』戦瀬・六一三

このような情勢下、ようやく毛利輝元は小早川隆景に対し、三木城救援のために数百艘の出航の準備を命じた。まもなく援軍が夜陰に紛れて明石浦魚住に上陸した。乃美宗勝・児玉就英、さらには雑賀の士卒も加勢し、堅く塁に居陣している。以後、毛利方は魚住を拠点として三木城への救援を試みるようになる。[*94]

これに対し秀吉方は、『播州御征伐之事』によると、「之に依り三木・魚住の通路を塞ぐ為、君峯を始め廻りの付城五六十、其透《すかし》々に番屋、堀、柵、乱杭、逆茂木を立て、表は荊棘《けいきょく》を引き、裡《うら》は堀を浚い、寔《まこと》に走獣飛鳥逃れ難し、況んや人間をや、此時、三木城内の糧尽くと聞き」とあり、三木・魚住の通路を塞ぐために、君ヶ峰城をはじめとする周辺の五・六十もの付城の間に番屋・堀・柵などの防御施設を設置したという。これにより、三木城の食糧不足は深刻なものとなっていった。

六月十八日、秀吉は長浜留守居の一牛斎能得《いちぎゅうさいのうとく》に対し、「三木取出共数ヶ所申し付け候て一々こし候」、すなわち三木城攻めの付城等を数か所構築したこと、このたびの海上戦で敵舟を多く切り取り、数人を生け捕り、数十人を討ち取ったことを伝えている。[*95]「取出共数か所申付」とは、四月の織田信忠による付城六か所の築城もしくは、『播州御征伐之事』に見られる付城間の防御施設の構築に関連するものであろう。これにより、別所方はさらなる苦戦を強いられることとなった。

このようななか、六月には反織田勢力の間で信長との和談が検討された。当時、花熊城にいたとみられる紀伊雑賀衆頭目の鈴木重秀《すずきしげひで》は、織田方との和談交渉の実施について尼崎城の荒木村次と話し合い、家中の伊丹宗祭《いたみそうさい》と荒木越中守と協議のうえ、前向きな回答を得た。しかし、和談はたいそうなことであり、村重と長治の調整は困難である旨、村次等が申していることから、その是非についての返事は延引する旨、乃美宗勝に伝えている。[*96]少なくとも、村重と長治のいずれか

多重土塁の一つとして築かれた福井土塁B　兵庫県三木市

*94　『播州御征伐之事』

*95　六月十八日付「一牛斎能得宛羽柴秀吉書状」『思文閣古書資料目録』二一八　秀・一九七

*96　六月二十日付「乃美宗勝宛鈴木重秀書状」『乃美文書』戦瀬・六一五

は徹底抗戦を主張していたとみられ、結局のところ意思統一は叶わなかったようである。

籠城を続ける長治は、家臣尾越と養林軒雲甫龍岫を小早川隆景のもとに派遣し、早急な救援を求めた。隆景もさらなる援軍を協議するため、児玉景栄《かげひで》・鵜飼元辰を魚住に派遣したところであった。隆景は毛利輝元と調整して、軍兵・兵粮の早期輸送を図るとともに、六月二十四日には乃美宗勝に対し、まずは雑賀衆を動員することが肝心である旨を指示している。[*97]

七月十一日、長治は宗勝のもとに、雲甫龍岫・梶原景秀・岡神を派遣した。

前日以後貴意を得ず候、此表の様子委《くわ》しくは梶平・岡神申し含め候、其後相替り無き儀候、仍って笠岡より鵜新・児平左御着岸の由、殊に御出勢火急の旨、満足此事候、弥《いよいよ》頓て御済み頼み奉り候、尚養軒・梶平・岡神申し入るべく候、恐々謹言、

七月十一日　　長治（花押）

宗勝

参御陣所[*98]

書状の内容は、三木方面の様子はその後変わったことはないこと、笠岡（岡山県笠岡市）から元辰・景栄が魚住に着岸したこと、火急の救援に満足であることを申し伝えている。七月に入っても、毛利方が魚住を拠点として三木城救援を試みていること、三木・魚住間のやりとりが何とかできていることが確認できる。

養林軒雲甫龍岫について

養林軒雲甫龍岫は、先述のとおり三木合戦において別所長治の下で毛利方との連絡に当たる人物としてたびたび登場する。この人物は、天文二十一年（一五五二）七月には、臨済宗慈済庵

＊97　六月二十四日付「某宛小早川隆景書状」『乃美文書』熊二・一四二

＊98　『乃美文書』熊二・一一七四

主であったことが確認できる。[*99] 当時、以孫宗仲という弟子がいた。[*100] 慈済庵は播磨国三木郡にあり、[*101] 雲甫龍岫の道号から、雲龍寺《うんりゅうじ》（兵庫県三木市）の前身に当たる寺院と考えられている。[*102]

天正二年（一五七四）閏十一月四日、雲甫龍岫は醍醐寺常円坊同宿中に対し、別所氏が醍醐寺門跡義演《ぎえん》と高台院《こうだいいん》の書を拝領したことに対して礼を述べるとともに、例年どおり別所氏が代官請をしている摂津山田荘の年貢を納める旨を伝えている。[*103]

このように、雲甫龍岫は慈済庵住持を務めるとともに、別所氏の家臣として外部との連絡調整の任務に当たっていたといえる。

竹中重治の死

天正七年（一五七九）六月十三日、秀吉に与力として仕えた竹中重治が三木の陣中で病死した。享年三十六であった。『寛永諸家系図伝《かんえいしょかけいずでん》』所収の「竹中系図」には、「同（天正）七年六月十三日、播州三木にて病死。歳三十六。」とある。『信長公記』には、「六月廿二日、羽柴筑前与力に付けられ候竹中半兵衛、播州御陣にて病死候。其名代として、御馬廻に候つる舎弟竹中久作播州へ遣はされ候。」とあり、六月二十二日に死去したとし、弟の久作《きゅうさく》が播磨へ遣わされたことが記されている。なお、重治の死について、詳細を記しているものに『豊鑑』がある。

竹中半兵衛主。例ならず心ちなやみしを。薬の道しる人もてさはぎけれど験なかりければ。京にこそ薬の聖も有とて上りしに。少おこたり様なれども。猶心ちさはや〱様にもなけれど。播磨にて死なんこそ軍場に命をおとすに同じかるべしとて。いまだなやみながら。秀吉の御座し平山に行て。六月中の比終に失にしぞかし。秀吉限りなくかなしび。劉禅孔明を失ひしにことならず。

竹中半兵衛（重治）の墓　兵庫県三木市

*99　「雲甫龍岫道号頌」『鏤氷集』

*100　「以孫宗仲道号頌」『鏤氷集』

*101　「古泉宗亀道号頌」『鏤氷集』

*102　依藤二〇一〇a

*103　閏十一月四日付「常円坊御同宿中宛養林軒雲甫龍岫書状」『醍醐寺文書』兵中七・三八三頁

意訳すると、以下のとおりとなる。「半兵衛は病気を患ったことから、薬に詳しい者による治療を受けていたが、効果がなかったため、上京して薬僧の治療を受けた。これにより、少し起きることはできるようになったが、早々の回復は見込めなかった。そこで、重治は播磨で死ぬことこそ、軍場にて命を落とすことと同じであるとして、病の身のまま秀吉のいる平井山の本陣に行き、六月中頃に死去した。秀吉は大いに悲しみ、中国の三国時代に蜀《しょく》を治めた劉備《りゅうび》が重臣の諸《しょ》葛亮孔明《かつりょうこうめい》を失ったことと同様である」。

実は、『豊鑑』の筆者は重治の嫡男重門《しげかど》であり、寛永八年（一六三一）に成立している。父親のことを書いてはいるものの、重治を諸葛亮孔明に例えるなど、死去のいきさつを全体的に誇張して重治の死を神格化している可能性もあることから、真相はよくわからない。

秀吉の但馬・伯耆出陣

天正七年（一五七九）七月、秀吉は信長の命により三木城攻めの包囲から離れて但馬に出陣し、一揆勢を成敗した。[*104]続いて、二十一日までには因幡鳥取方面へ出陣し、付城の構築と伯耆への進軍を命じられている。[*105]また、八月二十九日の時点でも秀吉は伯耆で奮戦していることが確認できる。

だが九月四日、播磨に戻っていた秀吉は安土へ赴き、宇喜多直家の赦免を願った。しかし、事前の連絡がなかったことから、信長はこれを曲事《くせごと》（けしからぬこと）であるとし、受け入れなかった。秀吉はすぐに播磨へ追い帰されている。[*106]

*104　七月二十一日付「蜂須賀正勝宛織田信長黒印状写」『蜂須賀文書写』信補・二五五
*105　八月二十九日付「蜂須賀正勝宛織田信長黒印状写」『蜂須賀文書写』信補・二五六
*106　『信長公記』

平田大村合戦と三木の干し殺し

天正七年（一五七九）九月十日、三木城へ兵糧を搬入したい毛利方は、小寺政職や曽根・衣笠の軍勢を派遣して平田・大村付近を襲い、同時に別所方が三木城内から出撃して兵糧を三木城内に運び込むため、谷大膳の陣所を攻撃した。

　九月十日、播州の御敵五着（御）・曽祢・衣笠の士卒一手になり、敵城三木の城へ兵粮入るべき行《てだて》候。然れば三木に楯籠る人数、此競に罷出で、谷大膳陣所へ攻懸り、既に谷大膳を討果たし候。羽柴筑前守見合せ、切りかゝり一戦に及び、相たゝかひ、討捕る人数の事、
　　別所甚大夫・別所三大夫・別所左近尉・三枝小太郎・三枝道右・三枝与平次・とをり孫大夫、
　此外、芸州・紀伊州の侍、名字は知らず、数十人討取り、大利を得られ候訖。[*107]

両軍の衝突により、秀吉方は谷大膳《たにだいぜん》が討ち死にしたが、別所方も兵糧搬入部隊が秀吉方の攻勢を受け、別所甚大夫・三大夫ら多くの武将が討ち取られたほか、安芸・紀伊の軍勢も数十人が討ち取られている。

この合戦については、十二日に秀吉は瀧川彦二郎に対し、次の通り戦果を報告している。

　（前略）此表において一昨日合戦の事、芸州・雑賀・当国の者申し合わせ候て、三木へ兵粮入れ申すべき由候て、三木の者共と既に入り相申し候処に、懸け合い一戦に及び、即時に切り崩し、鑓下において首四百八つ討ち捕り申し候、此表の事、明隙《ひまあき》申し候、落居幾程有るべからずの条、時宜においては御心安べく候、猶追々申すべく候、恐々謹言（後略）[*108]

これによると、秀吉は安芸・雑賀・播磨国衆や三木城からの軍勢を即時に切り崩し、四〇八の首を討ち取ったとし、三木城の落城も時間はかからないので、安心するよう申し伝えている。

しかし、十一日に荒木村重が乃美宗勝に宛てた書状のなかで、「三木表において大利を得らる

谷大膳の墓　兵庫県三木市

*107　『信長公記』

*108　九月十二日付「瀧川彦二郎宛羽柴秀吉書状」『福岡市博物館所蔵文書』秀・二〇二

るの由風聞候」とあり、この合戦が勝利したことを聞き及んでいる旨を記している。[*109] また、毛利輝元が井原元尚《いはらもとひさ》に宛てた書状では、「三木兵粮の儀、去る九日異儀無く差し籠め候、剰《あまつさ》え敵ノ付城一つ切り取り、宗徒の者数百人打ち取り候」とあり、九日には兵糧を問題なく三木城へ搬入し、谷大膳の陣所と見られる敵の付城を一つ切り取り、数百人を討ち取ったとしている。[*110] これによると、合戦は九日には始まっていたようである。秀吉と村重・輝元は正反対のことを記していることから、両者ともに一方的な勝利をおさめたわけではなく、一定の戦果があったとみてよいだろう。ただ、大勢としては秀吉方優位の戦果であったのだろう。

徐々に追い詰められた長治と村重は、降参を申し出、助命を求めた。しかし、信長は拒否し、その一方で宇喜多直家の降参は受け入れている。[*111] 長治にとって、二度目の和睦交渉決裂であった。信長は妥協することなく、徹底的に両者を征伐する道を選んだといえる。

十月七日、平田大村合戦に勝利した秀吉方は、「又付城を寄せられ、南八幡山、西平田、北長屋、東大塚」[*112]、すなわち、南は八幡山、西は平田、北は長屋、東は大塚に付城を築き、さらに三木城包囲網を狭めた。

『播州御征伐之事』によると、城の五・六町（約五五〇・六六〇m）付近では、陸に高さ一丈（三m）余りの築地《ついじ》を築いて、石を入れ込んだ二重の塀を設け、重ねがさねに柵を設置した。川面には駕《か》籠《ご》を伏せて梁杭を打ち込み、橋上に見張りを置いて監視した。辻々には城戸《きど》を設けて秀吉の近習を交代に番におき、付城守将の通行手形のない者を一切通さなかった。夜でも篝火《かがりび》を焚いて白昼のようであったという。また、三木城内に蓄えた食糧は尽き、餓死者が数千人出た。初めは糠《ぬか》・秣《まぐさ》を、中頃には牛馬・鶏・犬を食し、ついには人を刺し殺してその肉を食べたという。これらのことから、十月七日以降、毛利方からの組織的な兵糧搬入は行われなくなった可能性が高い。

＊109　九月十一日付「乃美宗勝宛荒木村重書状」『乃美文書』戦瀬・六一七

＊110　九月二十七日付「井原元尚宛毛利輝元書状写」井原藤兵衛所持文書『萩藩閥閲録』萩二・四〇―23

＊111　十月七日付「□斎宛水野守隆書状」『淡輪文書』兵中九・三七三頁

＊112　『播州御征伐之事』

一方、村重の戦局も芳しくなく、九月二日には尼崎城（兵庫県尼崎市）に移り、花熊城とともに抗戦を続けていた。村重の要請に応じた小早川隆景は、十月二十六日に礒兼景通《いそかねかげみち》に対し、乃美宗勝が花熊城に援軍として入るに当たり、岡神以下と申し談じたことについて肝要であるとし、花熊城への兵糧等の搬入に専念するよう指示している。*113「岡神」とは、別所長治の使者としてたびたび毛利方との交渉に当たった人物であり、戦況が深刻化していくなかで、長治は村重と連携のうえ、三木城への兵糧搬入を毛利方に要請していたのであろう。

このようななか、長治は小寺休夢斎を介して、秀吉に降参を願った。それに対し、秀吉は御着城と志方城の攻囲戦の状況次第では三木を助ける可能性に言及している。十月二十八日付「小寺休夢斎宛羽柴秀吉書状」*114に以下のように記す。

（前略）三木ゆるし候て、しろをう《け脱カ》とり候て、いのちをたすけ候か、又ほしころし《干し殺し》候か、両度にいちとう《一度》か、きわめ申すべく候、いそき平つか《平塚勝蔵》を之を進め候、そこもと《其許》のようすにより、三木の木《儀》、いのちをたすけ申すべく候、又、みな〳〵めし出し候はば、ほしころしに三木をばいたし申すべく候、いのちのきをと、わひ候事かきりなく候、三木ゆるし候はば、こちやく《御着》・しかた《志方》の事のけさるようにいたし、ほしころしか、又はせめころし申すべく候間、のけさるようにさいかく《才覚》候て給うべく候、いさい《委細》平三ひやう《梶原景秀》へ申すべく候、かしく、（後略）

非常に難解で文意が読み取りにくいが、十月二十八日の時点で秀吉は、長治を許して三木城を受け取り助命するか、三木を干し殺しにするかを決めかねている様子が読み取れる。なお、高砂城主梶原景秀が秀吉の使者として休夢斎のもとに遣わされ、詳細を伝えていることから、すでに毛利方から離反し、織田方に味方していることがわかる。結局のところ、長治の願いは叶わず、

---

*113　十月二十六日付「礒兼景通宛小早川隆景書状写」『萩藩譜録　礒兼求馬景秋』戦瀬・六一八

*114　『豊太閤真蹟集』秀・二〇五

まさに秀吉自身が表現した「干し殺し」という状態をもたらすことになった。

三十日、宇喜多直家の赦免にあたり、名代として養子基家《もといえ》が摂津古屋野（兵庫県伊丹市昆陽）に赴き、織田信忠に拝礼した。その際、秀吉がそれを取り次いでいる。[*115] これにより、宇喜多直家は旧領を安堵されたとみられ、播磨国赤穂郡・佐用郡の支配も認められたとみられる。

十一月二十三日、秀吉は一牛斎能得に対し、「此表四方取出共、三木町際へ押し詰め候、やかて落居すべく候間、心易すべく候」、すなわち、三木方面の四方の付城を三木町の際まで押し詰めており、やがて落城するので安心するよう申し伝えている。[*116] これは、十月七日の「又付城を寄せられ、南八幡山、西平田、北長屋、東大塚」[*117] のことを指しているとみられる。

有岡落城

天正七年（一五七九）十一月十九日、ついに有岡城は織田方に引き渡された。荒木村重は九月二日に尼崎城へ移って徹底抗戦しており、尼崎城と花熊城の明け渡しを拒否したことから、人質となっていた荒木一類の妻子以下六百数十人が京都六条河原で処刑されている。[*118]

なお、『黒田家譜』によると、有岡城の開城にともない、黒田孝高は家臣の栗山善助に救出された。そして有馬で療養した後、秀吉のもとへ赴き、秀吉から涙ながらにその労をねぎらわれたという。ただし、先述のとおりどこまでが真実かは不明である。

十二月十日、小早川隆景は礒兼景通らに対し、三木城への兵糧以下の搬入について、雑賀衆等と相談して成し遂げることが肝要である旨を命じている。[*119] 毛利方も「干し殺し」の状況にある三木城の救援に動いていたことがわかる。ただし、織田方による厳重な包囲網をかいくぐることは不可能に近く、結果的には兵糧搬入は叶わなかったようである。

＊115　『信長公記』

＊116　十一月二十三日付「一牛斎能得宛羽柴秀吉書状」『池田文書』秀・二〇六

＊117　『播州御征伐之事』

＊118　『信長公記』

＊119　十二月十日付「礒兼景通・末小・包久景勝宛小早川隆景書状写」『萩藩譜録　礒兼求馬景秋』戦瀬・六二四

有岡城跡　兵庫県伊丹市

十二月十二日、滝川一益は秀吉に対し、尼崎城・花熊城に逃れていた荒木村重らも退散しゆくえ知らずになったこと、荒木一類・年寄共の妻子が京都で成敗される予定であることを伝えるとともに、三木城の落城が近いと聞き、何よりも珍重である旨を伝えている。そのなかで、年内は諸勢に帰陣命令が出たことにより手薄になったことから、秀吉に対し、「灘太目《なだおおめ》」（武庫口《むこぐち》（兵庫県西宮市）から湊川《みなとがわ》（神戸市兵庫区）までの海岸線辺りか）を制圧し、夜討ちすることを要請している。*120 このように、摂津兵庫方面で百姓を中心とした残党の抵抗が続いていたものの、*121 もはや大勢は決しつつあった。

三木落城と別所一族の自決

年が改まって天正八年（一五八〇）を迎えると、羽柴秀吉はいよいよ本格的に三木城攻略に取り掛かることとなった。

（前略）
一、此表の儀、去る六日、三木城内より三十間計り南、宮山の城乗っ取り、惣町中押し破り、数多討ち捕り候、敵のやくら七つ取り申し候て、其まゝ十間十五間の間ニ取り詰め、惣廻塀・柵四重五重に申し付け候事、（中略）
一、同十一日午刻に、三木本城と堀一重に候鷺山と申す構乗り崩し、并びに別所彦進城・同山城守居城乗り破り、是又数多討ち捕り候、山城構へは小一郎入れ置き申し候、同じく彦進城鷹之尾と申すに我等入城せしめ候事、
一、別所小三郎丸一ヶ所へ責め寄せ申し候間、落居幾程有るべからず候間、御心安べく候、

＊120　十二月十二日付「羽柴秀吉宛滝川一益書状写」『備藩国臣古証文』一　信補・二〇六
＊121　天野一九九九

　　猶追々申し承るべく候、恐々謹言（後略）[*122]

右によると正月六日、秀吉は三木城の南側を守備する「宮山の城」を乗っ取り、城下の三木町全体を押し破り、多くの敵を討ち捕った。ついで櫓を七つ攻め取り、そのまま城の十間（一八ｍ）から十五間の間に取り詰め、城の廻りに塀・柵を四・五重めぐらすよう申し付けた。十一日には「三木本城」と「堀一重」を隔てた「鷺山と申す構」を乗り崩し、別所長治の弟友之《ともゆき》の居城「鷹之尾」と叔父賀相の居城「山城構」を攻略した。「山城構」には羽柴秀長、「鷹之尾」には秀吉が入り、「別所小三郎丸」へ攻め寄せる状況となった。[*123]

省略したが、右の文書によると、前後して八日夜には安芸衆と雑賀衆の拠る魚住城が落城し、十日夜には志方城・御着城が開城して退くなど、すでに三木城は孤立無援の状況に陥り、落城はもはや時間の問題であった。

『播州御征伐之事』によると、六日に「宮上要害」を調略のうえ秀吉が入り、十一日に秀吉の軍勢が「南構」を放火し、秀吉は友之の「鷹尾山城」、秀長は賀相の「新城」に懸け入り、敵数輩を討ち果たし、そこに陣取ったとする。先述の文書とほぼ同一内容であり、これにより「鷺山と申す構」は「南構」、「鷹之尾」は「鷹尾山城」、「山城構」は「新城」と同一であったことがわかる。

十五日になり、別所重棟は城内から小森与三左衛門を呼び出し、長治・賀相・友之へ秀吉の書状を遣わし、荒木村重や丹波の波多野氏のようになれば末世まで嘲弄を受けることとなり、あまりに惜しいことなので、当然のこととして切腹すべきであることを申し伝えた。[*124] これに対し長治は、三人の切腹を受け入れるとともに、城兵の助命を懇望した。

　　同十五日、使者来たりて懇望を出すの状、其辞曰く、

＊122　正月十四日付「赤佐左衛門尉宛羽柴秀吉書状」『反町文書』秀・二一一

＊123　『播州御征伐之事』

＊124　『信長公記』

別所長治所用の輪宝三巴文螺鈿軍陣鞍　個人蔵　画像提供：長浜市長浜城歴史博物館

唯今申し入る意趣は、去々歳以来、附け置かれ敵対の條、連々其理《ことわり》申し分くべく心底の処、内輪の面々覚悟替わるるの間、是非に及ばず、某等両三人の事、来たる十七日申刻、切腹すべく相定め畢んぬ、然るに今に至り相届ける諸卒悉く討ち果てるべき事、不便の題目也、御憐愍を以て扶け置かるるにおいては、畏み入るべき者也、仍って此等の趣相違無き様、御披露仰す、恐々謹言、

別所彦進友之
別所山城守賀相
別所小三郎長治

正月十五日

浅野弥兵衛尉殿
別所孫右衛門尉殿[*125]

秀吉は長治の覚悟に感嘆し、城兵の助命を受け入れる旨を返答し、城内に樽酒を二・三荷送り入れた。長治は、妻子・兄弟とともに両日両夜最期の盃を交わしている。[*126] だが十七日、賀相は切腹を拒み、城内で焼死のうえ、遺骸を隠すことを試み、倉の中に籠もって火を懸けたが、城兵により首を打たれた。[*127]

これを見た長治は最期を悟り、一族等十人（長治・長治女房・長治三歳の子・友之・友之女房・賀相女房・賀相男子二人・同女子一人・家老三宅治職）は命を絶った。このとき長治は二十三歳とされる。[*128]

『播州御征伐之事』は、その詳細を次のように伝えている。長治は、まず膝上に三歳の子（男子）を置き、後ろ髪を撫で、一刀に胸下を指した。次に女房を引き寄せ、枕を同じくして差し殺した。友之の女房も同様に自害した。その後、長治と友之は手を取り、広縁に敷かれた畳一畳の左右に

三宅治職の墓　兵庫県三木市・法界寺

＊125　『播州御征伐之事』
＊126　『播州御征伐之事』
＊127　『播州御征伐之事』
＊128　『播州御征伐之事』
＊129　『播州御征伐之事』
＊130　『播州御征伐之事』
＊131　小林二〇一〇・二〇一二

座り、各々を呼び出し、表情を違わずに穏やかに笑い、次のように語った。「このたび籠城を相届けた志は、海よりも深く山よりも高い。何日ものこの報いの思いの甲斐なく相果てることは無念極まりない。しかしながら、われら三人が自害し、諸士を助けることは、最後の喜びとしてこれ以上のものはない」。そして長治は切腹し、家老三宅治職が介錯した。次いで、治職も切腹して果てた。友之は召使の輩に刀・脇差・衣装の類を形見として遣わし、最期の様子を見届けさせ、名を後代に確実に留めるべく、切腹を遂げた。賀相の女房は、我が子男子二人と女子一人を三刀して差し殺し、同所に伏せて自害した。

　翌日、城兵はことごとく城内から助け出され、そのなかの小姓一人が短冊を届け出た。長治・長治女房・友之・友之女房・賀相女房・三宅治職の辞世の歌である。長治は、「今ハ只恨ミモアラス諸人ノ命ニカハル我身ト思ヘハ」*[129]と最期に残している。

別所長治・友之夫妻・治定五輪塔（中央・右・左の順）　兵庫県三木市・法界寺

　秀吉は長治・賀相・友之の首を、信長による実検のため京都へ送った。*[130]ここに、一年十か月の長きにわたる三木城をめぐる戦いは終焉を迎えたのであった。

三木落城時の大量殺りく説について

　三木合戦の最期は、先述のとおり、別所長治一族等の自害により城兵が助命されたという美談が長らく語り継がれてきた。それに対して、小林基伸は一次史料に基づき、城兵の大量殺りくがあったとの新説を提示した。*[131]その概要について、根拠史料を挙げながら紹介する。

別所家霊廟　兵庫県三木市・法界寺

照子夫人五輪塔　兵庫県三木市・法界寺

【正月二十日付「沼元新右衛門尉宛宇喜多直家書状」*132】

（前略）随って三木本丸落去の左右、昨日、早馬を以て河内へ申し遣わし候、其後、羽筑より花房又七指し下され、様躰具《つぶさ》に申し下され候、筑州・蜂彦紙面、今朝以て右行《てだて》の事河内へ差し遣わし候、定めて其方へも到来有るべく候、別小三・同山城・彦進腹を切り、年寄中一両人同前ニ候、相残る者をば一所へ追い寄せ、番を付け置かれ、悉く果たさるべくと相聞き候、（後略）

天正八年（一五八〇）正月二十日、宇喜多直家は美作国南部の国衆である沼本新右衛門尉に対し、以下のことを書状で伝えている。三木落城の成り行きについて、昨日（十九日）早馬をもって美作国河内へ通達した。その後、秀吉より直家の家臣花房正幸《はなぶさまさゆき》が遣わされ、詳細を伝えられた。今朝、秀吉・蜂須賀正勝の紙面を河内に送ったので、必ずそちらにも到来するであろう。別所長治・賀相・友之が切腹し、年寄中も同前である。残る者は一か所へ追い寄せ、番を置いて、ことごとく討ち果たしたと聞いている。

【四月十五日付「越中国坊主衆中・門徒衆中宛本願寺顕如書状」*133】

（前略）仍って信長公と和平の儀、禁裏として仰せ出され、互の旨趣、種々其沙汰に及び候いき、彼憤大坂退出の儀に相極り候間、此段新門主に直談せしめ候、其後禁裏へ進上の墨付にも判形を加えられ候、此和平の儀は、大坂并びに出城所々、其外兵庫・尼崎の拘様、兵粮・玉薬以下、此已来の儀、了簡に及ばず候、中国衆の儀、岩屋・兵庫・尼崎を引き退き帰国候、今は宇喜多別心の条、海陸の行《てだて》相叶うべからざる由候、たとへば当年中の儀は相拘《（有）》うべき歟、去りながら敵多人数取り詰め、長陣以後は、扱の儀も成るべからず候、然る時は道岡・三木同前に成り行くべき事眼前に候（後略）

右：鉄鐙　左：金天目　右は三木城本丸かんかん井戸から出土したものと伝わり、左は長治の所用と伝わる　兵庫県三木市・雲龍寺蔵　画像提供：三木市教育委員会

*132　『沼元家文書』姫八・一五六〇

*133　『越中勝興寺文書』和市四・一一一八頁

四月十五日、大坂から雑賀に退いた大坂本願寺顕如が越中国坊主衆・門徒衆中に対し、大坂から撤退した理由を述べたものである。このままでは和睦も成立せずに、有岡・三木と同様の事態になってしまう旨を申し伝えている。有岡城では荒木一類の妻子以下六百数十人が処刑されているが、[*134]小林は顕如が三木城も同様と認識していたと解釈している。

【六月十九日付「長宗我部元親宛羽柴秀吉条々写」[*135]】

条々

一、先書申す如く候、三木正月十七日に悉く首を刎ね、当国過半片付けるに依り（後略）

六月十九日、秀吉が土佐の長宗我部《ちょうそかべ》元親《もとちか》に対し、これまでの戦況を報告するなかで、「三木」は正月十七日にことごとく首を刎ねたことを記している。

さらに、小林は『播州御征伐之事』の信憑性についても疑問視している。すなわち、別所賀相の死について、『播州御征伐之事』では城兵に首を打たれたことになっているが、先述の宇喜多直家書状や『信長公記』では切腹となっている。これについて、『書写山十地坊過去帳』[*136]では、

性祐禅定門別所小三郎長治、天正八年庚辰正月十八日、三木城に於いて自害

策雲軒性慶禅定門別所山城守同時自害

性西禅定門別所彦之進同時自害

とあり、賀相は長治や友之同様、自害としている。このように、賀相の死は『播州御征伐之事』によって脚色された可能性を指摘している。

『播州御征伐之事』の筆者は、秀吉の御伽衆《おとぎしゅう》で三木郡出身の大村由己《おおむらゆうこ》である。天正八年正月三十日に成立したとの奥書《おくがき》があるが、疑わしい。ただし、少なくとも同十三年七月十日までには成立している。[*137]末尾には、秀吉が有したとされる「十徳《じっとく》」が記されていることから、秀吉の「徳」

＊134　『信長公記』

＊135　『紀伊国古文書』秀・二四八

＊136　姫八・一五六一

＊137　「宇野主水日記」同日条

を顕彰するために書かれたものであり、全体的に秀吉の功績を強調している。織田信忠を筆頭に信長によって派遣された武将の名前がほとんど記されておらず、秀吉一人の功績であるかのような構成となっているのも、その一つの証左といえる。長治の城兵助命懇望の文書については、現物が残っておらず文面などからして偽文書である可能性が高い。[*138] 辞世の歌も含めて、秀吉の美談として創作された可能性も否定しきれない。

大量殺りく説に対する反論

さて、小林基伸の新説に対し、異論を投げかけたのが岩本晃一である。[*139] 以下、岩本の見解を簡潔にまとめる。

宇喜多直家書状については、直家に三木落城を伝えた花房正幸は三木城本丸落城の様子を直に見たのではなく、秀吉から書状によって知らされた可能性もあるとする。また、書状内の三木落城の様子は、秀吉による宇喜多家への示威を目的とした書面上での誇張表現であるという見方も可能としている。

顕如書状については、長年にわたって籠城を続ければ、調停も不可能となり、有岡と三木のように次第に孤立無援となり、兵糧・弾薬が欠乏することになるのは明らかであると解釈している。羽柴秀吉書状については、次のとおり、「悉」を常套句のごとく多用している。

（前略）

一、後三月二日に備前境目迄先勢悉く残らず陣取りを申し付け、（中略）廿七日ニ毛利陣悉く敗北候条、

（中略）

＊138　渡邊二〇一八

＊139　岩本二〇一六

一、宇野民部大輔宍粟郡にこれ在り、山峰けはしくして、大河城のふもとを巻き候に付いて、節所を頼み、公儀に対し奉り相構える所存無く候条、則ち英賀より手遣わしめ、宇野親・伯父両構平城二ヶ所へ楯て龍《(籠)》もり候、四月廿六日に責め崩し、悉く首をきり申し候、（中略）

一、民部大輔居城市場を追い破り、山八分目迄責め登り、悉く小屋を残らず焼き崩し、

（後略）

当時、織田信長と長宗我部元親は連携関係にあったが、四国支配をめぐって対立していた。秀吉は、織田家の意に反して四国統一を目指す長宗我部氏の動きを封じるため、「悉」という表現を多用して、自らの軍団の精強さや容赦のない冷徹さを演出し、残酷な表現を用いた戦勝報告を行ったものと推測している。

そして、『播州御征伐之事』の作為性は認めつつも、八上城や有岡城に見られた城兵掃討は、波多野秀治や荒木村重のような自らの保身を優先する者に対する処罰として、大量殺りくを実施したものとし、別所長治はそれには当たらないとしている。すなわち、長治らの自刃後、秀吉によって長治の要求通り、三木城内に残る生存者がすべて助命されたという美談としての通説は、秀吉の作為による創話ではなく、事実に基づくものである可能性が高いと結論づけている。

大量殺りく説の新解釈

これらの説に対し、堀新は「美談」の再検証を行った。[*140] 堀は、三木合戦の関係史料だけでは手詰まりになるとして、天正九年（一五八一）の羽柴秀吉による鳥取城攻めを検証している。

この戦いの最後は、鳥取城主吉川経家《つねいえ》など数人の武将が切腹して、残る城兵の命は助けられたとされている。しかし、実際には経家は「一人による犠牲死」を秀吉に申し入れたものの、結局

＊140　堀二〇一八

助命されたのは毛利からの加番衆と国方衆の首謀者二人の子供のみであったとする。首謀者の首は安土へ送られ、残る国方衆は助命されると思い下城しようとしたが、城の出口で足止めされ、裏切り者として切り捨てられたという。また、加番衆は何も知らないまま帰国し、経家の「一人による犠牲死」を語り継いでいったとしている。

そして堀は、鳥取城攻めの例を三木合戦に当てはめ、以下のとおり解釈する。すなわち、三木城中から秀吉に「一人による犠牲死」が申し入れられた。秀吉がこれを受諾したので、長治等の別所一族の重立った者は先約を信じて犠牲となった。しかし、裏切り者の助命は認めないという、当時の織田権力の基本方針によって、残る城兵たちの多くは助命されず、切り捨てられたと結論づけている。

以上、三木合戦の最期については、近年の研究により実像が見えてきたように思える。つまり、長治ら一族の自害による生き残った城兵の命がすべて救われたとの従来どおりの説は再考を余儀なくされているといえる。

ただし、二次史料になるが、石野《いしの》氏満《うじみつ》は三木落城により自害を迫られたが、舅の有馬則頼《のりより》や小寺右衛門佐（黒田孝高カ）の謝罪により、信長から赦免されている。[*141] また、三木落城後に赦免された別所家臣として、稲次宗雄は渡瀬繁詮に預け置かれ、[*142] 井上小九郎・大九郎は木下昌利《きのしたまさとし》に仕え、[*143] 光枝次郎右衛門は秀吉に仕えたとされる。[*144] 少なくとも、城兵すべてが殺されたというわけではなかったようである。

いずれにせよ、新たな一次史料が発見されない限り、その真相は明らかにならないであろう。

秀吉による制札交付

*141　『石野系図』　東京大学史料編纂所謄写本

*142　『備前老人物語』

*143　「井上七兵衛書上」　池田文庫『家中諸士家譜五音寄』

*144　「光枝勘右衛門書上写」　池田文庫『家中諸士家譜五音寄』

天正八年（一五八〇）正月十七日、別所長治らの自害による三木開城により、三木合戦が終結した。同日、秀吉は早速三木町の復興に取りかかり、次のとおり制札を交付する。

条々

一、当町へ打ち越すにおいては、諸役あるべからざる事
一、借銭・借米・年貢の未進、天正八年正月十七日より以前の事は免許せしむ事
一、□□□□□《先年の通り地子取るまじ》き事同商のさかり銭これをのぞくべき事
一、一粒一銭□□□《公納すべき旨》これ有る輩においては、直訴すべき事
一、をしかい《押買》あるまじき事
右あいそむく《相背》やから《族》においては、速やかに成敗加うべき者也、仍て件の如し

天正八年正月十七日　　　　秀吉（花押）[*145]

三木町に来住する者の諸役免除や落城以前の債務（借銭・借米・年貢米）関係の破棄のほか、先年の通り地子銭を免除することなど五箇条から成る。ただ、第三条および第四条の判読困難な部分については、三木町が延宝六年（一六七八）の検地による地子免除特権の取り消しを免れるための改ざん（人為的摩滅）とみなす意見があるため[*146]、これについては、この時点まで遡るかは定かではない。

なお、『播州御征伐之事』によると、秀吉はすぐに三木城に移り、整地および水路を通して区画整理したうえで、退散した住人を呼び戻した。町人は門前に市を立て、当国の大名は言うに及ばず、但州・備州の諸侍の在城が認められた。人々は屋敷を構え門戸を並べ、日を経ずして数千軒の家が建ったとしている。数千軒というのは明らかに誇張だが、秀吉主導による町の復興が進められたことは間違いない。

---

*145　『三木市有宝蔵文書』秀・二一四

*146　小島一九八五

二月三日には、秀吉はさらに次のとおり制札を交付する。

条々
一、ざい〳〵百姓等、早《はや》けんざん（見参）すべき事
一、あれ（荒）地ねんぐ（年貢）当年三分二ゆうめん（有免）、三分一めしおく（召置）べき事
一、さくもう（作毛）、いぜん（以前）たちかえり（立還）、百姓等いとなみ（営）、ひやく（日役）あるまじき事、あれ（荒）地の百姓共つくり（作）、じき（直）ニすべ□□（き事）
右相違有るべからざる者也、仍て件の如し
天正八年
二月三日　藤吉郎（花押）*147

在住していた百姓等の還住《かんじゅう》命令、荒地年貢の当年分の三分の二免除、還住した百姓の日役免除など三箇条から成り、先の町人に対する制札と一対の政策と捉えることができる。

二十八日、杉原家次《すぎはらいえつぐ》は久留美《くるみ》村に在所する飯尾直延《なおのぶ》に対し、秀吉の命として、ことごとく不作であるために肝煎《きもいり》百姓等を引き連れて田畠の耕作に努めるよう指示するとともに、屋敷土居廻りの分の賦課を免除した。*148　家次は秀吉の家臣であり、二次史料の「杉原系図」（『寛永諸家系図伝』）によると三木城を領したという。総合的に考えて、家次は秀吉の命により三木城とその周辺の復興を任された人物とみてよかろう。

長く厳しい戦いのすえ播磨を平定

播磨における毛利方勢力は、英賀と宍粟郡長水城《ちょうずいじょう》（兵庫県宍粟市）に籠もる宇野氏を残すのみとなった。天正八年（一五八〇）正月二十日ないし二十一日、秀吉軍は英賀方面へ攻め入ったよ

*147　『三木市有宝蔵文書』秀・二一七
*148　天正八年二月二十八日付「飯尾直延宛杉原家次書下」『飯尾文書』兵中二・一四三頁
*149　正月二十日付「沼元新右衛門尉宛宇喜多直家書状」『沼元家文書』姫八・一五六〇
*150　正月二十八日付「山田盛祇宛小早川隆景書状」『大阪城天守閣所蔵 山田文書』戦瀬・六三一
*151　六月十九日付「長宗我部元親宛羽柴秀吉条々写」『紀伊国古文書』秀・二四八

うである。[149] それに対し小早川隆景は、二十八日に英賀への増援を図っている。[150]

三木周辺の戦後処理がひと段落ついた秀吉は、三月十日、兵を休ませるためにひとまず領国の近江北郡に戻った。しかし、二十日になると毛利軍が美作西部に侵攻し、宇喜多軍が苦戦しているとの報告があったことから、二十五日には先発部隊を派遣し、自らは二十七日に京都に上り、閏三月二日に三木に着陣した。秀吉は、備前境目にすべて残らず陣取りすべき旨を先発部隊に申し付け、自身は十七日に着陣し、備前・美作・播磨三か国の三つ辻の所々に陣を置いた。[151]

このようななか、天正七年末から朝廷を介して進められていた織田方と大坂本願寺の和議が成立した。本願寺門主顕如は大坂を退き、紀伊雑賀に移り、嫡男の教如《きょうにょ》が門主の地位を引き継いだ。これを受け、十一日に信長は秀吉に対し、英賀との停戦を命じている。[152] しかし、同月下旬には教如がこれに反発し、和議が破綻したことから、秀吉は戦いを継続することとなる。

二十七日、宇喜多軍が毛利軍を破ったため、秀吉軍は引き返して英賀を包囲した。[153] 三十日、隆景は英賀の普請の進捗状況を確認するとともに、播州衆は役に立たずこちらに逃げてくるのではないかと危惧し、英賀からの鉄炮の要請にも頭を悩ませている。[154] 毛利軍は大坂本願寺への援軍要請を受けていたこともあり、もはや播磨戦線にこれ以上注力できない状況にあった。

そして四月一日、秀吉は英賀から約八町（約八八〇m）離れた場所に位置する揖東郡《いっとう》西之土居《にしのどい》を攻め崩し、ここに軍勢を残し置いた。二十四日、秀吉軍は長水城に籠もる宇野祐清《すけきよ》の攻略を開始し、二十六日には祐清の父政頼と叔父が籠もる二つの平城《ひらじろ》を攻め崩した。その後、秀吉は海の手から英賀に乗り入り、これを攻め落としている。五月九日、秀吉は長水城を攻撃、翌十日にこれを落とし、当主祐清・父政頼のほか、兄弟一類・被官等を討ち果たした。[155]

これにより、毛利方の播磨国衆は壊滅し、織田方による播磨平定が完了した。信長は姫路城を

*152　閏三月十一日付「羽柴秀吉宛織田信長印判状写」『南行雑録』一　信・八六二

*153　『紀伊国古文書』秀・二四八

*154　閏三月三十日付「口羽通良宛小早川隆景書状写」口羽四郎五郎所持文書『萩藩閥閲録』姫八・一五六六

*155　『紀伊国古文書』秀・二四八

長水城跡堀切　兵庫県宍粟市

秀吉の居城と定め、[*156] 以後、播磨は宇喜多直家の赤穂郡・佐用郡を除き、秀吉領国となった。秀吉の播磨における長く厳しい戦いは、ここに終焉を迎えた。

播磨破城令

天正八年（一五八〇）四月二十六日、秀吉は播磨平定にあたって、次のように城破り（城の破却）を命じた。

国中城わるべき覚

一、置塩之　御城之事　小野木清次　山崎四郎右衛門尉
一、御着之　城之事　蜂須賀彦右衛門尉
一、高砂之　城之事　近藤九介　山内伊右衛門尉
一、神吉之　城之事　副田甚兵衛
一、阿閇之　城之事付梶原古城之事　津田小八郎　斎藤宮内丞
一、明石之　城之事　一柳喜介　伊藤七蔵
一、平野之　城之事　服部伝八　大塩金右衛門尉
一、東条之　城之事　一柳市介　速水少太

已上

右の城共、不入時分柄にて候条、わらせらるべき事、尤もに存じ候事、

卯月廿六日　秀吉（花押）[*157]

秀吉は、小野木清次ら十四名に対し、「不入」が時分に相応していることから「国中」としつつ、

＊156 『信長公記』

＊157 『一柳文書』秀・二二三五

実質は梶原古城を含めて九城の城破りを命じたことがわかる。具体的には、置塩城は織田方であり播磨守護職家にあった赤松家当主則房の居城、御着城は天正八年正月十日に攻め落とした小寺政職の居城、高砂城は天正七年十月二十八日までに織田方となった梶原景秀の居城、神吉城は天正六年七月十六日に攻め落とした神吉民部少輔の居城、阿閉城は別所重棟が守っていた織田方の城、梶原古城は梶原景秀に関係するとみられる城、明石城は織田方に与したとみられる明石則実の居城、平野城は福中城《ふくなか》（神戸市西区）に比定される織田方に与したとみられる間島彦太郎の居城、東条城は豊地城に比定される重棟の居城であった。

ほとんどの城が織田方に与した播磨国衆の城であったことから、織田政権下において、赤松家当主や国人衆を在地支配から引き離し、彼らを秀吉の支配下に結集させることを目的として実施されたものといえる。[*158] これは、宇野氏征伐の最中に実施されたものとみられることから、第一弾の破城令であったといえよう。「一」は破却済みの印しのようで、「一」のない東条（豊地）城主の重棟も当初は受け入れを渋ったようで城破りが遅延するなど、[*159] 播磨国衆にとっても受け入れがたい政策であったが、もはや抵抗は不可能であった。

以後、天正八年九月に実施された国中検地と相まって、秀吉による播磨の織田領国化が推し進められていき、播磨の中世社会はやがて幕を閉じていくこととなる。

＊158　小林二〇〇六
＊159　五月四日付「一柳直末・速水守久宛羽柴秀吉書状」『一柳文書』秀・二三九

第Ⅱ部　遺跡から見た秀吉の播磨攻め

第一章　三木城と付城群

研究史をたどる

三木《みき》合戦の舞台となった三木城跡とそれを攻略するために築かれた織田方の付城《つけじろ》跡群・多重《たじゅう》土塁《どるい》については、開発の波にさらされながらもその多くが現存している。

これらの遺跡は、江戸時代にはすでに注目されており、広島浅野《あさの》家七代重晟《しげあきら》が明和三年（一七六六）に調製させた古城絵図集『浅野文庫蔵諸国古城之図《しょこくこじょうのず》』（広島市立中央図書館蔵）には「三木」「平井山」、すなわち三木城跡および秀吉の本陣であった平井山ノ上付城跡の絵図が収載されている。

また、十七世紀後半以降に成立したとされる『別所軍記《べっしょぐんき》』（法界寺蔵）[*1]、平野庸脩《ひらのようしゅう》により宝暦十二年（一七六二）に成立したとされる『播磨鑑《はりまかがみ》』には付城一覧が城主名とともに記載されている。その他、「別所長治・羽柴秀吉対陣図」（三木市蔵）、「羽柴秀吉三木城包囲図」（雲龍寺蔵）などの絵図類が残されている。天保十二年（一八四一）に描き直されたとされる「播州三木城地図」（兵庫県立歴史博物館蔵）には、付城跡とともに多重土塁線が描かれている。

しかし、近代に入ると、これら付城跡群・多重土塁の存在は次第に忘れ去られ、研究対象とされることはなかった。そのような状況が長らく続いたものの、一九八〇年代に入り、城郭研究が進展していく流れのなかで再度注目を浴びることとなった。その先鞭をつけたのが、宮田逸民《としたみ》である。

昭和五十六年（一九八一）、宮田は『日本城郭大系』12において、「三木城周囲に多数の付城を

＊1　松林・山上一九九六

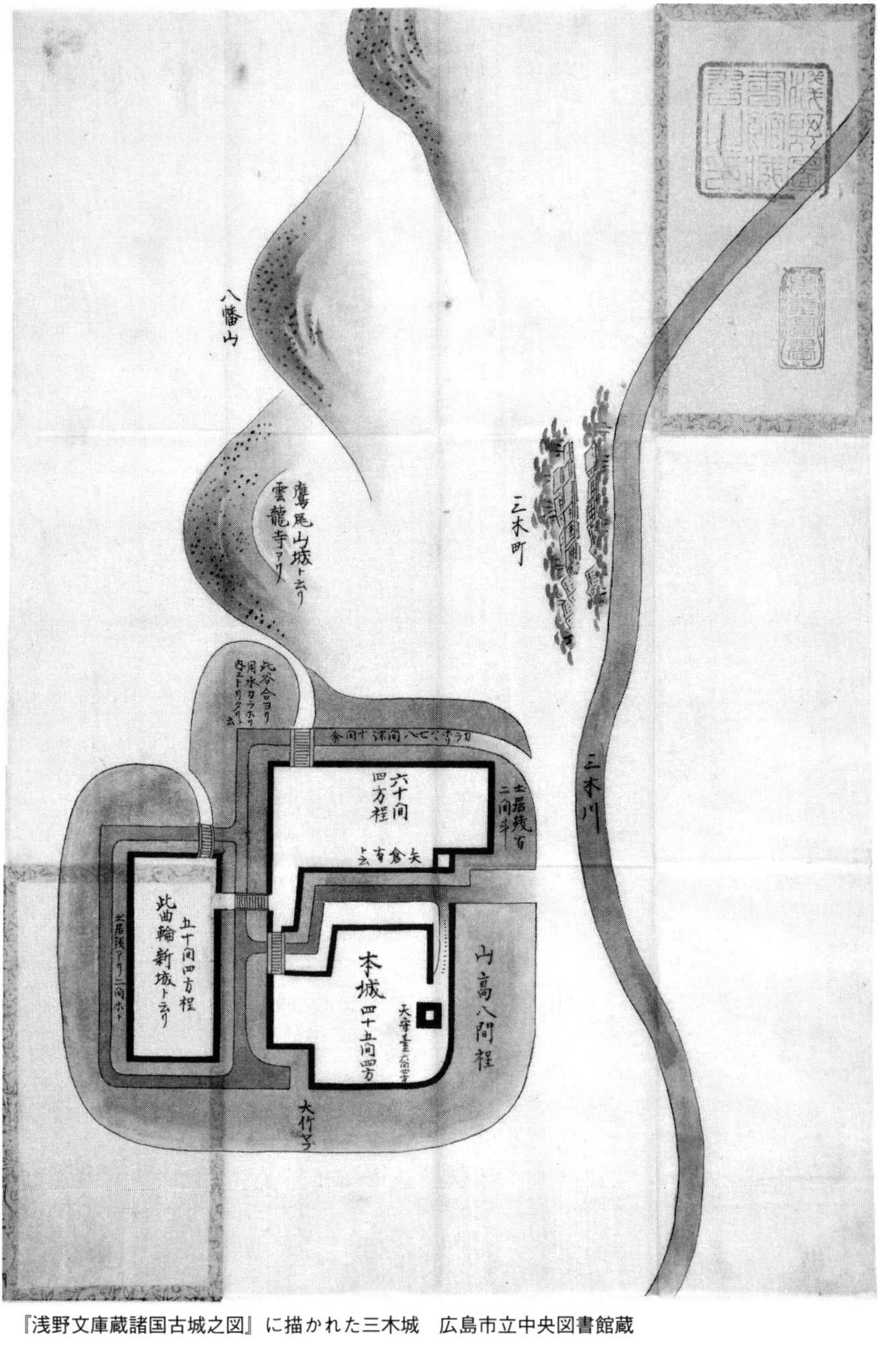

『浅野文庫蔵諸国古城之図』に描かれた三木城　広島市立中央図書館蔵

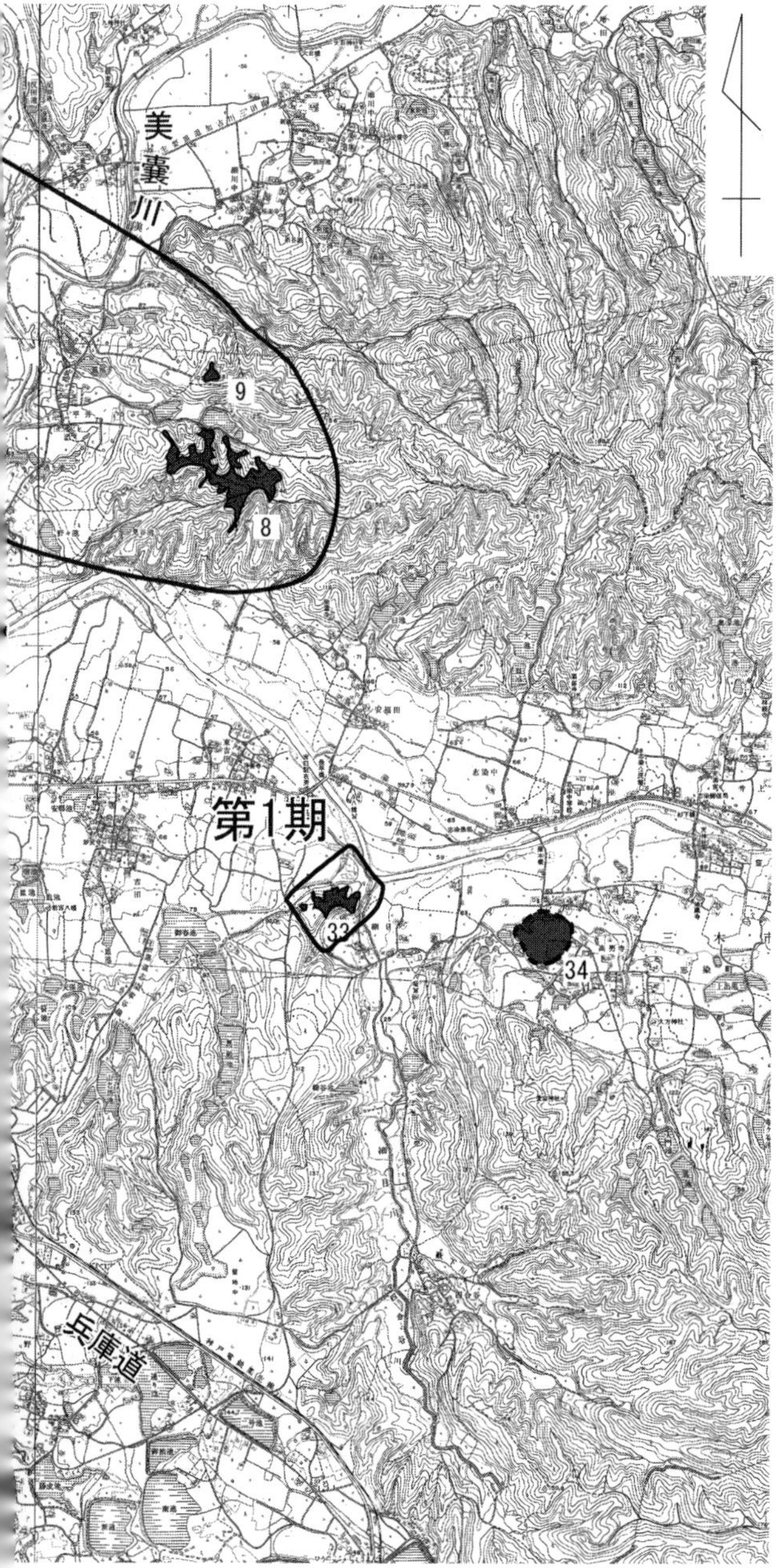

三木城

1　三木城本丸跡（史跡）
2　三木城二の丸跡（史跡）
3　三木城新城跡
4　三木城鷹尾山跡（史跡）
5　宮ノ上要害（消滅）
6　三木城跡
7　本町滑原遺跡

付城

8　平井山ノ上付城跡（史跡）
9　平井村中村間ノ山付城跡
10　久留美村山上付城跡
11　慈眼寺山城跡
12　久留美村大家内谷上付城跡
13　跡部村山ノ下付城跡
14　加佐山城跡（消滅）
15　平田村山ノ上付城跡
16　平田村付城跡
17　大村山ノ上付城跡
18　這田村法界寺山ノ上付城跡（史跡）
19　高木大塚城跡（史跡）
20　高木大山付城跡（史跡）
21　シクノ谷峯構付城跡（史跡）
22　明石道峯構付城跡（史跡）
23　小林八幡神社付城跡（史跡）
24　羽場山上付城跡
25　八幡谷ノ上明石道付城跡Ａ
26　八幡谷ノ上明石道付城跡Ｂ
27　八幡谷ノ上明石道付城跡Ｃ
28　三谷ノ上付城跡
29　二位谷奥付城跡Ａ
30　二位谷奥付城跡Ｂ（消滅）
31　二位谷奥付城跡Ｃ（消滅）
32　君ヶ峰城跡
33　和田村四合谷村ノ口付城跡
34　高男寺本丸遺跡

多重土塁

35　朝日ヶ丘土塁（史跡）
36　高木大塚土塁（史跡）
37　高木大山土塁Ａ（史跡）
38　高木大山土塁Ｂ（消滅）
39　高木大山土塁Ｃ（史跡）
40　高木大山土塁Ｄ（史跡）
41　高木大山土塁Ｅ
42　高木大山土塁Ｆ
43　高木大山土塁Ｇ
44　小林土塁Ａ（消滅）
45　小林土塁Ｂ（消滅）
46　小林土塁Ｃ
47　小林土塁Ｄ
48　小林土塁Ｅ（消滅）
49　福井土塁Ａ（史跡）
50　福井土塁Ｂ（史跡）
51　福井土塁Ｃ（史跡）
52　福井土塁Ｄ
53　福井土塁Ｅ
54　福井土塁Ｆ
55　福井土塁Ｇ
56　福井土塁Ｈ
57　福井土塁Ｉ
58　福井土塁Ｊ
59　福井土塁Ｋ
60　福井土塁Ｌ
61　福井土塁Ｍ
62　福井城山土塁（消滅）
63　二位谷土塁Ａ（消滅）
64　二位谷土塁Ｂ（消滅）
65　宿原土塁
66　宿ノ谷土塁

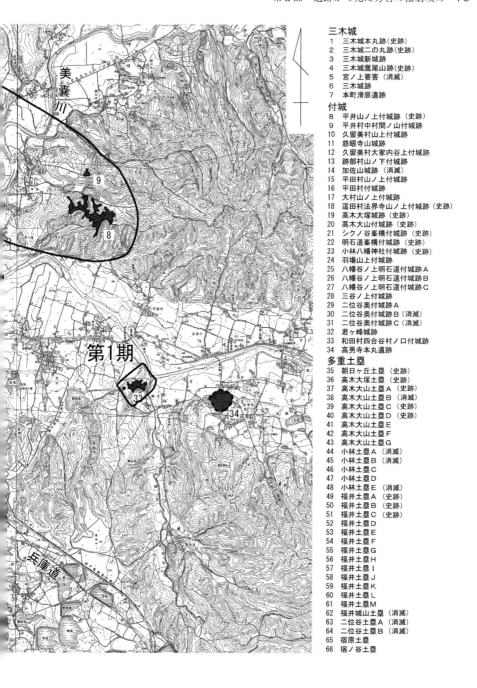

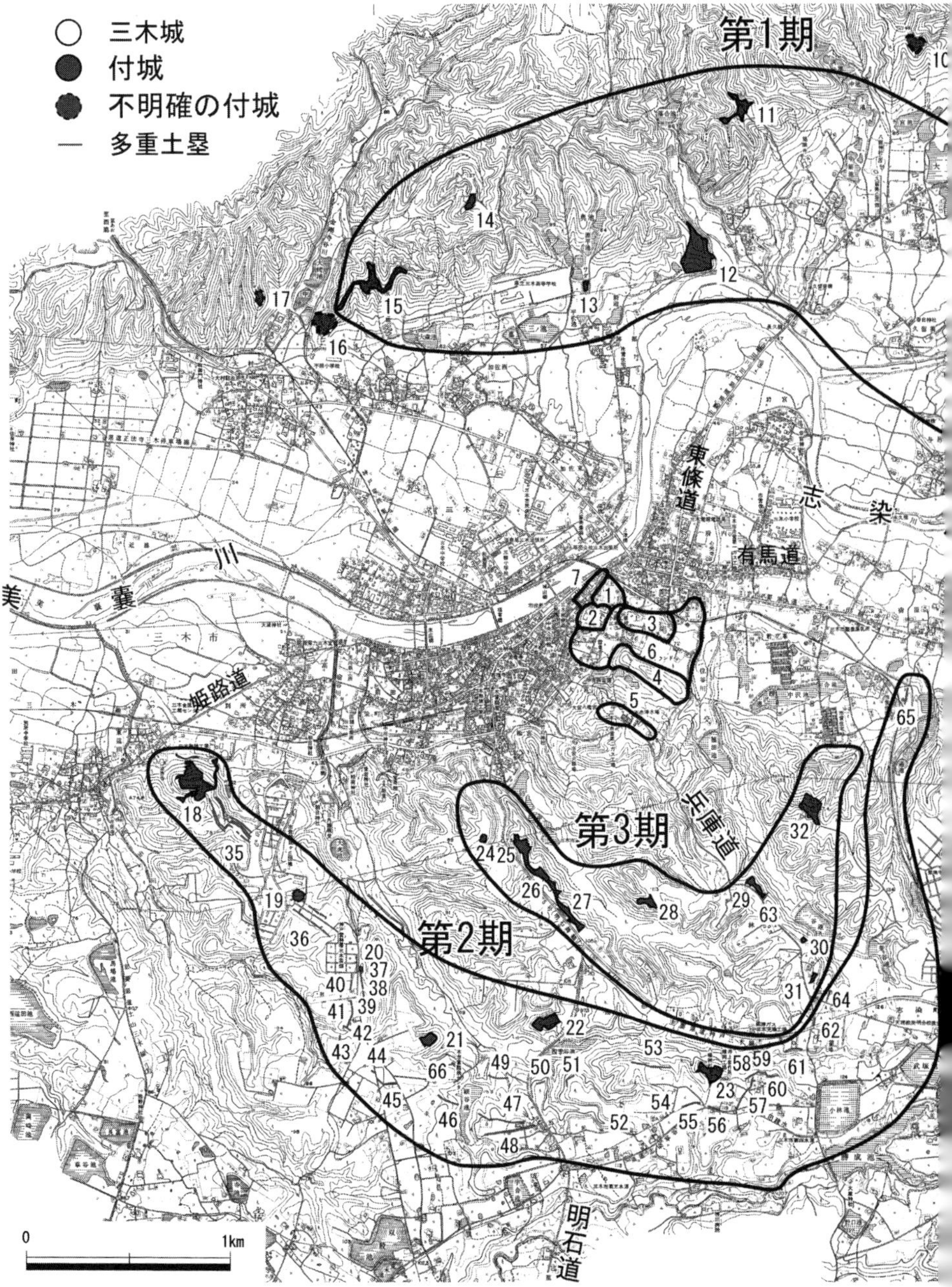

三木城跡・付城跡・多重土塁分布図（昭和 42 年作成　三木市都市計画図〈S=1/10000〉を使用）

置いた。数か所の位置が確認できる」とし、その存在に着目した。[*2] 翌年、宮田は『浅野文庫蔵諸国古城之図』と現地調査の成果を基に、羽柴秀吉の本陣である平井山ノ上付城跡の本来の位置を確認した。[*3] また、同年には兵庫県教育委員会による中世城館調査の成果が報告書として刊行され、そのなかで、「二位谷の奥の塁」以下計三十一城の付城が記載されている。[*4] しかし、いずれも項目の列挙のみで、図面が載せられておらず、詳細な調査はなされなかった。

その後、宮田を中心として地道なフィールドワークによる調査研究が進められ、平成三年（一九九一）、宮田は付城群と多重土塁の総括的研究を発表した。[*5] これにより、付城跡と多重土塁が数多く残っていることが明らかとなり、その存在が城郭研究者のみならず、歴史学・考古学界に広く注目されるようになった。宮田の一連の研究を受けて、三木市教育委員会は平成九～十二年度に市内遺跡詳細分布調査を実施し、これまで未発見であった付城跡及び多重土塁を確認している。[*6] これにより、付城跡と多重土塁の全容がほぼ把握されるに至ったのである。

こうした調査研究状況を踏まえ、三木市はこれら三木合戦関連遺跡の保存に向けて取り組むこととなった。平成十八年度に三木市教育委員会が設置した三木城跡及び付城跡群学術調査検討委員会によって、文献史学・考古学・歴史地理学的手法により、多角的な調査研究が進められた。その成果は、平成二十二年三月に『三木城跡及び付城跡群総合調査報告書』（以下、『報告書』とする）として刊行され、その価値付けが行われた。[*7]

その後、史跡指定に向けた最後の仕上げとして、筆者は『報告書』の成果を踏まえたうえで、平成二十四年三月に付城跡群の類型化および多重土塁の復元案を提示し、三木城包囲網戦の実態に迫った。[*8] その成果の一部は、同年九月に鳥取市で開催された『鳥取城フォーラム二〇一二～織豊期城郭研究会 二〇一二年度 鳥取研究集会～織豊系城郭の陣城』の中で報告し、翌年には論文

＊2　宮田一九八一a

＊3　宮田一九八二

＊4　兵庫県教育委員会一九八二

＊5　宮田一九九一

＊6　三木市教育委員会二〇〇一

＊7　三木城跡及び付城跡群学術調査検討委員会二〇一〇

＊8　金松二〇一二

としてまとめている。[*9]

付城群の概要

三木合戦の際、織田方は三木城攻略のために平井山に本陣を置き、周囲の丘陵や台地上に数多くの付城を築いた。特に南側の付城群は多重土塁で連結して包囲網を形成し、兵糧攻めを実施した。付城は三木城の周囲を東西約六km、南北約五kmの範囲に推定も含めて約四十城が存在していたとみられる。三木市が遺跡として把握しているものは二十七城あり、そのうち明確な付城遺構が確認できたものは二十三城、そのうち現存しているものは二十城を数える。近世に作成された『播磨鑑』『別所軍記』などには織田方の付城が数多く記されている。

これら付城の築城は、文献史料により大まかに三期に分けられる。まず、第一期は天正六年（一五七八）七月下旬～八月中旬、織田信忠が主導して羽柴秀吉等の軍勢が平井山以下の付城を築いた。[*10] これは三木城から美嚢川を隔てた北側の丘陵に位置する付城群が該当すると考えられる。

第二期は翌七年四月、織田信忠以下が再度播磨に入り、普請の検使として猪子兵介・飯尾隠岐の派遣を受けたうえで付城六か所を築いている。[*11] 六城が一連の動きのなかで築かれたことを考慮すると、高木大塚城や小林八幡神社付城など、三木城南続きの台地の最も外側に築かれた付城群に該当する可能性が高いと考えられる。

第三期は同年十月、平田大村合戦に勝利した秀吉が、南は「八幡山」、西は「平田」、北は「長屋」、東は「大塚」に付城を築き、三木城包囲網を狭めている。[*12]「八幡山」に該当する八幡谷ノ上明石道付城のほか、二位谷奥付城など、三木城南続きの台地の最前線に築かれた付城群が該当すると考えられる。なお、「平田」「長屋」「大塚」の付城については、遺構が確認されていないこ

＊9　金松二〇一三

＊10　七月十六日付「新免弾正左衛門宛羽柴秀吉書状」『新免文書』秀・一七三、『播州御征伐之事』

＊11　『信長公記』

＊12　『播州御征伐之事』

とから、実態は不明である。

付城群の特徴

【第一期（天正六年七月下旬〜八月中旬）の付城群】

地形に合わせて曲輪を上下に連ねる構造のものが多く、背後の尾根続きに対して、堀切などがほとんど見られず、遮断防御はあまり意識していない。これは、三木城とは川を隔てており、比較的安全な地域に築かれたためである。

【第二期（天正七年四月）の付城群】

平坦な台地上に立地し、付城間を多重土塁で連結している。櫓台を備える土塁囲みの主郭に、複雑な虎口が設けられているものが主流である。周囲に軍勢の駐屯用の曲輪を付属させるなど、主郭に対して求心的な構造を基本とする。これらは、毛利方が明石浦魚住から三木城へ兵糧を搬入するのを防ぐための最前線であることから、より高度な築城技術が用いられた。

【第三期（天正七年十月）の付城群】

さらに包囲を狭め、段丘全体を城郭化した八幡谷ノ上明石道付城など大軍勢が駐屯可能な付城を中心とし、主要街道を押さえるという、力攻めを意識した最前線の付城群と評価できる。

さて、それでは以下、具体的に三木城および付城群について見ていくことにしたい。

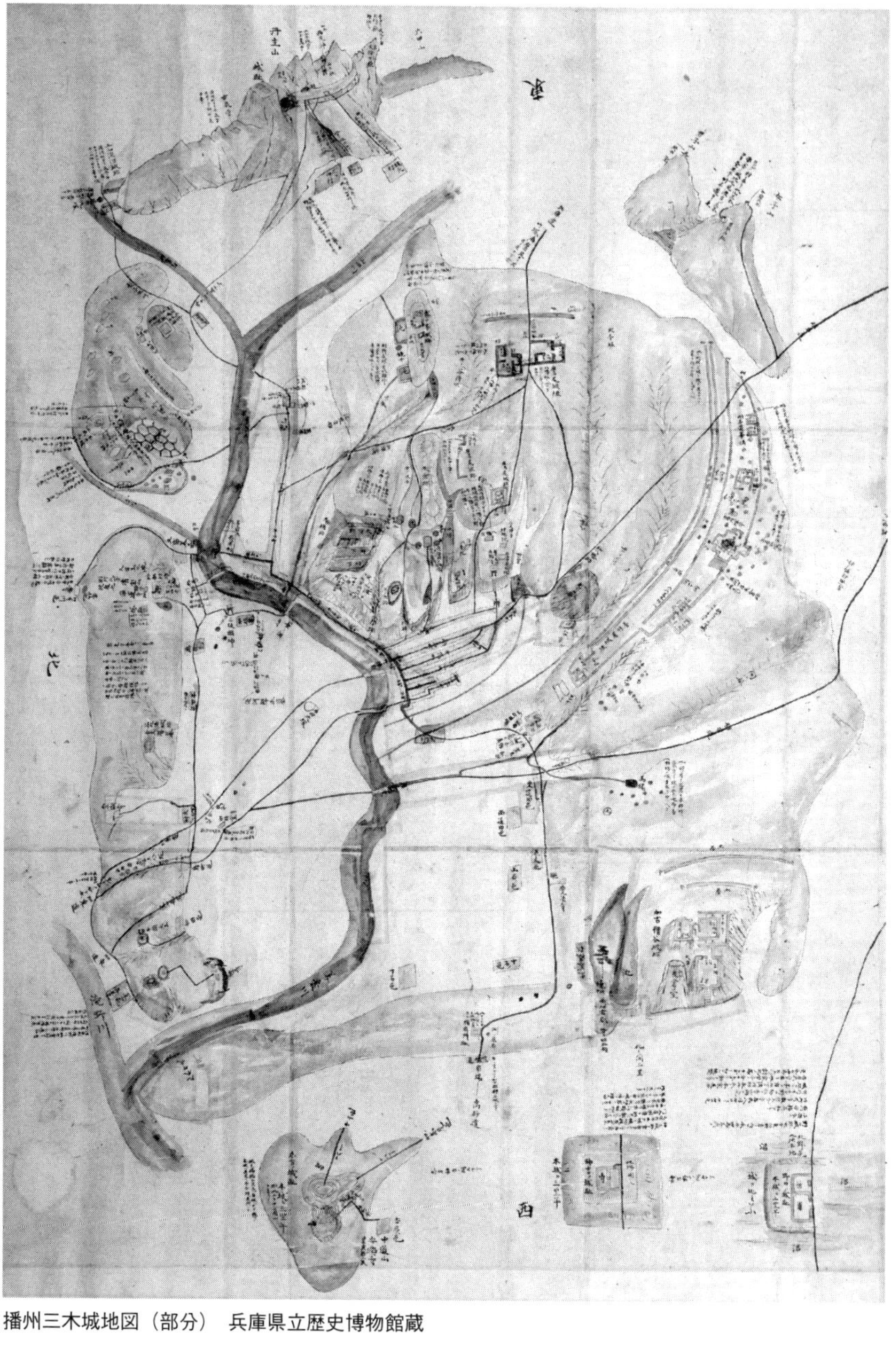

播州三木城地図（部分）　兵庫県立歴史博物館蔵

干し殺しの舞台となった別所氏の居城

1　三《み》木《き》城《じょう》

【選地】美嚢川左岸の三木台地北端に位置する。北西側に美嚢川が流れ、城の背後となる南側には深い谷が入り組んだ丘陵地帯となっており、敵の攻撃を防ぐのに便利な場所に構えられていた。城の周囲には、五つの街道（有馬道・姫路道・東條道・兵庫道・明石道）が通っており、城はこれらの街道を掌握していたとみられる。本丸へは神戸電鉄粟生線三木上の丸駅下車徒歩三分で到着する。

三木城跡全景（昭和35年頃。北西上空から）

指定区分：国指定史跡（本丸・二の丸・鷹尾山城）
所在地：兵庫県三木市上の丸町・福井・本町1丁目
遺構：曲輪・土塁・堀・内枡形虎口
規模：六〇〇×一〇八〇m
標高／比高：（本丸）六一m／二〇m

【歴史】三木城を築いたのは、三木別所氏の初代当主則治《のりはる》とみられる。長享二年（一四八八）、赤松政《あかまつまさ》則《のり》が播磨・備前・美作の三か国を回復し、則治が三木郡久《く》留美《るみ》荘を拠点として、東播磨八郡を管轄する守護代に任じられてからと考えられる。

則治の孫村治《むらはる》の代には、三木城で合戦が行われたことが確認できる。播磨守護赤松晴政《はるまさ》と老臣浦上村宗《うらがみむらむね》との対立により、大永二年（一五二二）十月六日、村宗が「別所館」を攻撃したが、村治はこれを撃退した。[*1]これが三木城の初

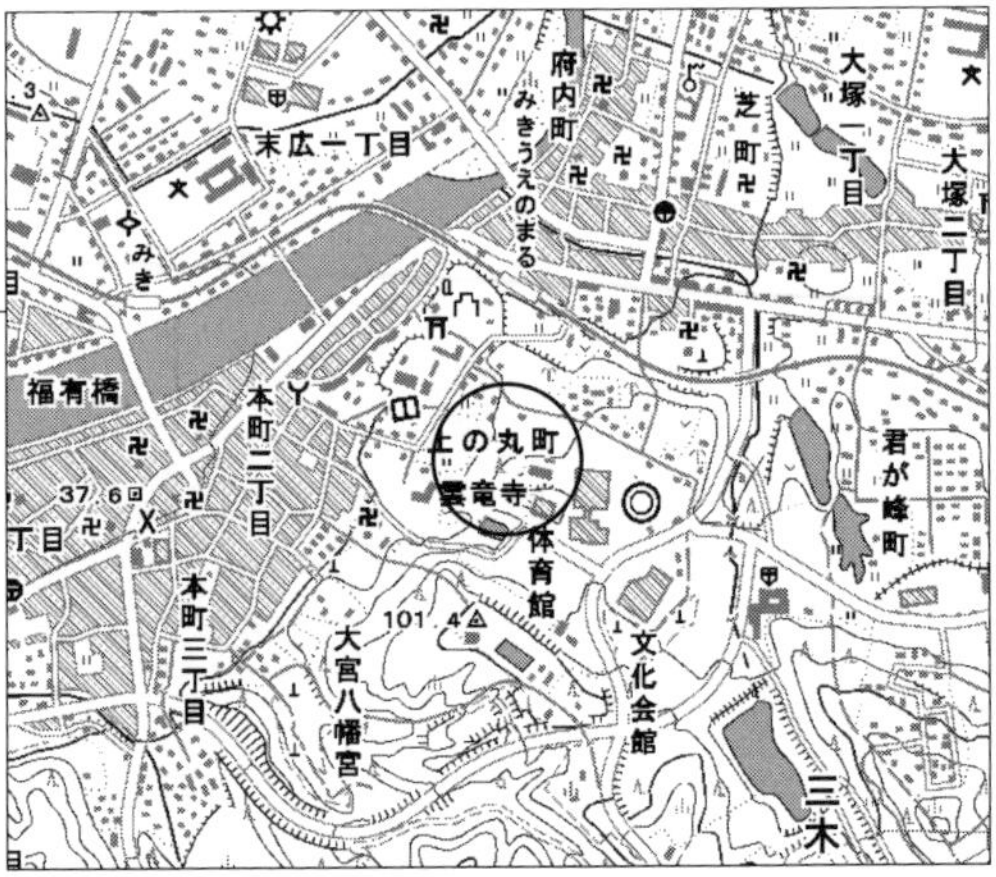

＊1　『春日社司祐維記』

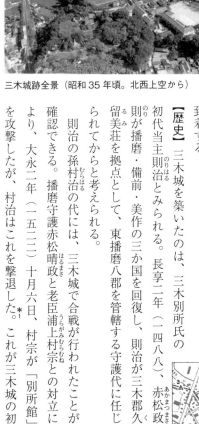

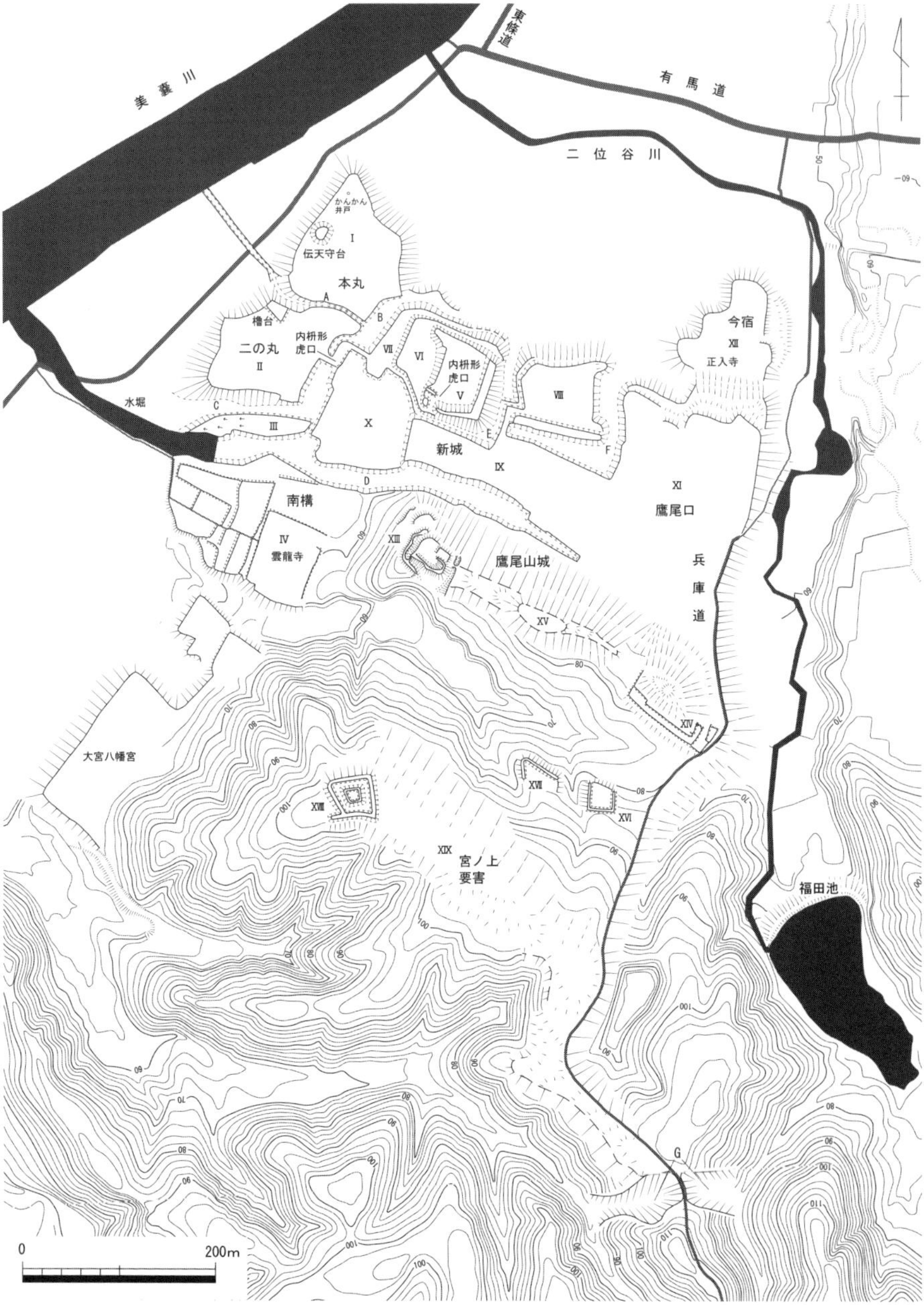

三木城復元図　金松誠作図

見である。享禄二年（一五二九）十月三日、再び村宗に三木城が攻められ、「当城山下、西之口において合戦」に及んだが、牢人衆の活躍により、三木城は持ちこたえた。[*2]

翌年六月二十九日、村治とともに浦上方の依藤秀忠《よりふじひでただ》の豊地《といち》城（兵庫県小野市）を攻めていた柳《やなぎ》本賢治《もとかたはる》が暗殺された。これにより味方の諸城が落城、村治は三木城を捨てて国外に脱出した。[*3] 享禄四年六月、摂津天王寺において晴政が村宗を討ったことにより、村治は三木城に復帰したようである。

天文七年（一五三八）十一月、出雲の尼子詮久《あまごあきひさ》の軍勢が「三木要害」を攻めたが、村治はこれを撃退した。[*4]

天文二十三年八月末、村治は京都の細川晴元《ほそかわはるもと》になびいたことにより晴政と対立することになり、三好長慶《みよしながよし》が摂津の国人を播磨へ出陣させた。三木城は、十一月頃から翌二十四年初めにかけて三好方に攻められたようだが堅固に守り切り、二月に三好方は撤退している。[*5]

永禄元年（一五五八）閏六月、盛厳寺某が謀叛を企て村治不在の三木城へ乱入するも、留守衆が「南構」にてこれを防いでいる。[*6]

天正六年（一五七八）三月初旬に別所長治《ながはる》が織田信長に反旗を翻し、三木合戦が勃発すると、羽柴秀吉を主将とする織田軍によって付城と多重土塁からなる包囲網が形成され、三木の干し殺しと呼ばれる兵糧攻めが行われた。

天正八年正月六日、秀吉は三木城の南側を守備する「宮山の城」（宮ノ上要害）を乗っ取り、城下の三木町全体を押し破り、多くの敵を討ち捕った。ついで、櫓を七つ攻め取り、そのまま城の十間（一八m）から十五間の間に取り詰め、城の廻りに塀・柵を四・五重めぐらすよう申し付けた。十一日には「三木本城」と「堀一重」を隔てた「鷺山と申す構」（南構）を乗り崩し、別所長治

*2　十月四日付「上月又六宛別所村治感状」『上月文書』兵中九・二七四頁
*3　『細川高国晴元争闘記』
*4　十二月五日付「飯尾源三宛別所村治感状」『飯尾文書』兵中二・一四三頁
*5　『細川両家記』
*6　閏六月二十五日付「高橋肥前守宛別所村治書状」『高橋文書』兵中二・六〇四頁

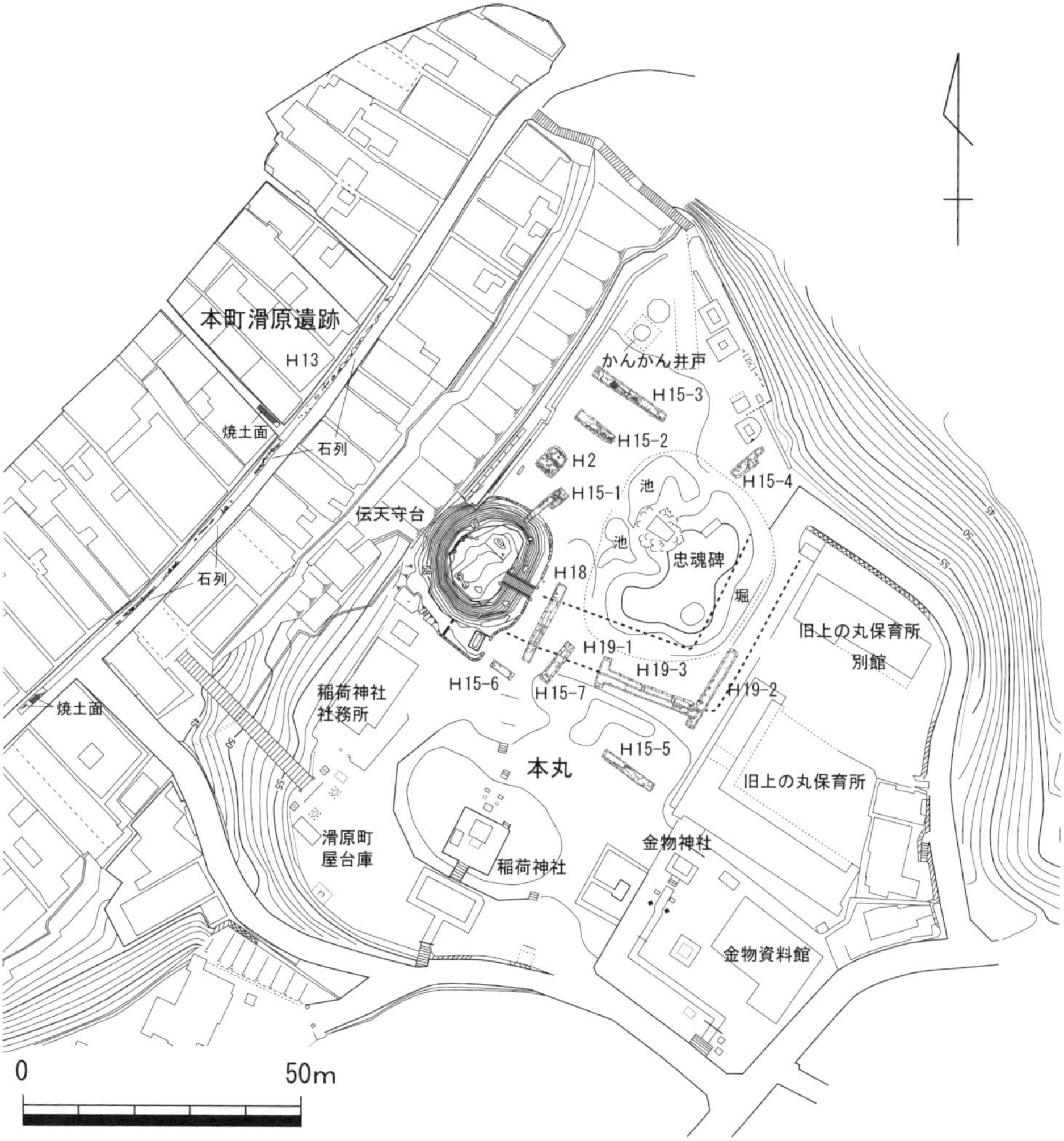

三木城本丸測量図

本丸の伝天守台（北東から）

本丸のかんかん井戸

の弟友之《ともゆき》の居城「鷹之尾」（鷹尾山城）と叔父賀相の居城「山城構」（新城）を攻略している。新城には羽柴秀長、鷹尾山城には秀吉が入り、三木本城へ攻め寄せる状況となった。[*7] もはやこれまでと悟った長治は降伏勧告を受諾し、十七日に長治他一族等は命を絶った。[*8]

三木合戦後、まもなく杉原家次《すぎはらいえつぐ》が三木城主となったようである。[*9] 天正十一年六月頃には、前野《まえの》長康《ながやす》が播磨国主羽柴秀長の配下として、「東郡三木城」に配されている。[*10] だが、天正十三年閏八月には国替により長康が但馬国主として移封となり、中川秀政《なかがわひでまさ》が摂津国茨木から「東郡三木城」に配された。[*11] 出石《いずし》城（兵庫県豊岡市）へ入った長康は、但馬八郡のうち出石・気多・美含・七美・二方の五郡を守護している。[*12]『中川氏御年譜』によると、秀政は茨木城十二万石から一万石を加増され、三木城に入ったとする。所領は摂津国武庫《むこ》郡・菟原《うばら》郡・八部《やたべ》郡のほか、新たに播磨国三木郡等でも所領が与えられたようである。

しかし秀政は、朝鮮出兵に従軍中の天正二十年十月二十四日、水原で鷹狩りに饗していた隙を突かれて討ち死にしてしまい、十二月六日に弟秀成《ひでしげ》が家督を継いだ。ただ、知行高は六万五八三一石一斗七升四合（三木郡二万二四五三石五斗九升一合、加東郡、野口村）と半減している。これについては、秀政の死は巡検中の敵襲によるものとして秀吉に報告されたものの、対応が不十分であったとして咎められたことによるという。[*13] 文禄二年（一五九三）十一月十九日、秀成は豊後国（六万六〇〇〇石）への転封を命じられ、翌三年正月二十五日に三木城を引き払い、二月十三日、豊後国岡（大分県竹田市）に到着した。[*14]

その後、三木は豊臣氏の蔵入地《くらいりち》となり一時的に廃城となったようで、城内は畑地化された。[*15] そして文禄四年九月段階では、但馬国豊岡城主の福原長成《ふくはらながなり》が三木郡の代官を勤めている。[*16] このころ、秀吉の正室おねの甥で姫路にいた木下延俊《きのしたのぶとし》が三木郡内に知行地が宛行われることにな

---

*7　正月十四日付「赤佐左衛門尉宛羽柴秀吉書状」『反町文書』秀・二二一

*8　『播州御征伐之事』

*9　「杉原系図」『寛永諸家系図伝』

*10　『柴田退治記』

*11　『四国御発向並北国御動座記』

*12　依藤二〇一〇b

*13　『中川氏御年譜』

*14　『中川氏御年譜』、十二月六日付「中川秀成宛豊臣秀吉朱印状」秀・四三三三

*15　伊賀一九九八・二〇一〇

*16　文禄四年九月十八日付「福原長成禁制」『雲龍寺文書』兵中二・九八頁

り、長成は山中長俊《やまなかながとし》に対し、蔵入地と入り組んだ所領配置にならないように要請している。[*17]また、長成の転封後は、豊岡城を引き継いだ杉原長房《ながふさ》が慶長二年（一五九七）二月段階で三木郡の代官を勤めていたことが確認できる。[*18]

慶長五年の関ヶ原の戦後、徳川方の池田輝政《いけだてるまさ》の姫路入封にともない、池田領六支城（三木・船上〈明石〉・高砂・龍野・平福〈利神《りかん》〉・赤穂）の一つとなり、家老の伊木忠次《いぎただつぐ》が入城した。[*19] 知行高は三万七〇〇〇石とされ、三木郡ほぼ全域を領分としたと考えられる。[*20] 慶長八年の忠次の死後は、忠繁《ただしげ》が跡を継いだが、元和元年（一六一五）閏六月の一国一城令《いっこくいちじょうれい》によって廃城になったと考えられる。その後も伊木氏は三木に在していたようであるが、翌二年八月に忠繁が死去すると、三男の忠貞《たださだ》が継いだ。元和三年に主君池田幸隆《ゆきたか》（のち光政《みつまさ》）が因幡国鳥取に移封となったため、伊木氏も同行し三木を離れている。[*21]

元和三年八月、小笠原忠政《おがさわらただまさ》（のち忠真《ただざね》）が知行高十万石で信濃国松本（長野県松本市）から明石へ入封すると、三木郡は明石藩領となった。そのうち、三木郡は三万七四〇五石余りであった。明石城が完成するまでの間、三木の旧侍屋敷やその周辺には一時的に小笠原家臣団が入居している。[*22] しかし、明石城の完成とともに、小笠原家臣団は元和六年に明石へ移住したため、三木町は城下町から在郷町《ざいごうまち》（代官・郡奉行が支配する農村部に成立した商工業者が集住する地域）へと転換することになった。

【概要】三木城は、「三木本城」とみられる本丸・二の丸、南構、新城、鷹尾口、今宿、鷹尾山城、宮ノ上要害で構成される。戦後の開発により、大きく姿を変えてしまったため、その全容は明らかになっていなかったが、このたび筆者は各種資料を駆使して三木城の最終形態の復元図を作成した。[*23] ここでは、この復元図をもとに説明していく。

＊17　八月二十五日付「山中長俊宛福原長成書状」（『富岡文書』兵近一・四九頁
＊18　「杉原系図」『寛永諸家系図伝』、二月十八日付「杉原長房宛豊臣氏五奉行連署書状」『村上大憲氏所蔵文書』兵中三・四二九頁
＊19　『正入寺伝』
＊20　三木市史編さん委員会二〇二〇
＊21　『小笠原忠真一代覚書』
＊22　『御当家末書』
＊23　金松二〇二〇

本丸の堀（南西から）

［本丸（Ⅰ）］標高六一m、比高二〇m。台地北西端に位置する。北西側は明治三十年（一八九七）に上の丸公園として整備されている。その周りには、稲荷神社・金物神社・三木市立金物資料館等がある。

当時の遺構として、西辺中央に伝天守台、北西端付近にかんかん井戸が現存する。北西・北東側法面《のりめん》は、高さ約一七mの急傾斜となっている。本丸南辺は、二の丸との間に堀Aが設けられ、美嚢川まで続いていた。

考古学的成果としては、発掘調査により、十五世紀後半から十七世紀初頭の遺物が出土し、瓦葺き礎石建物が存在していたこと、内部が堀で区画されていたことが確認できた。[*24] 堀はL字状を呈し、幅九m、深さ三mを測る。十六世紀末頃に埋まり、その後に礎石建物と伝天守台が築造されていることが判明した。伝天守台の基底部の規模は二一×二三m、上面の規模は一〇×一五m、高さ二・六mを測る。発掘調査により石垣は確認されず、人頭大の川原石が積まれていたことが判明している。石積みは土留めのための石とみられる。天守に相当する建物が建っていたかどうかは定かではない。

なお、「平山町侍屋鋪検地帳」[*25]の分析により、中川氏の移封後、字「城山」が畑地となっていることから、堀はこのときに埋められた可能性が高い。よって、伝天守台は伊木氏によって築造されたものといえる。

本丸から出土した軒平瓦

＊24　三木市教育委員会二〇〇〇・二〇〇八

＊25　『三木市有宝蔵文書』五八〇

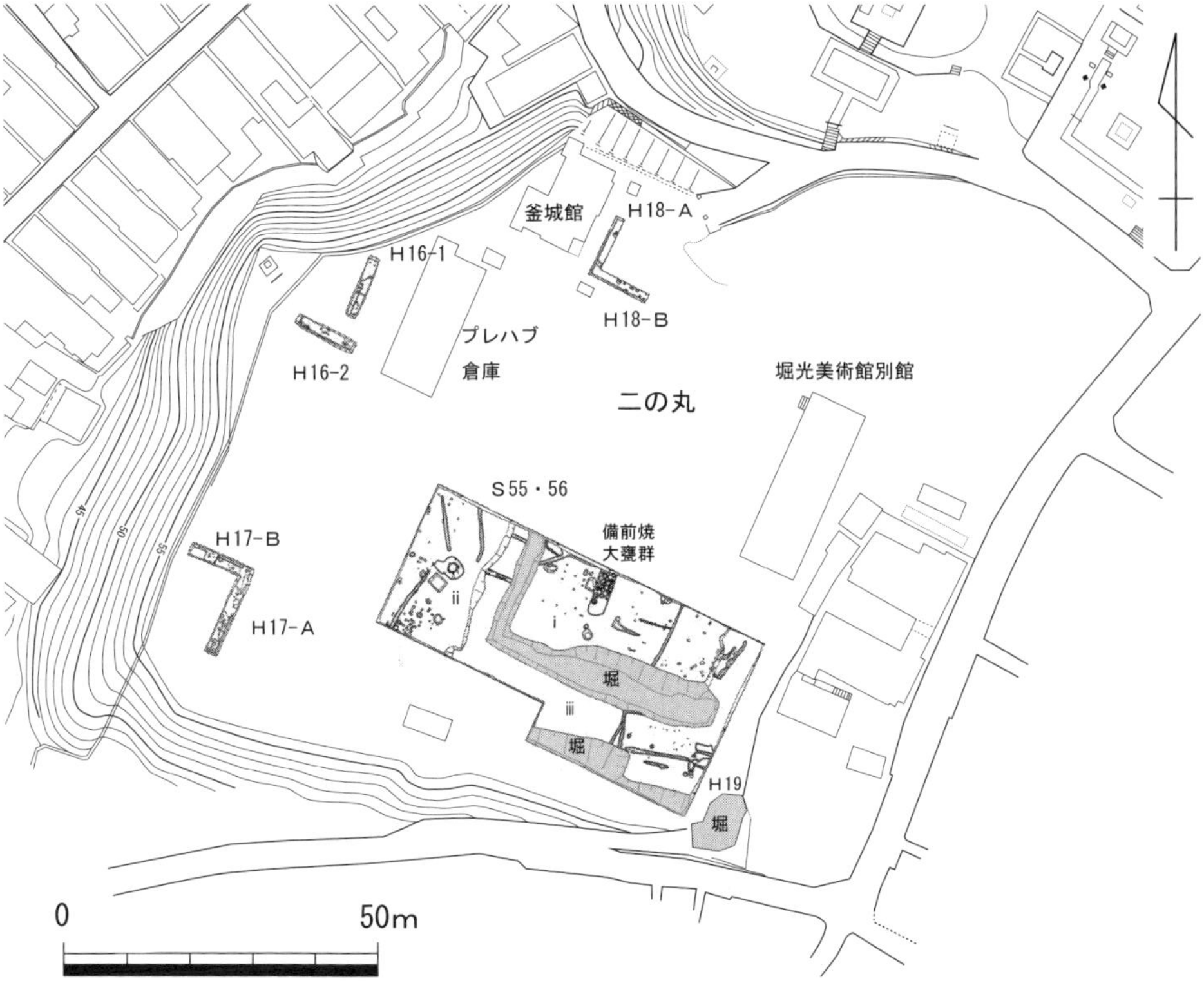

三木城二の丸測量図

〔二の丸（Ⅱ）〕標高五七m、比高一七m。本丸の堀Aを隔てた南西に位置する。現在、三木市立みき歴史資料館および三木市立堀光美術館等があり、文教ゾーンとなっている。

　東辺北半には堀Bがめぐり、中央付近で内側にL字状に屈曲し、内枡形《うちますがた》虎口《こぐち》が設けられていた。この虎口には二の丸北東隅から横矢《よこや》が掛かる。三木合戦後に織豊系《しょくほうけい》の縄張り技術が導入されて改修された可能性が高い。

二の丸現況（北東から）

上：二の丸全景（西から）　下：二の丸南東隅（北西から）

南辺は堀Cがめぐり、東端で北側に屈曲して内枡形虎口南端まで延びていたとみられる。北辺西側には櫓台があり、堀Aを東進する敵兵に対し横矢が掛かる。

　考古学的成果としては、発掘調査で十五世紀後半から十七世紀初頭の遺物が出土し、瓦葺き礎石建物が存在していたこと、埋甕遺構や井戸が検出されたことから、厨房施設の存在が明らかとなった。南東隅部では、礎石建物とそれにともなう雨落ち溝が検出され、その南側には突出部が検出された。[*26] これらは虎口にともなう遺構である可能性が高い。

　本丸・二の丸の出土遺物は、土師器《はじき》皿・瓦が多くを占める。陶器は備前焼が多くを占め、その他丹波焼も出土している。貿易陶磁や瀬戸美濃焼も出土している。これら出土遺物の中心時期は十六世紀後半と考えられる。瓦については、時期は同笵関係から三木周辺の戦国期の寺院に類例がみられること等、十六世紀中葉～後葉の別所期のものがほとんどを占めると考えられる。[*27] ただし、本丸出土瓦は十六世紀末頃まで下るものが数点あることから、織豊・徳川権力による瓦葺き

二の丸から出土した瓦質椀

＊26　三木市教育委員会一九八六・二〇〇八

＊27　田中一九九四

礎石建物が存在していたことは確実である。二の丸では十六世紀末頃まで下る瓦が出土していないことから、瓦葺き礎石建物は主に別所期のものである可能性が高い。

　織豊・徳川権力期には、本丸に政治・居住機能が集約されていった可能性がある。

［南構（Ⅲ・Ⅳ）］標高六〇m、比高一五m。新城南辺から東西方向に美嚢川まで延びる堀Dを隔てて、Ⅲ郭とⅣ郭に分かれる。Ⅲ郭は、堀Cを通る敵兵に備える空間であったと思われる。Ⅳ郭は、南東部に曹洞宗雲龍寺があり、南側は谷となっている。なお、雲龍寺西側にあった雛壇状の平坦地群について、伊賀なほゑは「前田町侍屋敷検地帳」[*28]の分析から、伊木家臣団の侍屋敷および廃城後の元和三（一六一七）～六年の間に存在した小笠原家臣団の侍屋敷の一画であったと推定している。そして、これが別所期・中川期まで遡る可能性があるという。[*29]

［新城（Ⅴ～Ⅹ）］Ⅴ郭の標高六七m、比高二一m。本丸東側の台地上に位置し、本丸を見下ろすことができる。戦後に県立三木高等学校のグラウンド（現・三木市役所駐車場、昭和二十七年）や体育館（現、三木市民体育館、昭和三十六年）が整備され、昭和三十五年頃に宅地開発が進み、土塁等の遺構が消滅した。

　Ⅴ郭が新城の中心部と考えられる。東辺・南辺には逆L字状に土塁・堀Eがめぐる。南西隅には内枡形虎口が設けられていたとみられる。三木合戦後に織豊系の縄張り技術が導入されて改修された可能性が高い。内枡形虎口からスロープ状の通路を経

二の丸から出土した備前焼大甕群（北から）

南構堀D（東から）

*28　『三木市有宝蔵文書』五七九

*29　伊賀一九九八・二〇一〇

上：新城Ⅵ郭の調査前の様子（南から）
下：新城Ⅵ郭から出土した備前焼大甕

由して一段下のⅥ郭に至る。

Ⅵ郭北辺には、Ⅴ郭北西隅から土塁が中央付近まで延びている。昭和六十年度に三木市教育委員会が発掘調査を実施したところ、幅四m以上・深さ六〇cmの落ち込み状遺構から、「二石入」の銘文がある十六世紀中葉の備前焼大甕が出土した。＊30

その一段下のⅦ郭は、西辺が堀Bで画され、北東隅はⅥ郭北側一段下をめぐる帯曲輪とつながり、南西隅は二の丸の内枡形虎口へとつながる。

Ⅷ郭は、南辺には土塁、東辺・南辺には逆L字状に堀Fがめぐる。西端が開口し、虎口となっている。曲輪西辺は虎口北側で少し東側に折れていることから、内部に直進できないようになっている。南東隅の突出部については、堀Fを南進する敵兵に対する横矢掛かりとみられる。

Ⅸ郭は、北辺沿いの堀Eが途絶えた辺りで西側に一段下がる段差がありⅩ郭となる。これらの曲輪南辺は堀Dで画されている。

［鷹尾口（Ⅺ）］標高七三m、比高一一m。新城東側の台地続きに位置する。昭和十三年に現在の三木駅まで開通した神戸電鉄粟生線の南側に位置する。粟生線敷設工事により、鷹尾口・今宿間

新城堀E掘削状況（西から）

＊30　三木市教育委員会一九八六

の法面が切り通されている。昭和四十年代頃から徐々に開発が進み、現在は宅地や旧耕作地等が広がっている。明確な城郭遺構は現存していない。

周囲は切岸《きりぎし》で防御され、東辺南半は兵庫道を取り込む。東側谷部には二位谷川が流れ、外堀の役割を果たしている。広い空間となっており、兵庫道を押さえる役割とともに、主に軍勢の駐屯地として機能していたと考えられる。なお、伊賀なほゑは、北側の字「上ノ丸今宿」部分については「平山町侍屋鋪検地帳」[*31]の分析から、廃城後の元和三年から六年の間に存在した小笠原家臣団の侍屋敷の一画であったと推定している。[*32]

［今宿（Ⅻ）］標高六三m、比高一一m。鷹尾口から一段低い北側の台地先端に位置し、曹洞宗正入寺《しょうにゅうじ》が立地する。正入寺は、慶長五年（一六〇〇）に伊木忠次が三木城に入った際に創建されたものと伝わっている。明確な城郭遺構は現存していない。

周囲は切岸で防御され、東・北側には二位谷川が流れ、外堀の役割を果たしている。平時は正入寺の境内地として使用され、有事の際は三木城北東端を守備する役割も担っていたといえる。

［鷹尾山城（ⅩⅢ〜ⅩⅦ）］三木山1号墳頂部は標高九〇m、現存部分は標高八五m。三木城の南東側の東西に細長い尾根上に位置する。元は山林であったが、昭和五十年代初頭以降に三木市立勤労者体育センター（昭和五十二年）・文化会館（昭和六十一年）・三木市役所みっきぃホール（平成五年）等が建ち並び大部分が消滅した。

現存するⅩⅢ郭・東端部の段状遺構ⅩⅣ・その間の尾根部ⅩⅤ・谷を挟んだ南東側のⅩⅥ郭・ⅩⅦ郭で構成される。

ⅩⅢ郭は鷹尾山城の中心部とみられ、南辺から東辺南半部にかけて最高所約三mの土塁がめぐる。東辺土塁は北に向かって低くなり、北端部で西へ折れている。切岸直下の西側と南側に横堀が

＊31　『三木市有宝蔵文書』五八〇

＊32　伊賀一九九八・二〇一〇

鷹尾口現況（南西から）

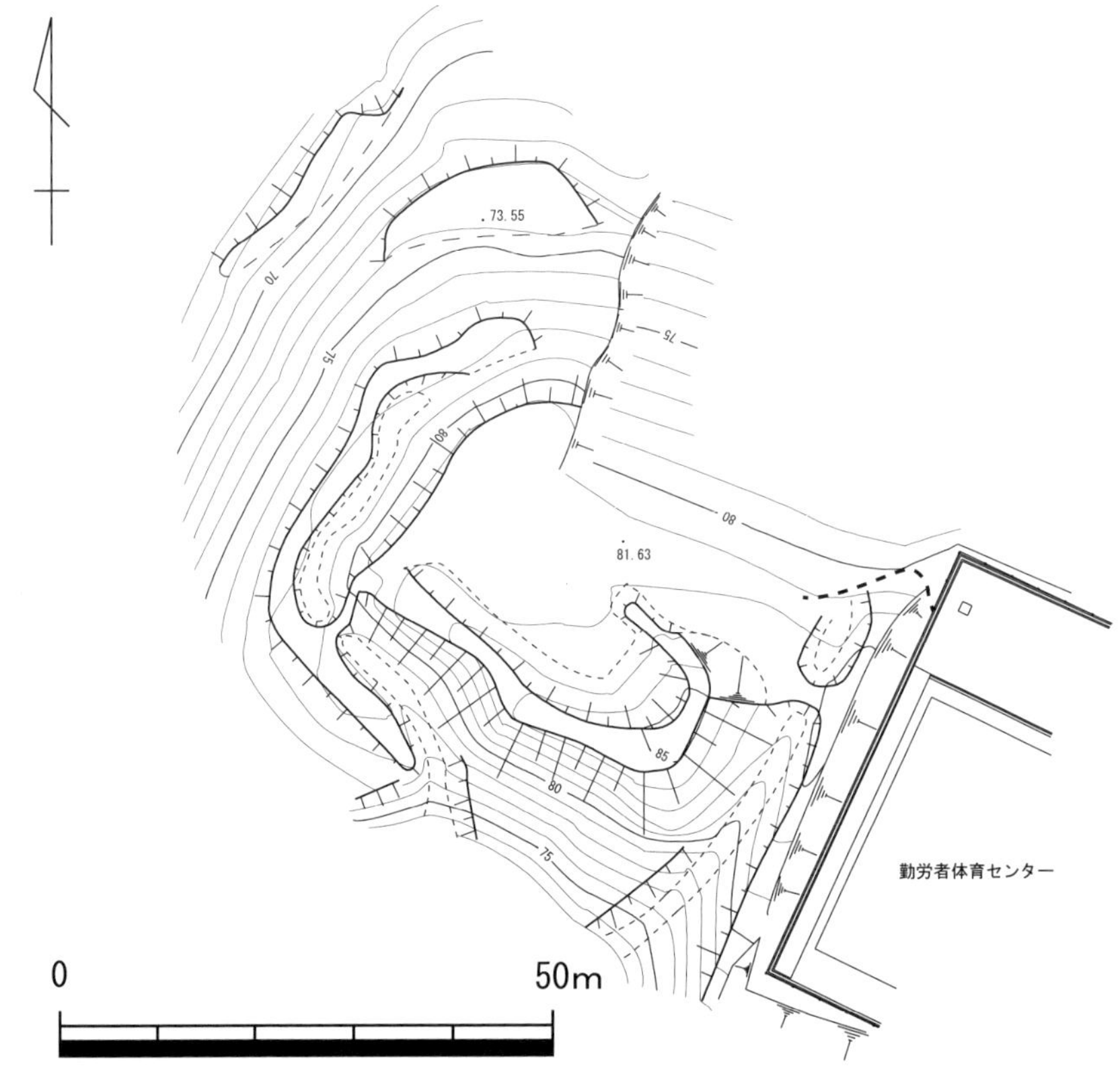

鷹尾山城XⅢ郭測量図

めぐり、防御性を高めている。東側尾根続きは、堀切を設けて遮断するとともに、土橋により連絡することができるようになっている。

段状遺構XIVは、東面する段と南面する段がある。東面する段は、土取り等による撹乱《かくらん》を受けていたが、二段確認できる。上段は長さ約二三m、奥行き約五mを測り、南面する段と同レベルで一体となっている。下段は長さ約二五m、奥行き約七mを測る。南面する段は、前記したとおり東面の上段からL字状に続く段で、長さ約八〇m、奥行き約六m、高さ約一・八mを測る。考古学的成果としては、これらの段状遺構は盛土によって築かれていたことが確認できた。*33 柱穴や礎石等の遺構は検出されず、遺物も出土しなかったことから、臨時的な空間であったことが判明した。軍勢の駐屯地であるとともに、頂部の三木山1号墳を物見台とし、兵庫道から攻め入る敵兵を押さえる役割を果たしていたと考えられる。

なお、尾根部XVはほぼ自然地形であったことから、ここも臨時的な空間とみられ、軍勢の駐屯地としての役割を果たしていたと考えられる。

天保十二年（一八四二）五月に三木郡東這田村の村人・小林伝右衛門が作図し直したとされる「播州三木城地図」によると、段状遺構XIVの谷を挟んだ南西側に北辺を除く三辺を土塁で囲むXVI郭、西隣の北辺・西辺に土塁がめぐるXVII郭が確認できる。この絵図は、現地調査に基づき正確に描かれていることから、この描写についても信頼してよかろう。

以上のことから、鷹尾山城は西側に残るXIII郭を中心に、宮ノ上要害を突破した敵兵に

上：鷹尾山城XIII郭の現況（北東から）
下：段状遺構XIVの検出状況（北西から）

鷹尾山城XIII郭堀切（北西から）

*33 三木市教育委員会一九八六

備えた臨時的な空間であったといえよう。

［宮ノ上要害（XVIII・XIX）］標高一〇三m。直下に鷹尾山城と雲龍寺が見えるほか、美嚢川対岸への眺望も良い。敵軍の動きを把握するうえで、戦略上重要な曲輪であったといえる。元は「三木山官有林」であったが、戦時中の開墾を経て、昭和三十五年の三木山浄水場の建設、昭和四十三年の三木山ガス工場建設により、遺構は消滅している。

「播州三木城地図」によると、現在の配水池辺りにロ字状の土塁が二重にめぐるXVIII郭が確認できる。内側の土塁囲みについては、地形図の等高線が一段高くなっていることから、櫓台状になっていたとみられる。XVIII郭北西や南西に延びる尾根は自然地形であり、堀切もみられないことから城外であったとみられる。ただし、南西側尾根の南斜面には大規模な谷が複数確認できることから、結果的に畝状空堀群のような役割を果たしていたといえる。

尾根部XIXは、「播州三木城地図」に描かれていないことから、自然地形が広がっていたのであろう。

このように、宮ノ上要害は兵庫道を利用して南側台地続きおよび南側の谷部から攻め入る敵兵に備える役割を果たしていたといえる。ただし、XVIII郭以外は自然地形であり、積極的な普請はなされなかった。

なお、昭和三十九年の地形図によると、南東台地続きの堀切状の谷部Gと土橋が確認できる。宮田逸民が指摘するとおり、ここが三木城南側の最前線として機能していたのであろう。*34

【評価】三木城は、美嚢川に面した丘陵端の本丸およびその南に堀Aを隔てて位置する二の丸を中心部とし、南構・新城・鷹尾口・今宿・鷹尾山城・宮ノ上要害で構成され、各曲輪が並立する構造である。規模は東西約六〇〇m、南北約七〇〇mを測り、南側は丘陵と谷、他三方を急崖に囲まれている。南側に鷹尾山城と宮ノ上要害を配置し、背後の防御性を高めている。石垣は確認

宮ノ上要害XIX郭現況（南西から）

*34　宮田二〇一八b

できず、土造りを基本とする。戦国期における播磨屈指の大規模城郭といえる。

主な登城道については、堀A・B・C・Eや兵庫道が候補として挙げられるが、実際に道として機能していたものは限られるとみられる。このうち、堀Eは新城北麓から登り、Ⅴ・Ⅵ・Ⅷ・Ⅸ郭から横矢を受けながらⅦ郭を経由し、内枡形虎口を経て二の丸に至ることから、この道が大手道の可能性がある。

城下部分は、二位谷川が東側谷筋から北に流れ、有馬道手前で西に流れを変え、美嚢川につながっている。西側は、堀A・Dが三木城北西側を流れる美嚢川につながり、三木城の防御性を高めている。

縄張り構造としては、本丸には伝天守台があるものの、複雑な虎口はみられず、本丸に至るルートが複数あることから、本丸への求心性は低く、全体的に並立的な曲輪配置となっている。しかし、考古学的成果を踏まえると、本丸が政治兼居住空間としての機能を高めていたことがわかる。二の丸も一国一城令まで機能し、内枡形虎口が導入され、軍事性が強化された。

新城は、土塁・空堀が設けられていることから、城内において比較的防御性が高い。十六世紀中葉の備前焼大甕が出土していることから、遅くともこのころには曲輪群が形成されたのであろう。三木合戦終盤に別所長治の叔父賀相が居城としていたことから、賀相が管轄していた可能性が高い。本丸よりも高い立地であることも踏まえると、『播州御征伐之事』にみられる賀相の長治に対する優位性が反映されたものとも読み取れよう。三木合戦後には内枡形虎口が設けられたとみられ、軍事性を高めた。ただし、これまでの発掘調査を通して、建物等は確認されていないほか、出土遺物もわずかしかない。開発による削平を受けたこともその要因であろうが、遺構自体が希薄であったことは否めない。これは、本丸に対する縄張り構造の優位性が高いことと、検

三木城今宿遠景（南から）

出遺構や出土遺物のあり方とが反比例していることを示している。すなわち、新城は基本的には多くの家臣団が屋敷を構えて集住するような場ではなかったと判断できる。おそらく、主に臨時的な空間として機能していたものといえよう。

本丸・二の丸・新城以外は、織豊・徳川権力による明らかな改修や当該期の遺物の出土も確認できないことから、別所期と大差なかったといえる。これら曲輪群について、宮田逸民は徳川権力期には放棄され、本丸・二の丸に城郭範囲を縮小したとする。[*35] ただ、当時は大坂城に拠る豊臣秀頼《ひでより》と緊張関係が続いていたことから、三木城は豊臣方と対峙する東播磨の拠点城郭として、本丸・二の丸以外の曲輪群については、主に有事の際に臨時的な空間として機能するようになっていたと解釈したい。

なお、豊臣・徳川権力期の家臣団は主に城下に集住していたことが指摘されている。[*36] 考古学的成果としては、本丸・二の丸西麓の本町滑原《ほんまちなめら》遺跡からは、有馬道直下において全長七九mの石列や礎石建物跡、二段の階段状の石積みが見つかっている。[*37] 天保十二年（一八四一）に描かれた「播州三木城地図」によると、当調査地付近には「上滑町」の南側に「殿町」とみえることから、家臣団屋敷群のようなものが存在していた可能性がある。

＊35　宮田二〇一〇b

＊36　伊賀一九九八・二〇一〇

＊37　金松他二〇一〇

三木城攻めにおける秀吉の本陣

2 平井山ノ上《ひらいやまのうえ》付城《つけじろ》

指定区分：国指定史跡
所在地：兵庫県三木市平井・与呂木・志染町安福田
遺構：曲輪・土塁
規模：三七〇×四五〇m
標高／比高：一四五m／六五m

【選地】美嚢川と志染川《しじみがわ》の間に挟まれた丘陵上に位置する。主郭Iからは三木城のほか、兵庫県印南郡播磨町の海岸付近や明石海峡大橋などを望むことができる。三木平井山観光ぶどう園の西側手前に登城口があり、駐車場のほか仮設トイレが備わっている。

【歴史】天正六年（一五七八）七月十六日に織田方が神吉《かんき》・志方《しかた》両城を落とした後、七月下旬〜八月中旬、織田信忠が主導して羽柴秀吉等の軍勢が平井山以下の付城を築いた。[*1] 八月二十三日以前に秀吉が書写山から平井山に本陣を移し、三木城の兵糧攻めを本格化させている。十月十五日には「三喜の付城」（当城のことか）に津田宗及《つだそうぎゅう》を招いて、秀吉初の主催となる茶会を催した。[*2] 二十二日、別所方が襲来して平井山合戦が繰り広げられ、別所長治の弟治定などが討ち死にし、別所方の敗北に終わっている。な

美嚢川越しに城跡を望む（南から）

＊1　七月十六日付「新免弾正左衛門宛羽柴秀吉書状」『新免文書』秀・一七三、『播州御征伐之事』

＊2　『津田宗及茶湯日記』

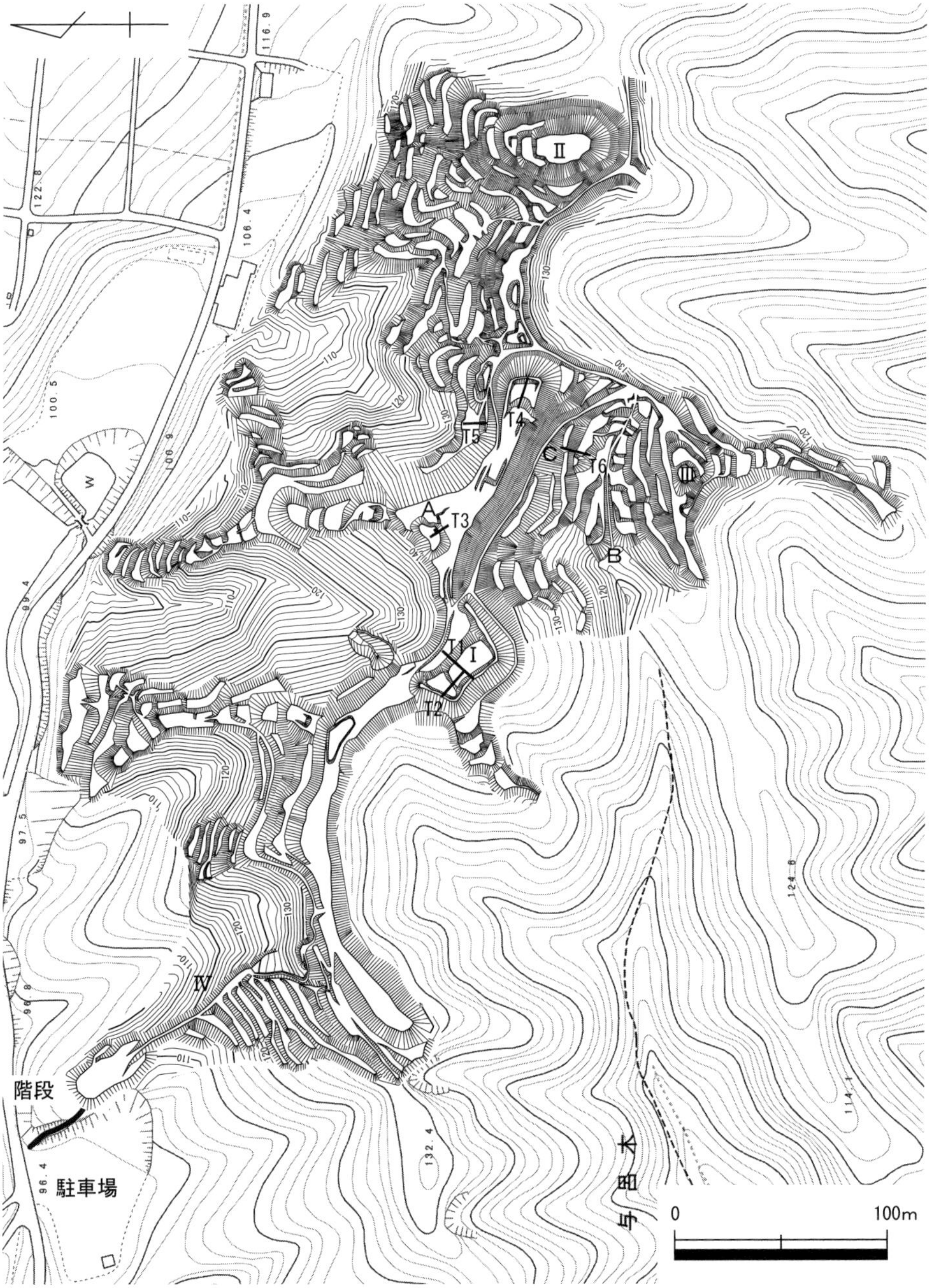

平井山ノ上付城測量図

お、『播州御征伐之事』によると、このときの当城の兵数は三〜四千人とされているが、真偽は定かではない。

【遺構】主郭Ⅰを中心として、東西に尾根が延び、その尾根から派生する北側支尾根に曲輪群が設けられている。平成二十五・二十六年度に三木市教育委員会により、発掘調査が実施された。＊3

主郭Ⅰは、三方が低い土塁で囲まれており、最も主要な曲輪である。発掘調査により、切り盛りして造成されていたことが判明した。信楽焼とみられる擂鉢片《すりばちへん》や鉄鍋片《てつなべへん》・鉄釘が出土している。

主郭Ⅰ北側の東西に延びる曲輪は、太閤道《たいこうみち》と伝わる里道が通っている。雛壇状曲輪群Ⅳから太閤道に向かう通路は途中で蛇行しながら続いており、随所で横矢が掛かるように工夫されている。

上：主郭Ⅰ（北西から）
下：櫓台状の土盛りＡ　頂部検出状況（南西から）

支尾根間の谷部には、雛壇状の曲輪群が設けられ、軍勢の駐屯地が確保されている。主郭Ⅰの東側に延びる尾根は、部分的に土塁で囲まれ、櫓台状の土盛りＡがみられる。櫓台状の土盛りは、頂部に複数のマウンドがあり、頂部から斜面にかけて、表面に礫《れき》が貼り付けられている。五輪塔《ごりんとう》の空《くう》輪《りん》・風輪《ふうりん》部が露出しており、

＊3　三木市教育委員会二〇一五

中世の墳墓を再利用したものと考えられる。付城存続時には櫓台的な利用がなされたとみられる。なお、この北東の谷は地元で「ゴリンダニ」と伝わっており、その麓には、創建年代は不明であるが南北朝期には遡る長福寺《ちょうふくじ》という寺がかつて存在し、現在は毘沙門堂《びしゃもんどう》が唯一残っている。こ

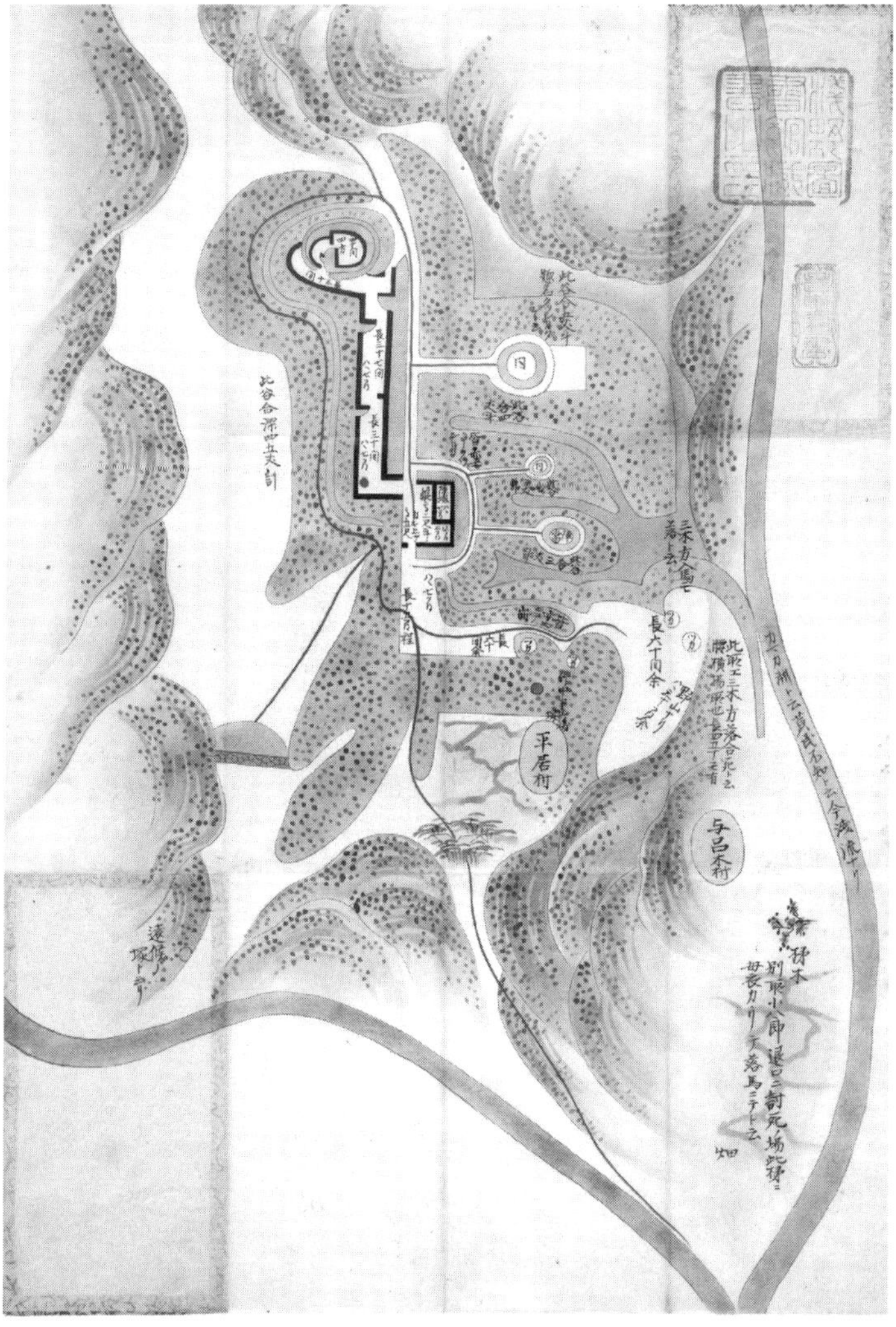

『浅野文庫蔵諸国古城之図』に描かれた平井山ノ上付城　広島市立中央図書館蔵

石列状遺構C検出状況（西から）

のことから、当遺構については、もともと長福寺に関連するものと見てよかろう。

Ⅱ郭・Ⅲ郭が主郭Ⅰと独立して曲輪群を形成している。主郭Ⅰ東側尾根続きとⅢ郭に挟まれた谷部の最深部が通路になっている。その西端は切通しとなっており、与呂木地区から続く里道から城内へ入る虎口となっている。これが大手口Ｂと考えられる。この谷部は、雛壇状の曲輪群が形成されており、見張りなどの兵が駐屯していたものと思われる。発掘調査により、この曲輪群の一部で石列状遺構Ｃが検出された。調査範囲が限られているため詳細は不明だが、土留めの役割を果たした可能性がある。

主郭Ⅰから三木城方面を望む（北東から）

【評価】主郭Ⅰを中心として、周囲の尾根上に曲輪群を配するタイプといえる。三木城攻めの付城群の中では最大城域となる面積約三八〇〇〇㎡を測るが、複雑な虎口や堀切はなく、駐屯機能重視の付城といえる。主郭Ⅰでは擂鉢や鉄鍋が出土していることから、煮炊きや調理が行われていたとみられ、鉄釘の出土から建築物が存在していたと考えられる。三木城の反対側の谷部に雛壇状曲輪群を設け、大軍の駐屯地を確保している。これは、三木城から付城内の軍勢の状況が見えないようにするためのものといえる。

背後の尾根続きに対して、堀切などがほとんど見られないことは、各付城間の連絡をしやすくするためのものともいえる。これらのことは防御が手薄になることをも意味している。三木城が美嚢川・志染川を隔てており、比較的安全な地域であったのであろう。

竹中半兵衛の陣所と伝わる付城

3 平《ひら》井《い》村《むら》中《なか》村《むら》間《あいだ》ノ《の》山《やま》付《つけ》城《じろ》

指定区分：未指定
所在地：兵庫県三木市平井・細川町細川中
遺構：曲輪・土塁
規模：五五×八〇m
標高／比高：一三〇m／五〇m

【選地】平井山ノ上付城の谷を挟んだ北側の丘陵端部に位置する。南西に三木城を望むことができる立地である。平井山ノ上付城の駐車場から徒歩約一〇分で到着する。

【歴史】『播磨鑑』『別所軍記』によると、城主は竹中半兵衛重治とされている。立地的に、天正六年（一五七八）七月下旬～八月中旬頃に織田信忠が主導して羽柴秀吉等の軍勢が築いた平井山ノ上付城と同時期に築かれた可能性が高い。

【遺構】主郭Ⅰは、東西一五m、南北一一mの方形単郭を呈しており、土塁によって囲まれている。南側には虎口が設けられている。主郭Ⅰの北東部は、土砂崩れによって切り立った崖になっている。北西斜面には帯曲輪状の平坦地がみられる。

【評価】本郭部は土塁囲みの小規模な方形単郭の主郭のみで構成され、谷部に軍勢の駐屯地を配するタイプといえる。周囲の尾根続きに対して、堀切が見られない。これは、三木城

城跡入口

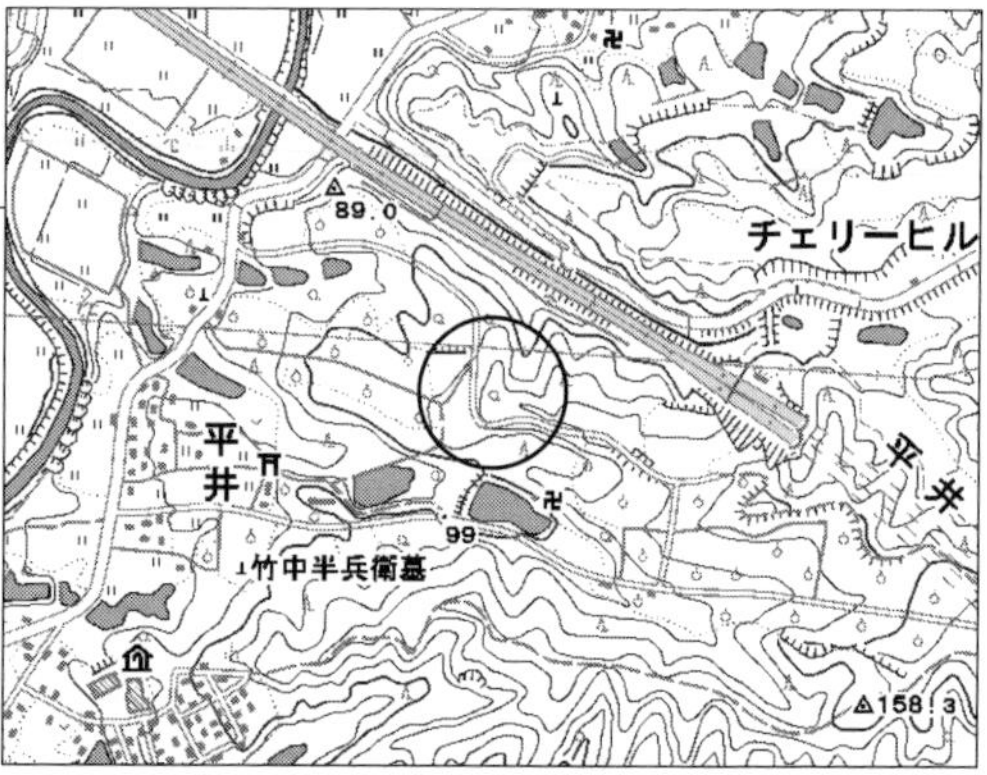

が美嚢川・志染川を隔てており、比較的安全な地域であったことから、周囲の付城と尾根伝いに連絡することを優先したためであろう。

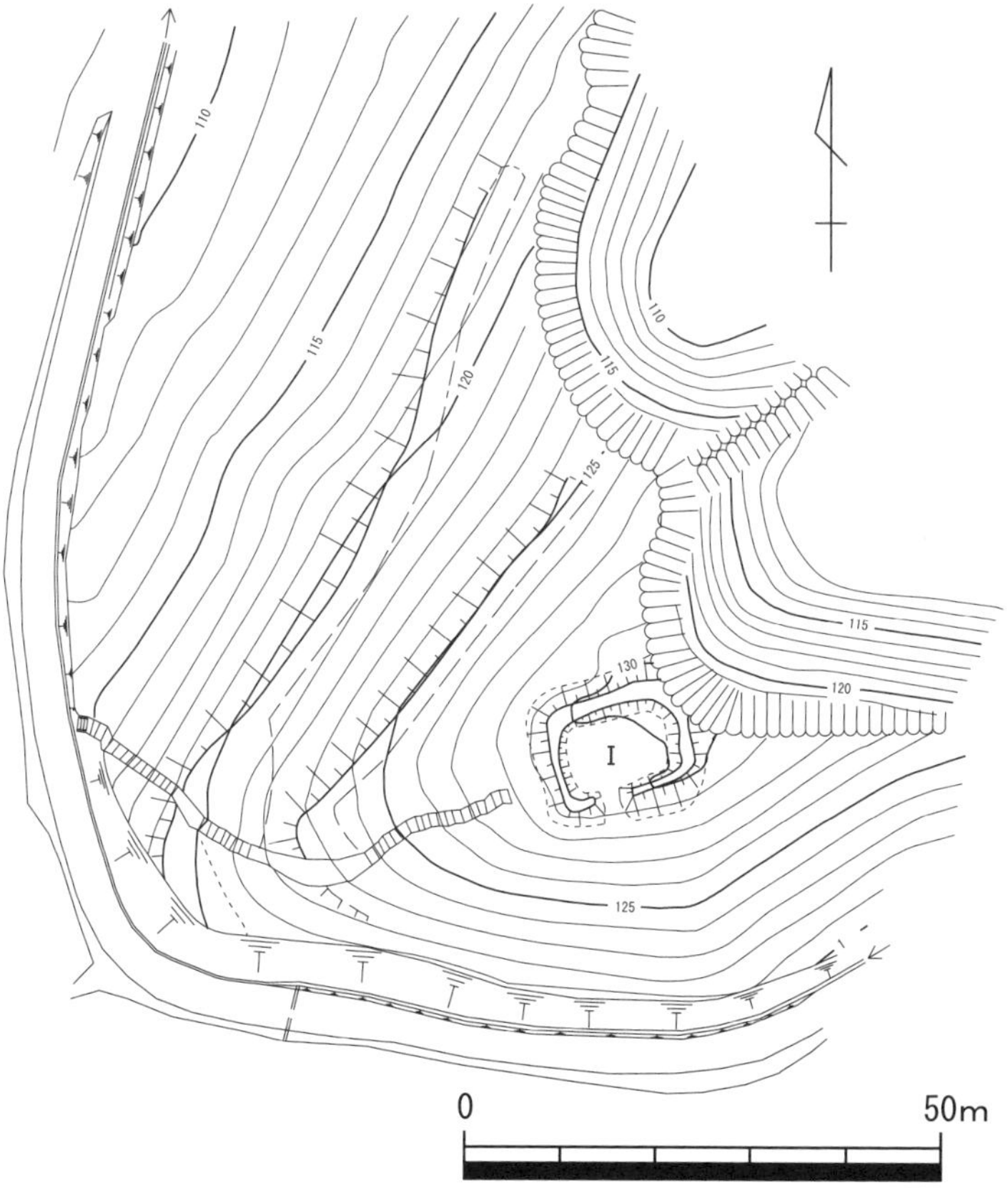

平井村中村間ノ山付城測量図

主郭Ⅰ（西から）

最高所に立地する付城

4 慈眼寺山城《じげんじやまじょう》

指定区分：未指定
所在地：兵庫県三木市久留美
遺構：曲輪・土塁・横堀・礎石建物跡
規模：一二〇×一五〇m
標高／比高：一四八m／七二m

【選地】美嚢川右岸に面した丘陵上に位置する。三木合戦の付城のなかで最高所に立地し、三木城周辺のみならず、遠くは加古川・高砂沖まで一望できる。山陽自動車道上り車線北側の側道に登城口がある。

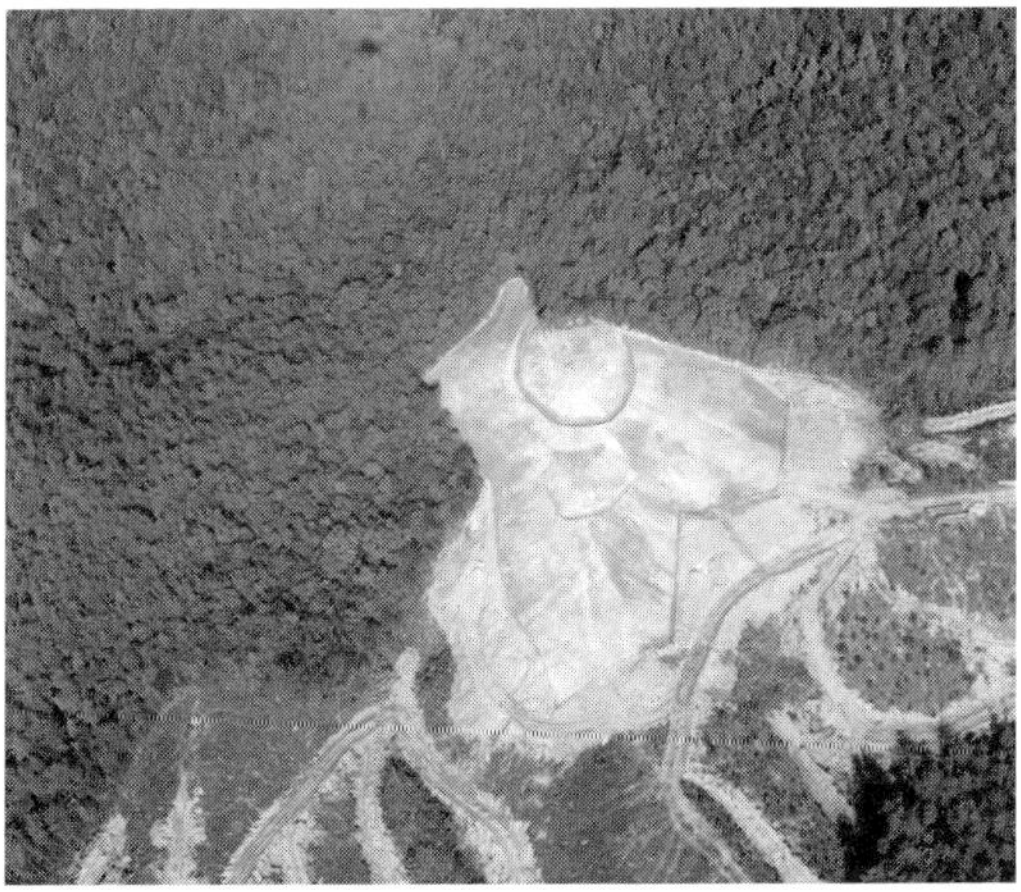
主郭Ⅰ南側・南曲輪全景（南上空から）　画像提供：兵庫県立考古博物館

【歴史】『播磨鑑』『別所軍記』によると、城主は有馬則頼とされている。立地的に、天正六年（一五七八）七月下旬～八月中旬頃に織田信忠が主導して羽柴秀吉等の軍勢が築いた平井山ノ上付城と同時期に築かれた可能性が高い。

【遺構】主郭Ⅰを中心とし、放射状に延びる尾根上にⅡ郭・Ⅲ郭・Ⅳ郭・Ⅴ郭を配して構成されている。平成四年度、山陽自動車道建設にともない、主郭Ⅰ南側と南側曲輪について、兵庫県教育委員会による発掘調査が実施された。[*1]

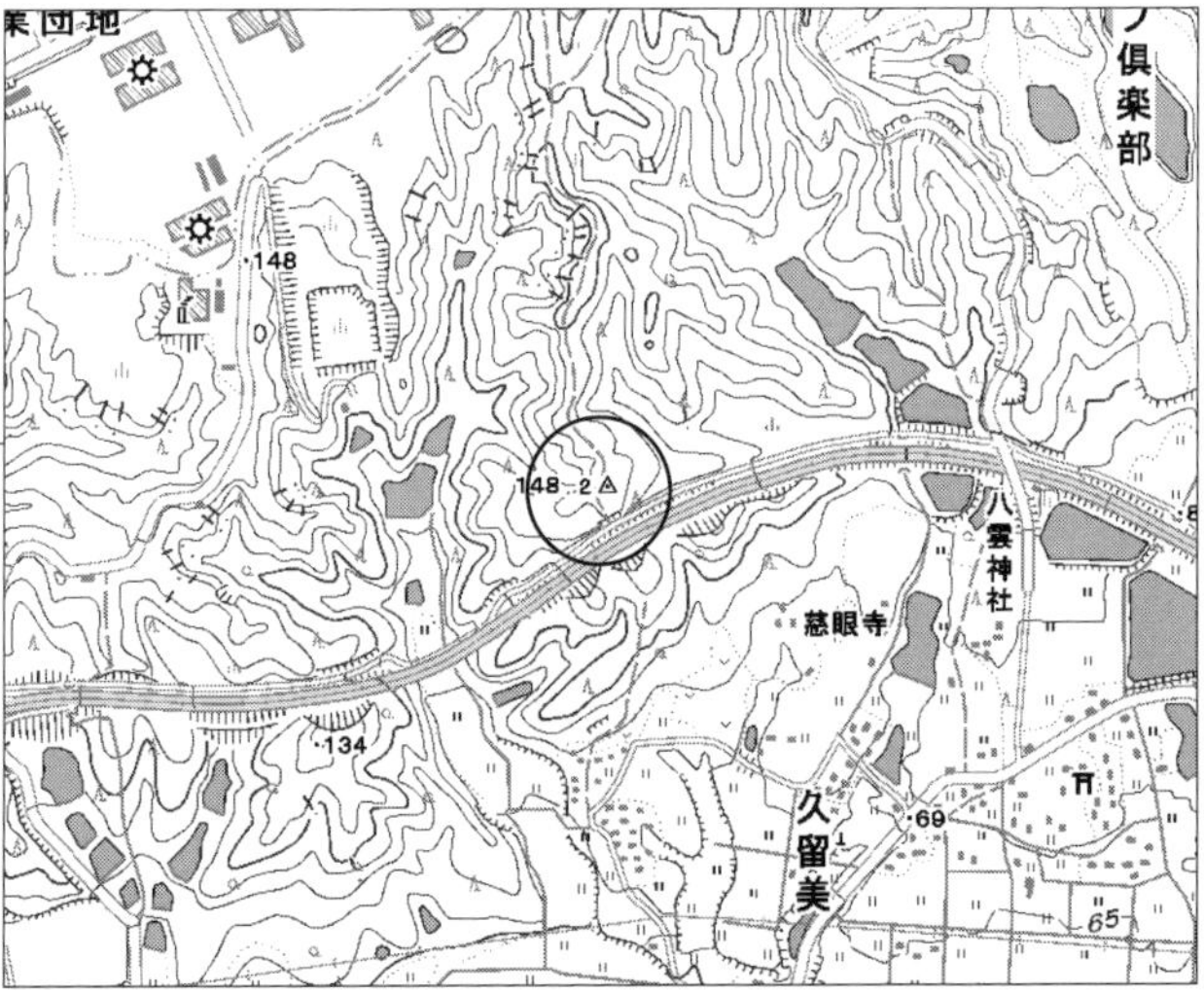

＊1　兵庫県教育委員会埋蔵文化財調査事務所一九九五

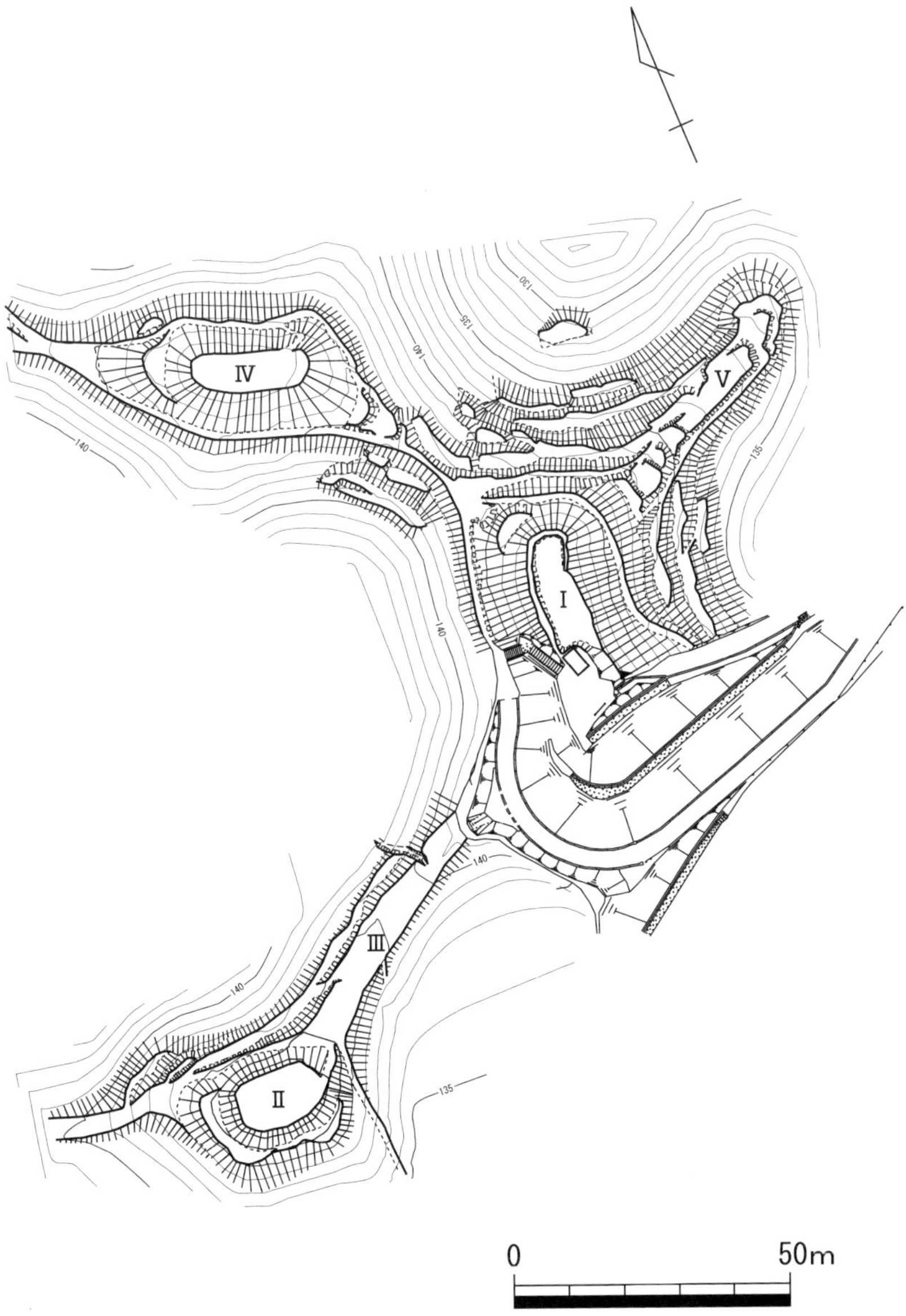

慈眼寺山城測量図

上:主郭Ⅰ南側（南から）　下:主郭Ⅰ南側礎石（南から）
画像提供：兵庫県立考古博物館

主郭Ⅰの規模は、東西一〇m、南北四〇mを測る。尾根を削って平坦にするとともに、周囲をめぐる堀の掘削土を積み上げて造成し、築造されている。主郭Ⅰ南側調査区内では、東西三間×南北四間以上の礎石建物跡が検出された。規模は、梁間は東西七m、桁行は南北七m以上を測る。石材の大きさは直径〇・三m前後で、最大のものでも直径〇・五mと小さいことから、一定の規格材によるプレハブ構造の軽量礎石建物であったとの指摘がなされている。[*2] 主郭Ⅰ調査区中央付近では、柱穴二基および焼土が検出された。主郭Ⅰの南下から幅約一・五～二m、深さ約一～一・五mの堀が検出された。

南側曲輪では柱穴や礎石は確認されず、建物はなかったと考えられる。横堀は曲輪に沿って検出され、深さは最大で〇・四mを測るが、谷側の立ち上がりはほとんどが流出している。

遺物は、礎石に利用された一石《いっせき》五輪塔地輪《ちりん》部とみられる石造品等の残欠が二点、主郭横堀から花崗岩《かこうがん》製の一石五輪塔が一点出土している。形態から推測して、室町時代後半～末頃のものと考えられる。築城以降に資材として搬入されたものと推測される。

主郭Ⅰ（北から）

＊2　多田二〇〇一

Ⅱ郭は、東西一五m、南北一〇mを測る。西から南に帯曲輪をともなう。主郭Ⅰとは幅八m、長さ七〇mのⅢ郭を介して連絡できる。Ⅳ郭は、主郭Ⅰ北端より北西六〇mの位置にある。幅七m、長さ二二mを測る。主郭Ⅰ北側には、Ⅳ郭・Ⅴ郭に挟まれた谷部分に、軍勢の駐屯地とみられる雛壇状曲輪群が設けられている。

【評価】土塁囲みの主郭以外にも核となる曲輪を配し、谷部に雛壇状曲輪群を設け、軍勢の駐屯地を確保している。駐屯地を確保することに力点を置いており、複雑な虎口はみられない。背後の尾根続きに対して、城域を画する堀切は見られない。これは、三木城が美嚢川を隔てており、比較的安全な地域であったことから、周囲の付城と尾根伝いに連絡することを優先したためであろう。平井山ノ上付城と同様、駐屯重視の付城と考えられる。

遺物がほとんど出土していないこと、再利用が容易な軽量礎石建物とみられることなどからも、臨時的な城郭であったことがうかがえよう。

上：城跡遠景（南東から）
下：主郭Ⅰから三木城方面を望む（北から）

二番目の規模を誇る付城

5　久留美村《くるみむら》大家内谷上付城《おがちたにのうえつけじろ》

指定区分：未指定
所在地：兵庫県三木市久留美
遺構：曲輪・土塁・櫓台
規模：一六〇×二三〇m
標高／比高：七八m／三三m

【選地】慈眼寺山城から谷を挟んだ南西丘陵端部に位置する。眼下に美嚢川を見下ろすことができる。

城跡遠景（西から）

【歴史】『播磨鑑』『別所軍記』によると、城主は加藤光泰《かとうみつやす》とされている。立地的に、天正六年（一五七八）七月下旬〜八月中旬頃に織田信忠が主導して羽柴秀吉等の軍勢が築いた平井山ノ上付城と同時期に築かれた可能性が高い。

【遺構】主郭Ⅰと削平地群Ⅱで構成されている。主郭Ⅰは、三角形状で南側が広く、北側尾根続きが狭くなっており、北端は土橋状になっている。主郭Ⅰ北側には、東西二五m・高さ〇・四mほどの低い土塁Aが設けられている。この土塁から主郭南辺まで九五mあり、南辺の東西は九〇mと広くなっている。曲輪内部は、南へわず

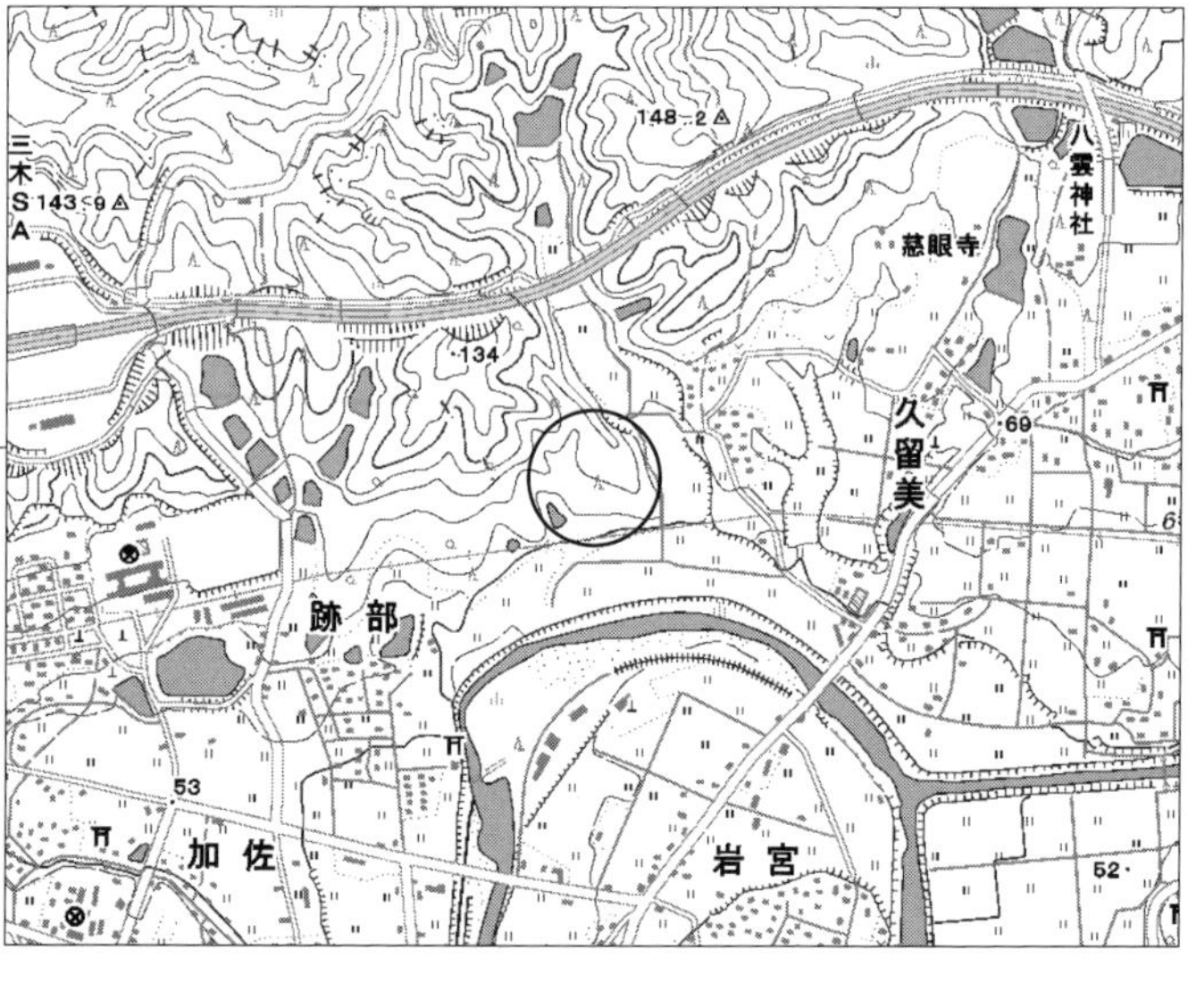

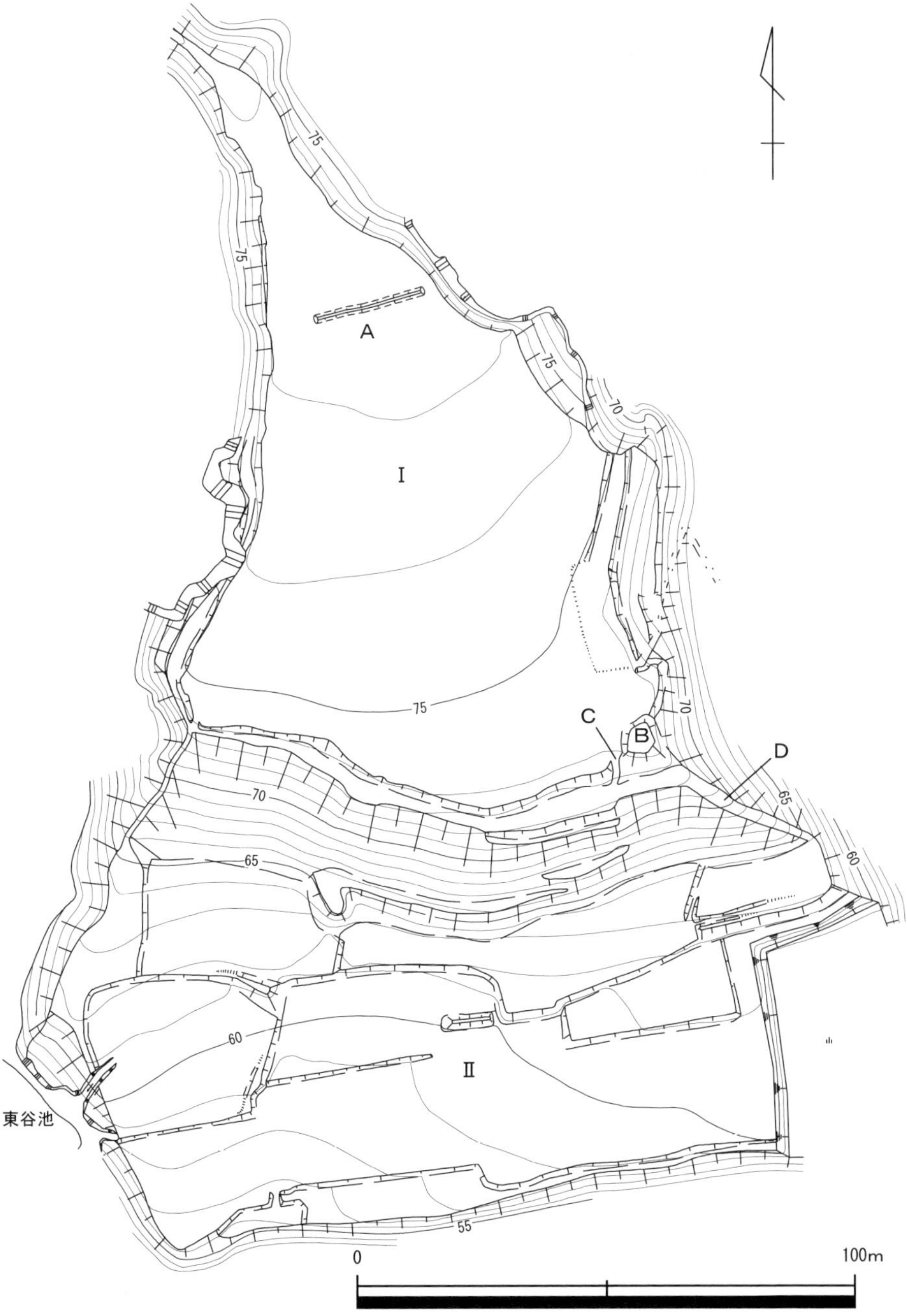

久留美村大家内谷上付城測量図

かに傾斜している。南東隅に五×五mの櫓台Bとその脇に幅二mの虎口Cが設けられている。削平地群Ⅱから延びる通路Dからくい違い状に動線を限定することにより、櫓台Bからの攻撃がより効果的になるよう工夫されている。

削平地群Ⅱは、東西一四〇m、南北五〇mの緩斜面を整地して数段に区画されている。ただし、後世の耕作による可能性も考えられ、当時の遺構とは断定しきれない。主郭Ⅰと削平地群Ⅱは、Ⅰ南辺の東端および西端の通路によって連絡できるようになっている。

【評価】本郭部は大規模な主郭のみで構成され、尾根続きに雛壇状曲輪群を配するタイプといえる。城域面積は、約一九五〇〇㎡を測り、付城群の中では平井山ノ上付城に次いで二番目の規模を誇る。背後の尾根続きに対して、城域を画する堀切は見られない。これは、三木城が美嚢川を隔てており、比較的安全な地域であったことから、周囲の付城と尾根伝いに連絡することを優先したためであろう。

主郭と駐屯地の二重構造

6 跡部村《あとべむら》山ノ下付城《やまのしたつけじろ》

指定区分：未指定
所在地：兵庫県三木市跡部
遺構：曲輪・土塁・横堀
規模：二七×四四m
標高／比高：七三m／二〇m

【選地】跡部集落背後の丘陵端部西縁に位置する。東隣の久留美村大家内谷上付城跡とともに、美嚢川に近接していることから、河川交通を監視できる立地であるといえる。南山麓から里道沿いに徒歩約五分で到着する。

【歴史】『播磨鑑』によると、城主は織田信澄とされている。立地的に、天正六年（一五七八）七月下旬～八月中旬頃に織田信忠が主導して羽柴秀吉等の軍勢が築いた平井山ノ上付城と同時期に築かれた可能性が高い。

【遺構】土塁と横堀で囲まれた方形単郭の主郭Ⅰを中心部とし、周辺に緩やかな尾根が広がる。主郭東辺北半がわずかに東へ張り出し、東辺南半部の土塁が途切れている箇所が虎口Aと考え

主郭Ⅰ北辺土塁（北から）

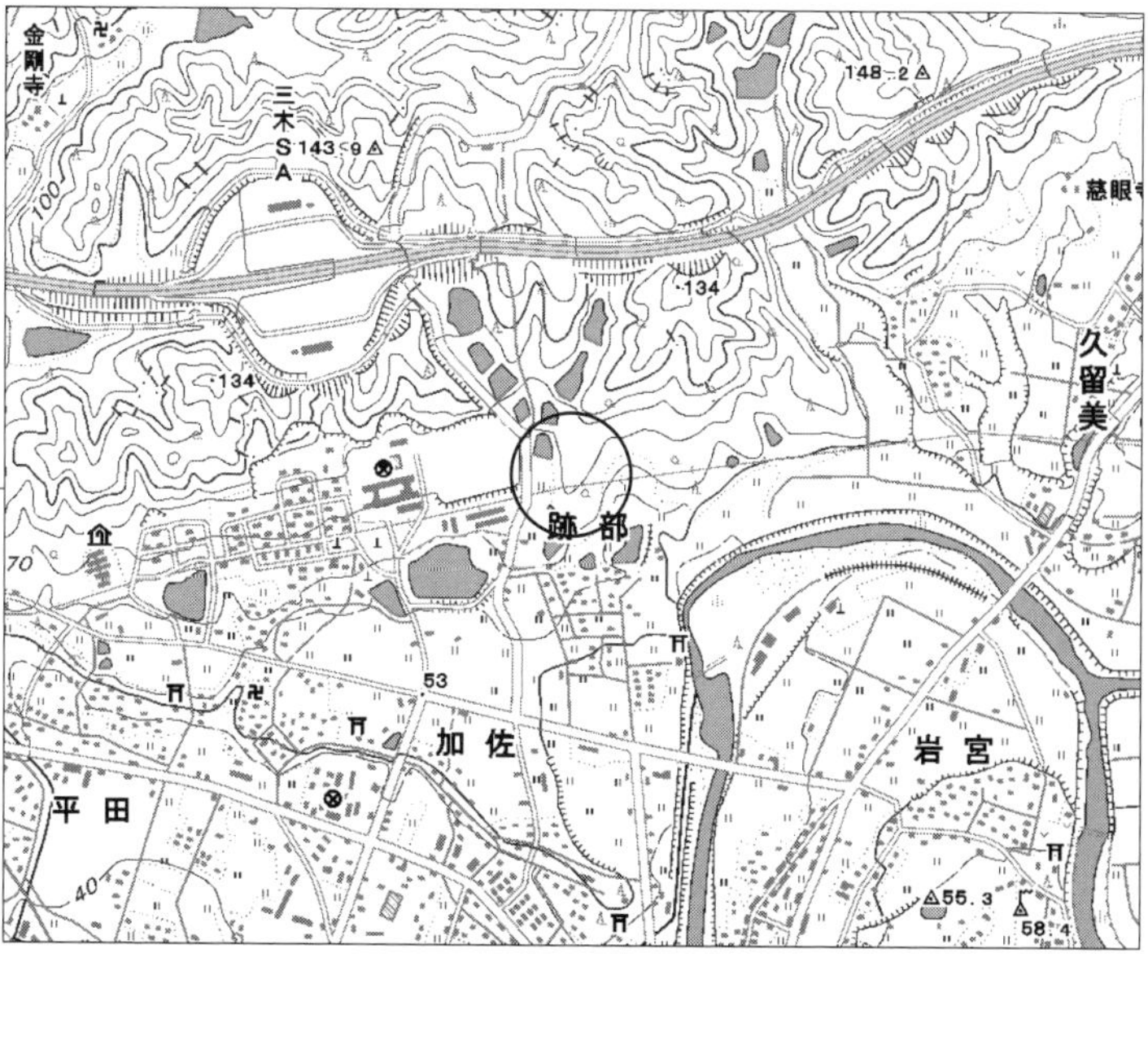

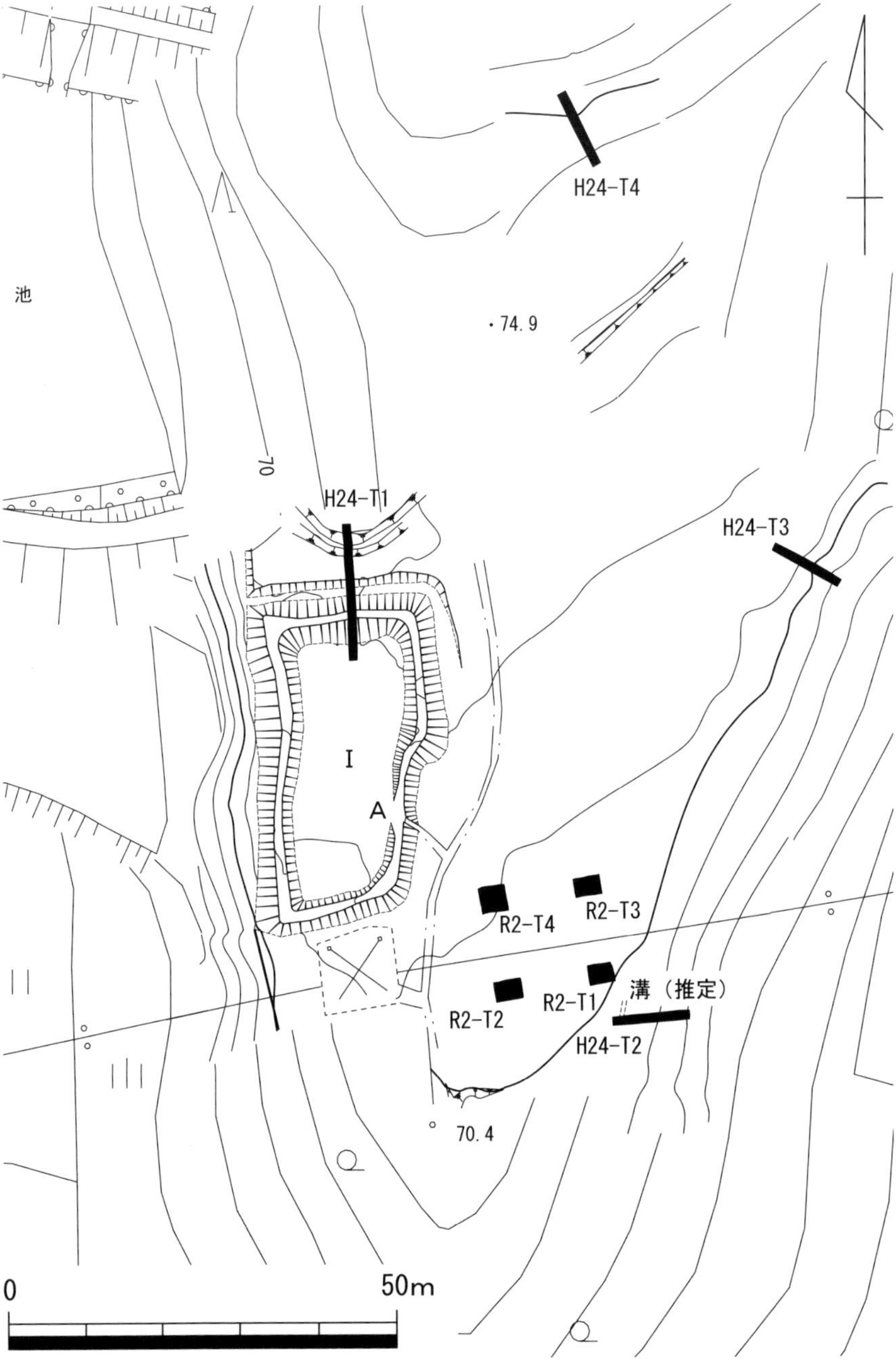

跡部村山ノ下付城測量図

られる。横堀は、現状では主郭Ⅰ北辺と東辺北端部で確認できる。平成二十四・令和二年度に三木市教育委員会により、発掘調査が実施された。＊1

主郭Ⅰの規模は、一九×三七mを測る。主郭北辺土塁の規模は、横堀の最深部を基準とすると、基底部幅六・四m、高さ一・五五mを測る。横堀の規模は幅約二m、深さ〇・七五mを測り、断面がV字状になっている。

主郭Ⅰ南東部に近接する傾斜変換点においては、幅〇・五m、深さ〇・二五mの溝が検出された。主郭Ⅰ周囲に広がる比較的緩やかな空間を区画する遺構の可能性があるが、令和二年度の調査により、T4から弥生時代中期の竪穴住居跡が検出されたことから、必ずしも付城に伴う遺構とは言い切れない。

主郭Ⅰ北辺横堀土層断面（東から）

【評価】土塁と横堀で囲まれた方形単郭の主郭と、周辺の緩やかな尾根を利用した駐屯地からなる二重構造の付城である可能性が高い。主郭には複雑な虎口はみられない。尾根続きに対して、城域を画する堀切が見られないのは、三木城が美嚢川を隔てており、比較的安全な地域であったことから、周囲の付城と尾根伝いに連絡することを優先したためであろう。

＊1　三木市教育委員会二〇一五

全面発掘された付城

7 加佐山城《かさやまじょう》

指定区分：未指定
所在地：兵庫県三木市加佐
遺構：曲輪・土塁・横堀
規模：五〇×七五m
標高／比高：一三八m／八〇m

【選地】加佐集落背後の丘陵上に位置していたが、山陽自動車道三木ＳＡの建設により消滅した。

【歴史】『播磨鑑』『別所軍記』によると、城主は杉原家次とされている。立地的に、天正六年（一五七八）七月下旬～八月中旬頃に織田信忠が主導して羽柴秀吉等の軍勢が築いた平井山ノ上付城と同時期に築かれた可能性が高い。

【遺構】平成三・四年度に兵庫県教育委員会により全面にわたり発掘調査が実施された。[*1]

構造は、土塁によって囲まれた方形単郭の主郭Ｉとその周囲の緩斜面を横堀で囲い込む。主郭Ｉの規模は、土塁上端外側で一八×二六mを測る。主郭Ｉは尾根の頂部を完全に平坦化し、周囲を盛土で構築された土塁で囲まれており、加えられた土木量も多い。ただ、柱穴や礎石等の遺構は検出されなかった。一方、主郭の周囲は外郭線こそ土塁・横堀で明確に区画するが、その内部は自然の傾斜をそのまま残しており、加えられた土木量はわずかである。主郭Ｉ同様、柱穴や礎石

主郭Ｉ（西から）　画像提供：兵庫県立考古博物館

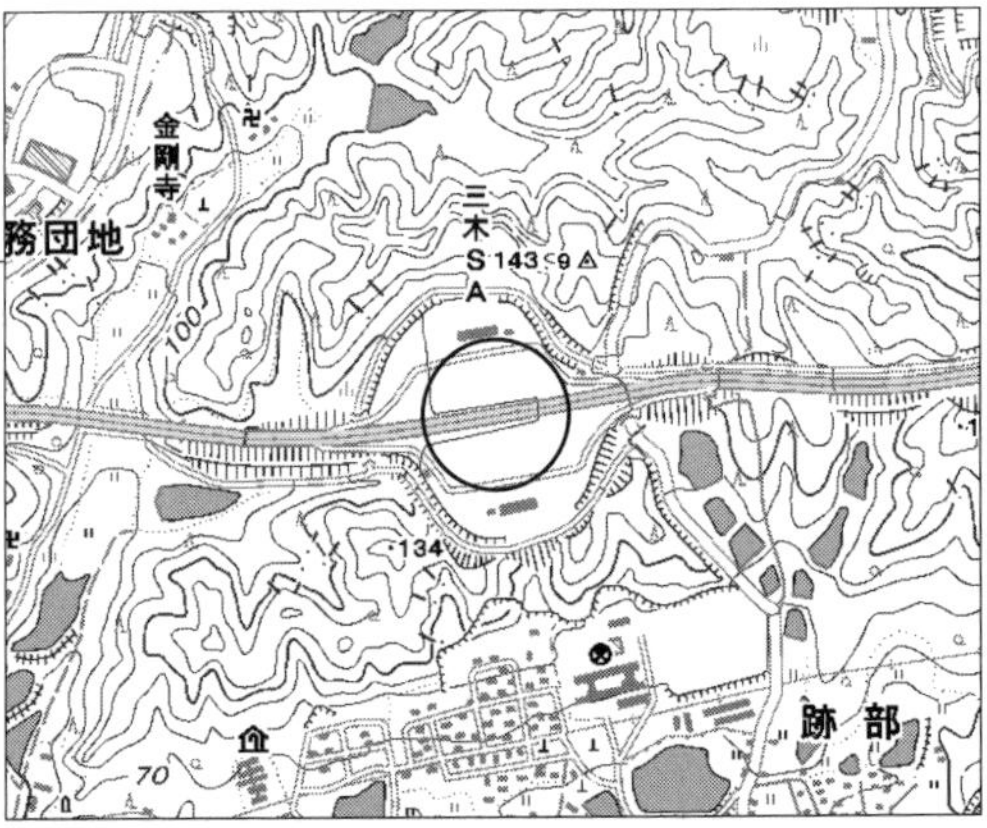

＊1　兵庫県教育委員会埋蔵文化財調査事務所一九九五

等の遺構は検出されなかった。

全面調査が実施されたにもかかわらず、城が存続した時期の遺物は出土していない。これらのことから、城内は遺構として残るような建物はなく、かつ土器はすべて持ち去られたと考えられる。

【評価】方形単郭の主郭Ⅰが本郭部、周辺の緩斜面を駐屯地とする二重構造の付城と評価できる。城内では城が存続した時期の遺物は出土しておらず、建物跡もみつからなかったことからも、臨時的な利用であったことが想定できる。建物があったとしても、礎石を含む資材の持ち運びが簡易にできる軽量礎石建物、もしくは基礎に土台（柱を受けるために地面の上に水平に据えた角材）を利用したプレハブ式の建物であった可能性がある。出土遺物がみられないことも、生活用品などの道具一式が持ち運びされていたことを示すものと考えられよう。

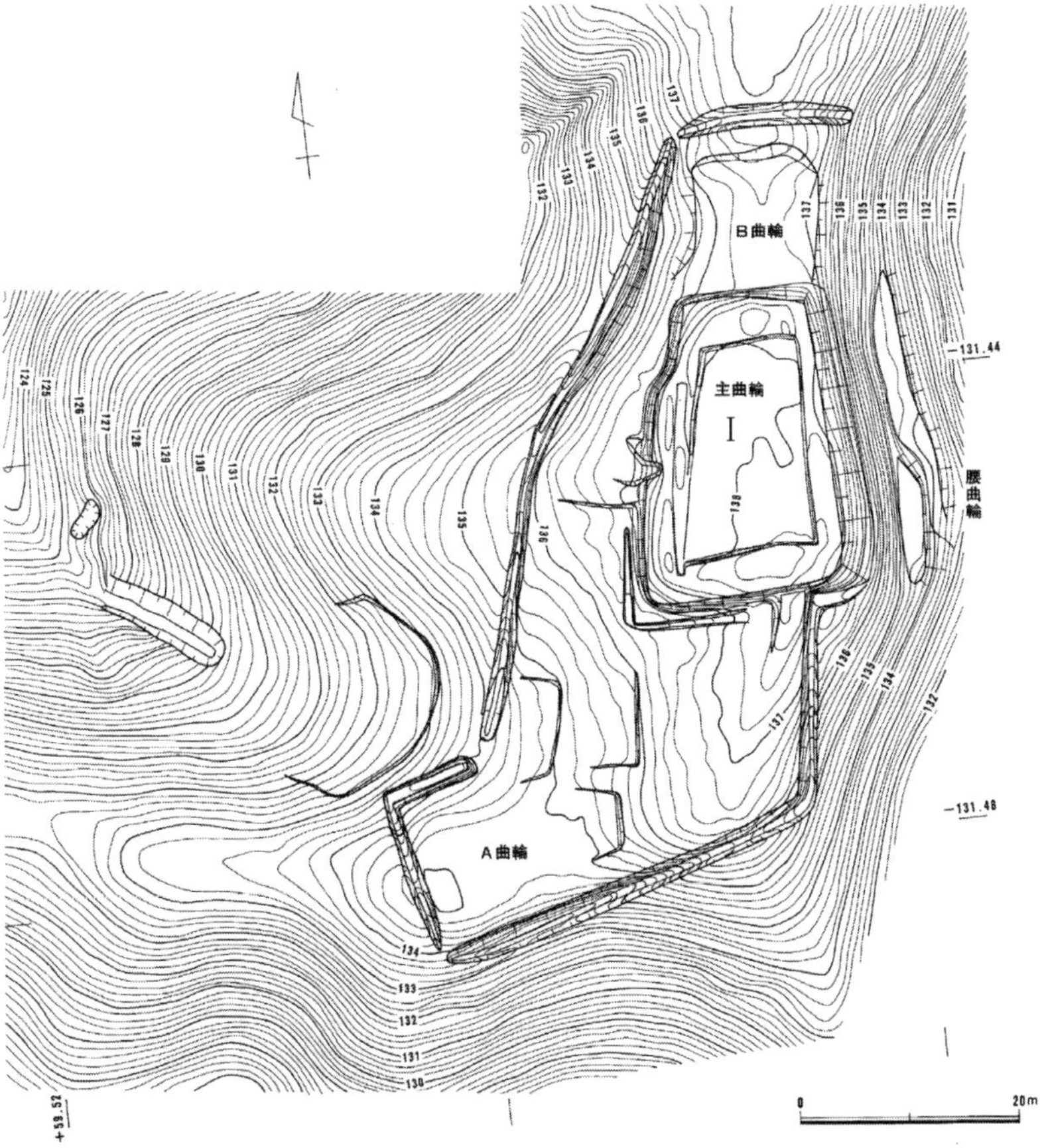

加佐山城測量図　図面提供：兵庫県立考古博物館

毛利・織田両軍が衝突した付城

8 平田村《ひらたむら》山ノ上付城《やまのうえつけじろ》

指定区分：未指定
所在地：兵庫県三木市平田
遺構：曲輪・櫓台状遺構
規模：三四〇×二二〇m
標高／比高：一二二m／六七m

【選地】養護老人ホームさつき園背後の丘陵上に位置する。北東尾根続きは、加佐山城と通じている。南西山麓には谷大膳《たにだいぜん》の墓がある。

城跡遠景（南から）

【歴史】城主は、『播磨鑑』では古田馬之助《ふるたうまのすけ》、『別所軍記』では古田馬之助と吉田庄右衛門《よしだしょうえもん》とする。立地的に、天正六年（一五七八）七月下旬～八月中旬頃に織田信忠が主導して羽柴秀吉等の軍勢が築いた平井山ノ上付城と同時期に築かれた可能性が高い。

天正七年（一五七九）九月九・十日、三木城への兵糧搬入を遂げたい毛利方の軍勢は、平田・大村付近を襲い、同時に別所方が三木城内から出撃して兵糧を三木城内に運び込むため、谷大膳の陣所を攻撃した。両軍の衝突により、秀吉方は谷大膳が討ち死にしたが、別所方も兵糧搬入部隊が秀吉方の攻勢を受け、別所甚大夫・三大夫など多くの武将が討ち死にしたほか、安芸・紀伊の軍勢も数十人が討ち取

＊1　『信長公記』

られている。*1

【遺構】主郭Iと尾根の頂部の櫓台状遺構Aを基点として北尾根、西尾根、東尾根にそれぞれ削平不明瞭な曲輪群を配する。図面外の北東尾根続きは、ピークごとにわずかな削平地らしき空間がみられるが、付城遺構かどうかは不明である。切岸による防御を主体とし、堀切はみられない。

【評価】主郭を中心として、周囲の尾根上に削平不明瞭な曲輪群を配するタイプといえる。山の地形に合わせて曲輪を上下に連ねる構造であり、複雑な虎口はみられない。背後の尾根続きに対して堀切が見られず、遮断防御はあまり意識していない。堀切が見られないのは、三木城が美嚢川を隔てており、比較的安全な地域であったことから、加佐山城等の周囲の付城と尾根伝いに連絡することを優先したためであろう。

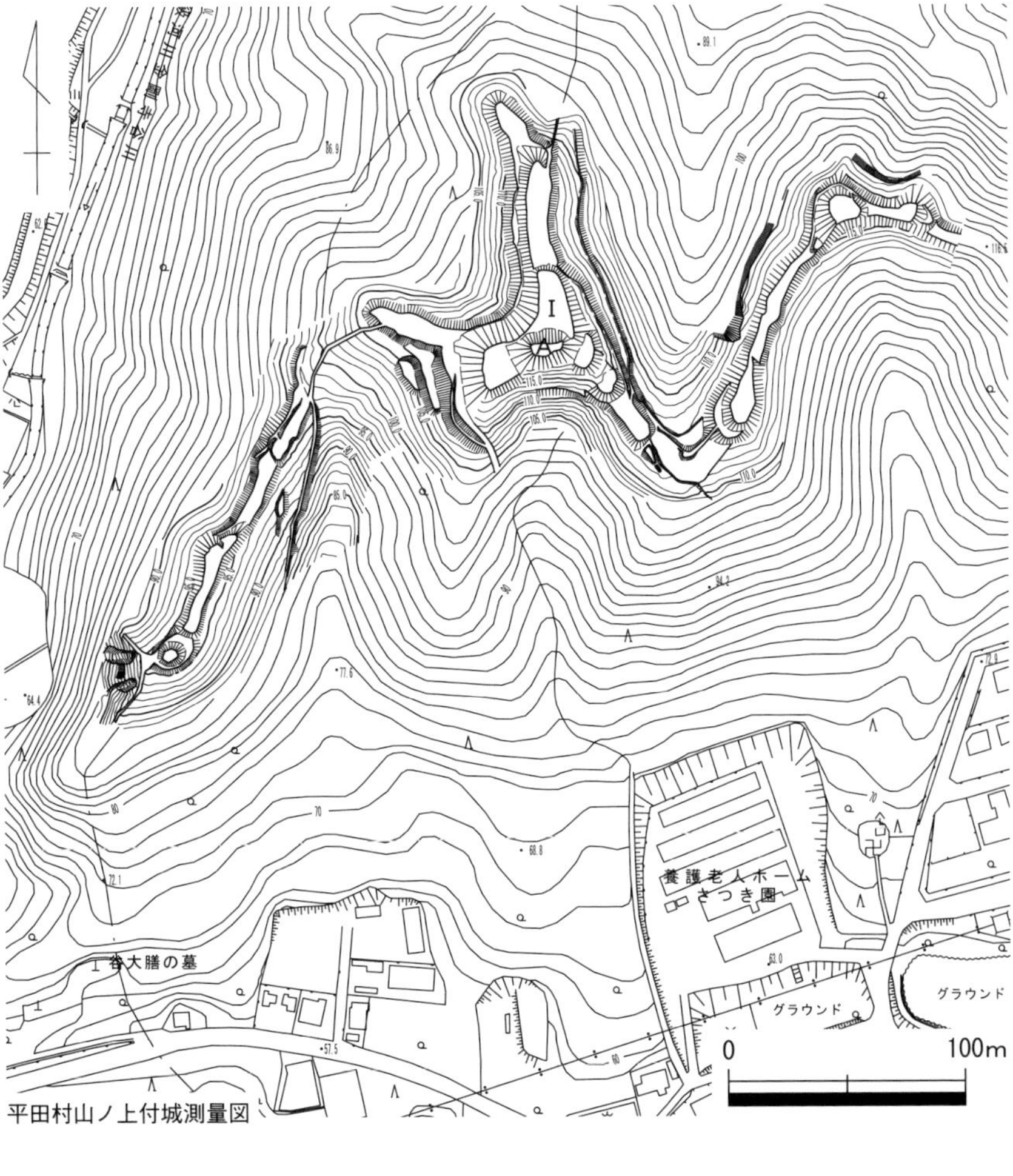

平田村山ノ上付城測量図

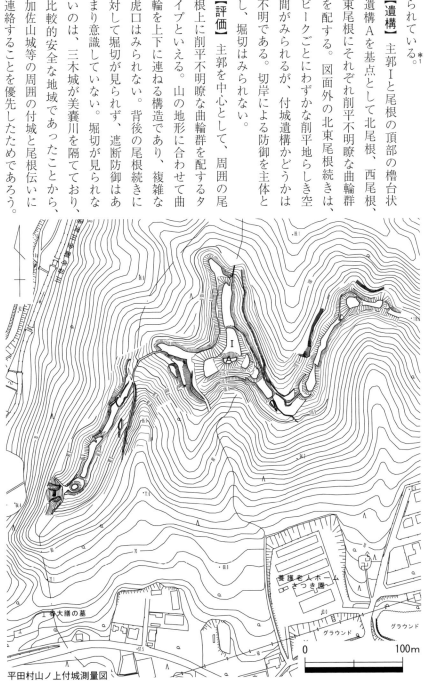

毛利軍を警戒して築かれた付城

9　這《ほう》田《だ》村《むら》法《ほう》界《かい》寺《じ》山《やま》ノ《の》上《うえ》付《つけ》城《じろ》

指定区分：国指定史跡
所在地：兵庫県三木市別所町東這田・高木・別所町高木三木山国有林
遺構：曲輪・土塁・横堀・馬出状虎口
規模：一八〇×二〇〇m
標高／比高：七八m／四三m

【選地】法界寺の背後の台地端部に位置する。北西山麓に姫路道が通る。展望台からは、北東に位置する三木城およびその延長線上に秀吉の本陣である平井山ノ上付城を見通すことができる。法界寺参道入口北東側に参詣者用の駐車場があり、本堂南側に登城口がある。当城南東側は三木ホースランドパークの馬道と接しており、六条の土塁からなる朝日ヶ丘《あさひがおか》土塁と接続している。

【歴史】『播磨鑑』『別所軍記』によると、城主は宮部《みやべ》継潤《けいじゅん》と伝わっている。立地的に、天正七年（一五七九）四月に織田信忠の軍勢が築いた六か所の付城の一つとみられる。

【遺構】主郭Ⅰ・Ⅱ郭・その北側に広がる雛壇状曲輪群Ⅲ・主郭南側の土塁に区画された空間Ⅳ・Ⅴで構成されている。平成二十年度に三木市教育委員会により発掘調査が実施された。*1

主郭Ⅰは方形を呈し、四方が土塁と横堀で囲まれている。規模は三〇×二六mを測り、南側に馬出《うまだし》状虎口Aが設けられている。

城跡遠景（北から）

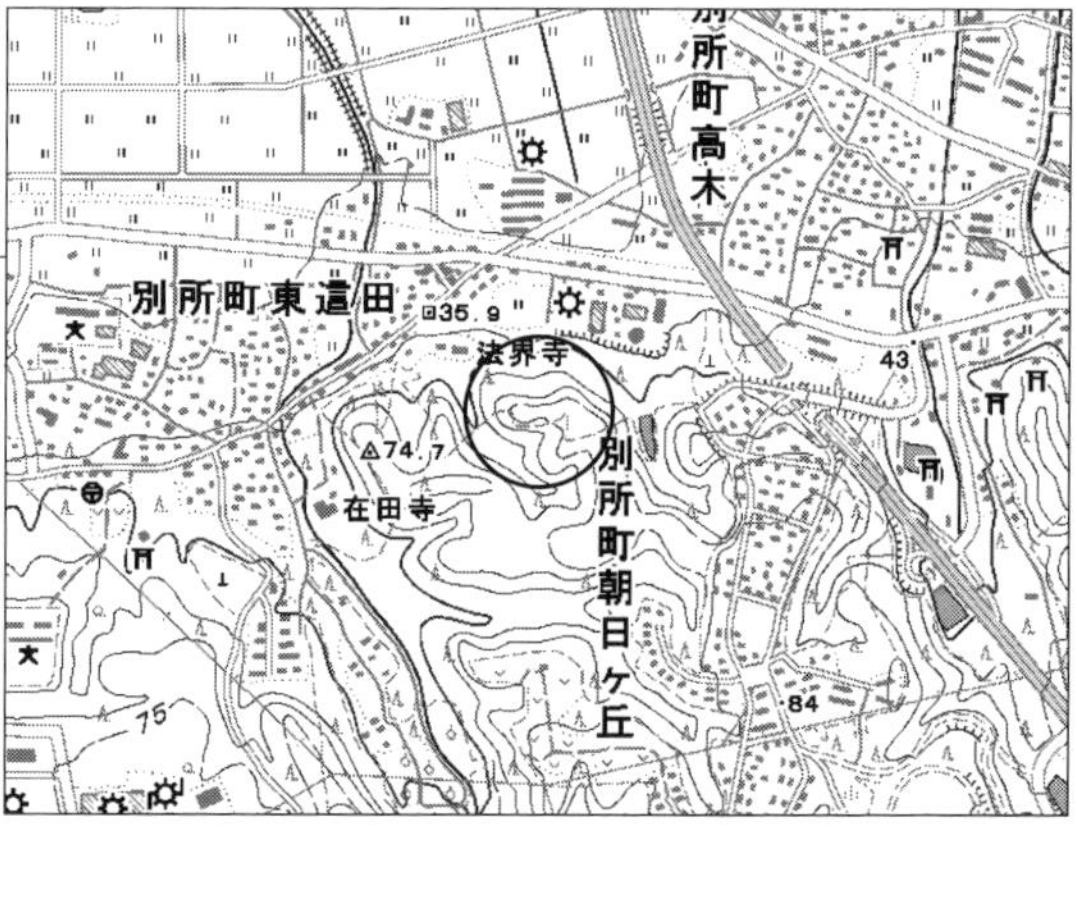

*1　三木市教育委員会二〇一三

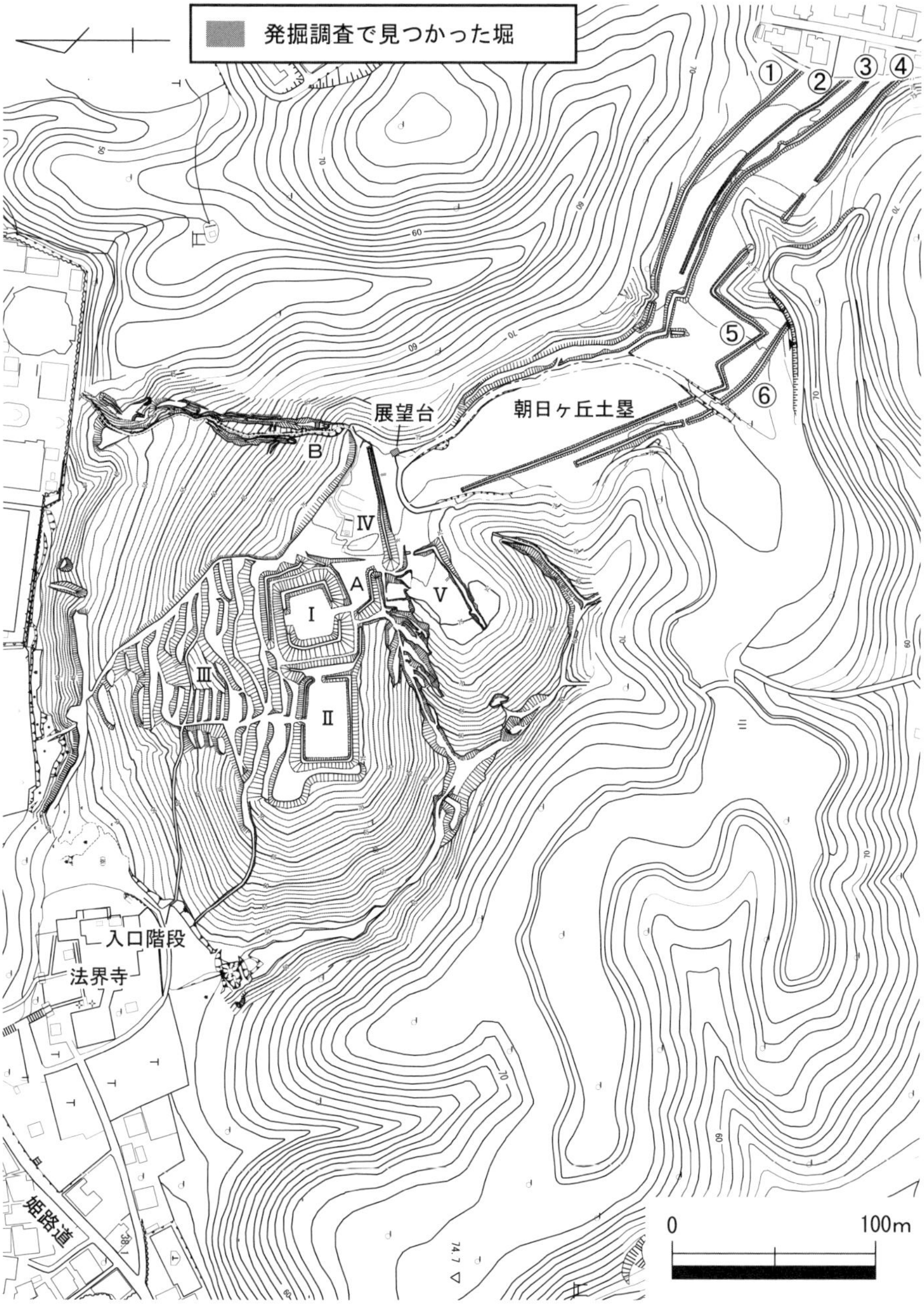

這田村法界寺山ノ上付城測量図

南側から馬出状虎口Aに至るには、土塁により四折れして入る複雑な構造となっている。

Ⅱ郭は東西が細長い長方形を呈し、四方が低い土塁で囲まれている。規模は四一×二四mを測り、主郭Ⅰの次に重要な曲輪である。

雛壇状曲輪群Ⅲは、主郭Ⅰ・Ⅱ郭北側斜面地に展開する。Ⅱ郭虎口から北に直線状の通路があり、両脇に曲輪群が展開する。その東端には、北西方向に山麓に下る通路が設けられている。

空間Ⅳは、主郭Ⅰと馬出Aの東側に位置し、直角三角形状を呈する。通称「行者さん」が祀られており、北端部は雛壇状曲輪群Ⅲとつながり、南東端は北側山麓に続く一部竪堀状の遺構を脇に備える里道Bとつながる。南辺は、東西方向の土塁で画されている。この土塁は、発掘調査により南側に幅二・六m以上、深さ〇・六五～〇・九mの空堀がめぐっていることが判明している。

空間ⅤはL字状の土塁で区画されており、北側の馬出状虎口Aとの間の谷部は竪堀状となっている。南北方向の土塁の規模は、幅約二・八m、高さ〇・七mを測る。土塁東側において、ごく小規模ながら溝状のくぼみが検出されている。東西方向の土塁の規模は、幅約四・六m、高さ〇・五mを測り、土塁北側に幅二・五m、深さ〇・五mの空堀がめぐっていたことが判明している。

【評価】主郭ⅠとⅡ郭が本郭部、雛壇状曲輪群Ⅲと南側に展開する土塁で区画された空間Ⅳ・Ⅴが駐屯地の二重構造の付城と評価できる。三木城方面ではなく南側を意識していることから、毛利軍を警戒していたことがわかる。里道Bは、軍勢の出撃用の城道であった可能性があるが、後世に設置されたものである可能性も否定できない。

雛壇状曲輪群Ⅲ（北西から）

四周に横矢掛かりを備える付城

10 高木大塚城《たかぎおおつかじょう》

指定区分：国指定史跡
所在地：兵庫県三木市別所町高木三木山国有林
遺構：曲輪・土塁・横堀・古墳
規模：五五×五五m
標高／比高：八七m／三三m

【選地】這田村法界寺山ノ上付城から南東約六五〇mの台地上に位置する。バス停「朝日ヶ丘南団地前」のすぐ北側の国有林内に遺構が広がっている。

【歴史】城主は不明である。立地的に、天正七年（一五七九）四月に織田信忠の軍勢が築いた六か所の付城の一つである可能性がある。『播州三木城地図』には、「大塚城」と記されている。

北東辺土塁（北から）

【遺構】高木古墳群の中で最も大きな高木1号墳を、城の中央に物見台《ものみだい》として利用している。その周囲を十字状に土塁をめぐらしているのが特徴的である。平成十四年度に三木市教育委員会により発掘調査が実施された。＊1

高木1号墳の規模は、径二〇m、高さ三mを測る。西側で周溝が見つかったことから、幅八m、長さ一〇mの前方部を持つ前方後円墳の可能性がある。

土塁の規模は、上端幅一〜一・二m、基底部幅四〜五m、高さ一・二〜一・六mを測る。土塁の四隅に折れがあり、敵

＊1　三木市教育委員会二〇〇七

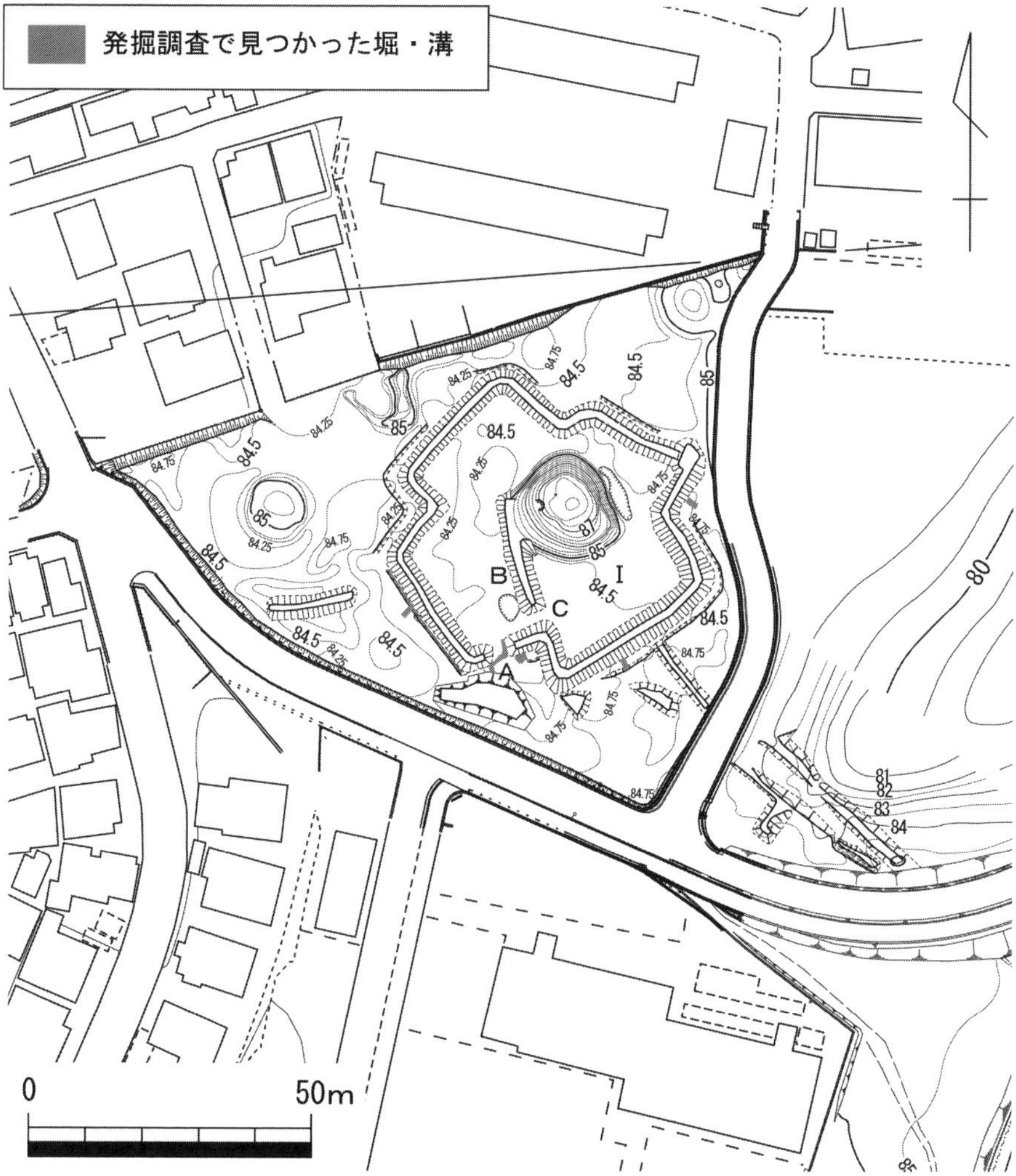

高木大塚城測量図

出土した瀬戸美濃焼天目茶碗

兵に対して横矢が掛かる構造となっている。土塁の外側に沿って、幅一・七〜二・四m、深さ〇・二〜〇・三mの逆台形の横堀がめぐっている。

虎口は、土塁ライン南西に幅一mの平入り虎口Aが設けられており、排水溝が城内から虎口部分を東から西に横断して虎口西側の横堀につながっていたことが確認されている。付城内を仕切る土塁Bの南端に虎口Cが設けられている。虎口Aから右に折れて、虎口Cを通り中心部Iに入る構造となっている。

発掘調査では、石臼や瀬戸美濃焼天目茶碗が出土している。天目茶碗の出土から、城内で茶を嗜む余裕があったことがわかる。

なお、開発前の昭和三十六年・三十八年の国土地理院撮影の空中写真によると、北西部は朝日ヶ丘土塁につながる数条の土塁線が確認できるが、朝日ヶ丘団地の造成にともない、調査されることなく消滅した。南東部は、高木大塚土塁と連結している。高木大塚土塁は、市営朝日ヶ丘南団地の建設に伴い発掘調査を実施した後、一部が消滅したが、三木ホースランドパーク内に良好に残存している。

【評価】十字型に土塁をめぐらし、虎口および四周に横矢掛かりを設け、中央の高木1号墳を櫓台的に利用するなど、全国でも類を見ないレベルの高い構造を呈す。北西部と南東部に接続する土塁に囲まれた空間を駐屯地として利用したと考えられる。

虎口Aの遺構検出状況（南から）

虎口C（西から）

古田重則が守る「一子の砦」か

11 高木大山付城《たかぎおおやまつけじろ》

指定区分：国指定史跡
所在地：兵庫県三木市別所町高木三木山国有林
遺構：曲輪・土塁・横堀
規模：二〇×二八m
標高／比高：九一m／三一m

【選地】三木ホースランドパークの正門手前北側の国有林内に位置する。周辺はもともと神戸営林署の苗畑となっており、比較的平坦な台地が広がる。宿ノ谷へと下る一《いち》合坂《ござか》が北側に隣接する。

【歴史】立地的に、天正七年（一五七九）四月に織田信忠の軍勢が築いた六か所の付城の一つである可能性がある。二次史料の『寛政重修諸家譜』所収「古田系図」によると、同年八月に古田重則《しげのり》が「一子の砦」を守っていたが、別所方と合戦に及び、討ち死にしたとされる。この城が当城のことを指す可能性があるが、真相は不明である。

主郭Ⅰ北西部（南西から）

【遺構】主郭Ⅰは、単郭で構成されており、北西部が張り出す構造となっている。城内は、北西部が昭和三十年頃の土取りのため一段低くなり、東辺・南西辺の堀状の凹地についても、同様に土取りによって削り取られたものである。

平成二十三年度に三木市教育委員会により発掘調査が実施された。[*1] 調査の結果、周囲に横堀（幅一・五～四・五m、深さ一・四～一・九m）が設けられ、曲輪は比較的軟質な盛

*1　三木市教育委員会二〇一三

土により造成され、南辺には土塁が設けられていた可能性が高いことが判明した。

高木大山土塁Ａは、付城の南側に近接して東西に延びる。苗畑造成前の昭和二十二年米軍撮影の空中写真および昭和三十六年国土地理院撮影の空中写真により、高木大塚土塁内側（三木城側）ラインの延長線上にあたるとみられる。高木大山土塁Ａの南側に近接して、高木大山土塁Ｂ・Ｃが南北方向に延びる。外側ラインは高木大山土塁Ｄと接続する。しかし、三木ホースランド建設によりＢ及びＣの北端とＤの北半は消滅した。

【評価】主郭Ｉを本郭部、多重土塁線に囲まれた周囲の台地に軍勢の駐屯地を配するタイプといえる。

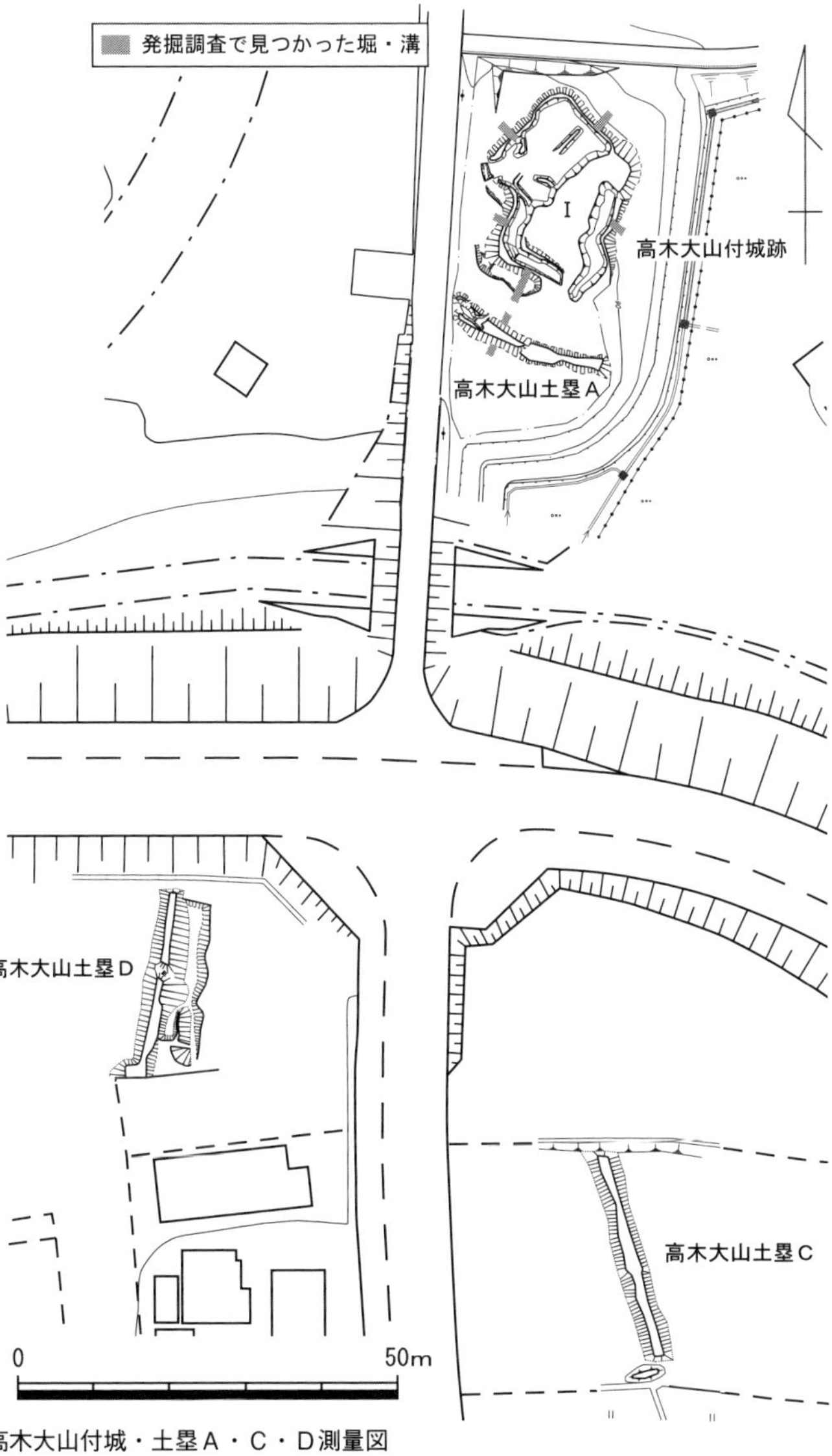

高木大山付城・土塁Ａ・Ｃ・Ｄ測量図

『播州三木城地図』に描かれた付城

12 シクノ谷《たに》峯構付城《みねがまえつけじろ》

指定区分：国指定史跡
所在地：兵庫県三木市福井・別所町高木三木山国有林
遺構：曲輪・土塁・横堀・櫓台
規模：七七×五五ｍ
標高／比高：九八ｍ／二八ｍ

【選地】高木大山付城から南東約四五〇ｍの宿ノ谷に面した台地端部に位置する。北山麓が登城口となり、階段によって城内に至ることができる。

【歴史】天正七年（一五七九）四月に織田信忠の軍勢が築いた六か所の付城の一つである可能性がある。城主は不明である。『播州三木城地図』に「シクノ谷峯構」と記されている城跡に比定されている。

【遺構】主郭Ⅰ・Ⅱ郭・Ⅲ郭で主に構成され、南側に帯曲輪のⅣ郭、北側に横堀を配している。平成八・十三年度に三木市教育委員会により発掘調査が実施された。[＊1]

主郭Ⅰは、三八×三二ｍを測る。高さ一～一・三ｍの土塁で囲まれ、南辺中央西側に櫓台Aが設けられている。北東に虎口B、北西に虎口Cがあり、Ⅱ郭・Ⅲ郭と連絡できる。北西側の土塁Dを調査したところ、土塁が版築状にていねいに積まれて

土塁Ｄ・堀土層断面（北東から）

＊1　三木市教育委員会二〇〇七

いたこと、Ⅲ郭側に断面V字状の横堀が確認されている。堀底から土塁頂部までの比高差は二・四mを測る。

Ⅱ郭は、北辺・東辺がわずかに残る低い土塁で囲まれている。南東に虎口Eがあり、Ⅳ郭とつながる。Ⅱ郭は、外枡形状の虎口であり、主に軍勢の出撃用の空間として機能したと考えられる。

Ⅲ郭は、北・西・南の三方に低い土塁がめぐり、北東隅・南東隅に開口部がある。西辺は畦として改変されている。西側の旧耕作地を含めて軍勢の駐屯地であったと考えられる。

【評価】主郭Ⅰと外枡形状の虎口空間とみられるⅡ郭を本郭部、Ⅲ郭およびその西側の尾根続きを駐屯地とする二重構造の付城と評価できる。明石道峯構付城・小林八幡神社付城と同様の縄張り構造といえる。

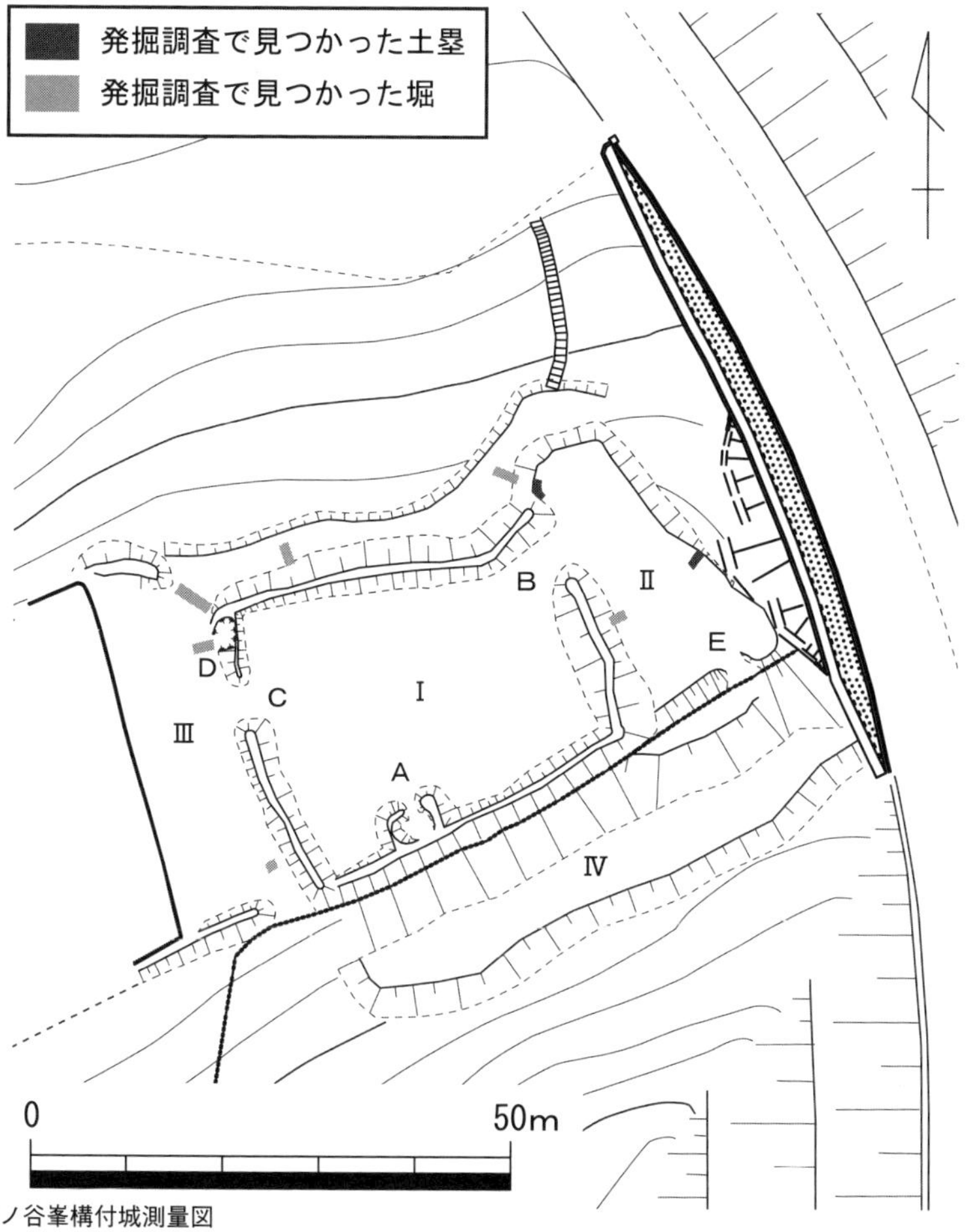

シクノ谷峯構付城測量図

一早く史跡となった付城

13 明石道《あかしみち》峯構付城《みねがまえつけじろ》

指定区分：国指定史跡
所在地：兵庫県三木市福井
遺構：曲輪・土塁・横堀・櫓台
規模：一一五×七〇ｍ
標高／比高：一〇六ｍ／三二ｍ

Ｔ８横堀・堀切土層断面（北東から）

【選地】明石道が直下を通過する台地端部に位置する。宿ノ谷に面しており、谷を挟んだ西側の台地端部にシクノ谷峯構付城が配置されている。麓の谷部には、ターゲットバードゴルフコースがあり、駐車場のほか仮設トイレが備わっている。南西麓から城内に至るまで散策路が整備されている。

【歴史】天正七年（一五七九）四月に織田信忠の軍勢が築いた六か所の付城の一つである可能性がある。城主は不明である。『播州三木城地図』に「明石道峯構」と記されている城跡に比定されている。

【遺構】主郭Ⅰ・Ⅱ郭・Ⅲ郭で構成されている。平成十一・十二年度に三木市教育委員会により、発掘調査が実施された。[*1] 平成十二年に三木市指定史跡となり、翌年度に歴史の森公園として

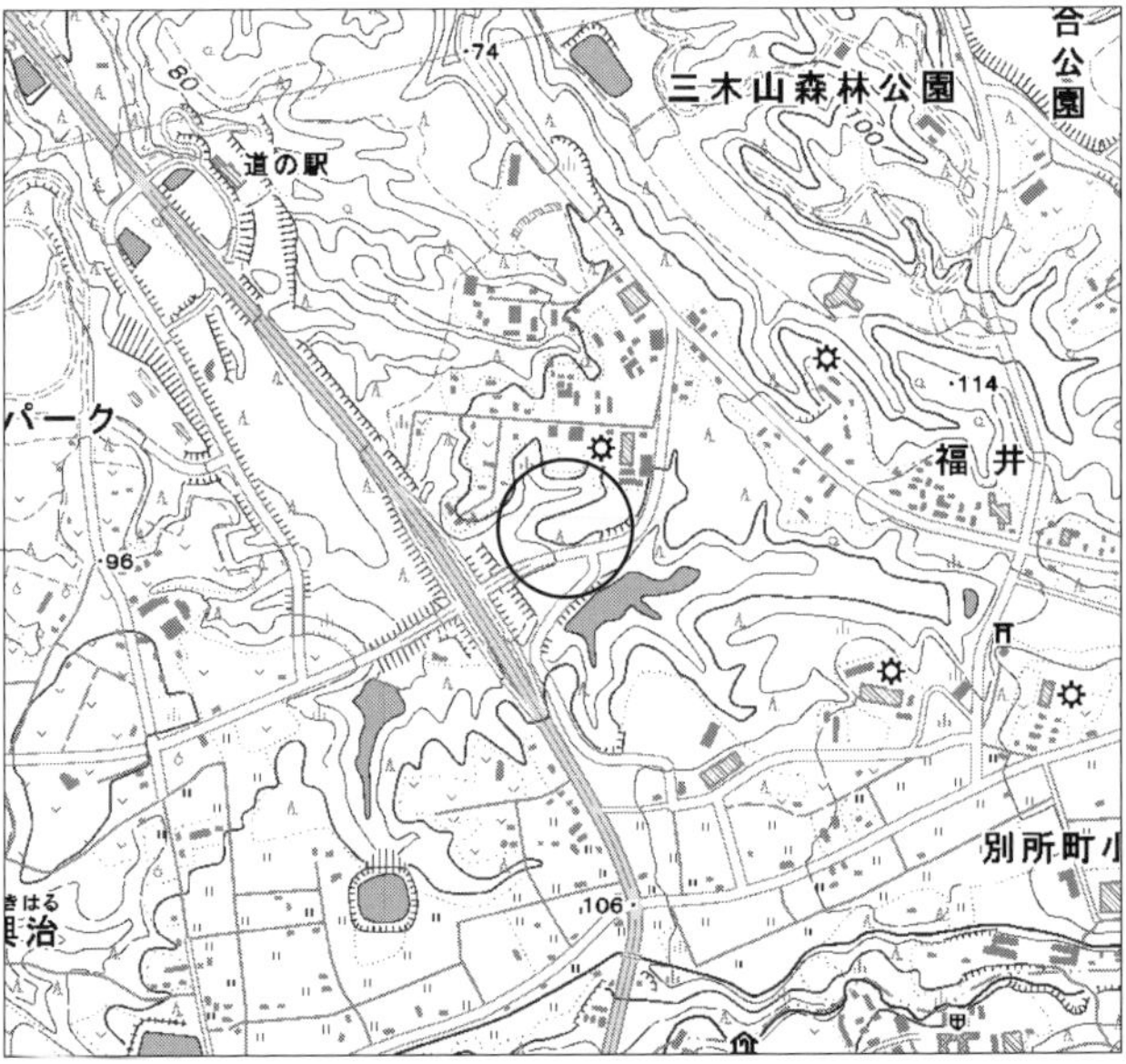

＊1　金松他二〇一〇

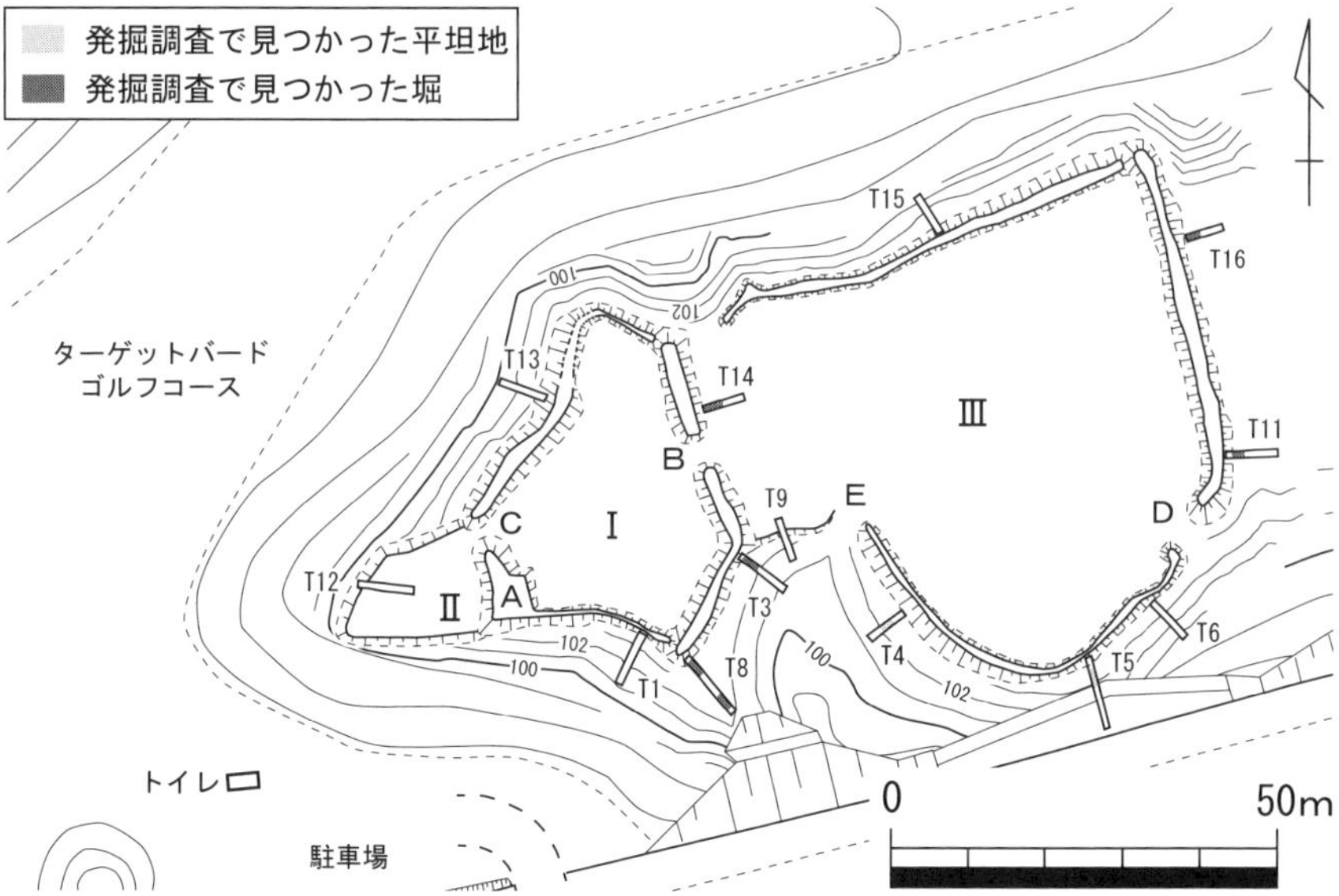

明石道峯構付城測量図

整備されている。

主郭Ⅰは、面積約一一〇〇㎡を測る。主郭の周縁を囲む土塁は、北縁部など低い箇所も見られるが、盛土の崩れによるもので、築かれた当時は今よりも高かったものと思われる。また、東辺土塁の外側には横堀が設けられており、防御性を高めている。虎口は東西（B・C）にあり、虎口Cの南脇に櫓台Aが設けられている。北東土塁外側に設定したT14で、幅約二・五m、深さ約〇・五mを測る横堀が検出された。横堀は土塁に沿って築かれており、虎口を挟んで南側にも延びていると考えられる。

土塁裾から南東側に続く尾根筋に調査トレンチ（T8）を設定したところ、土塁裾において、幅約三・二m・深さ約〇・六mを測る横堀、尾根続きにおいて、幅約二・三m・深さ約〇・五mを測る堀切が検出された。堀切は尾根筋

虎口B北側の土塁（南東から）

を断ち切っており、城外からの敵兵の侵入を防ぐ役割を果たしていたと考えられる。

Ⅱ郭は、主郭Ⅰの西側に設けられた曲輪である。この曲輪では土塁が築かれていない。外枡形状の虎口であり、主に軍勢の出撃用の空間として機能したと考えられる。T12では、曲輪の先端部分で三段の段状遺構が検出された。急斜面に対しての土留めのための段築と考えられる。一段目の落ち裾で幅約二〇cm、深さ約五cmの溝が検出された。これは、土留め用の横板を這わせていた跡と思われる。

Ⅲ郭は面積約三三〇〇㎡を測り、主郭の三倍の広さである。元の地形に沿った形状と思われ、周囲に低い土塁をめぐらせ、南東・南西に虎口（D・E）が設けられている。虎口Dは、土塁に沿うように屈曲して入る構造となり、南側の屈曲する土塁越しに侵入する敵兵を側面から攻撃することができる。東辺土塁外側は、北側のT16で幅約一・三m・深さ約〇・三m、南側のT11で幅約二m・深さ約〇・五mを測る横堀が検出された。横堀は土塁に沿って造られ、北から南に向かって徐々に広く、深くなっている。

【評価】主郭Ⅰと外枡形状の虎口空間とみられるⅡ郭を本郭部、Ⅲ郭およびその東側の尾根続きを駐屯地とする二重構造の付城と評価できる。シクノ谷峯構付城・小林八幡神社付城と同様の縄張り構造といえる。

Ⅱ郭（東から）

神社に残る付城

14 小林《こばやし》八幡《はちまん》神社《じんじゃ》付城《つけじろ》

指定区分：国指定史跡
所在地：兵庫県三木市福井・別所町小林
遺構：曲輪・土塁・竪堀・櫓台
規模：一一〇×八五m
標高／比高：一二〇m／二一m

【選地】東西に延びる宿ノ谷に面する南側台地北端部に位置する。八幡神社境内およびその周辺に遺構が広がる。南側に福井土塁G・Hが接続している。主郭Ⅰは、市道建設により大半が消滅した。神社南側の南北に延びる参道が登城道を兼ねており、参道入口付近には史跡来訪者用のトイレが備わっている。

主郭Ⅰ北辺土塁（東から）

【歴史】天正七年（一五七九）四月に織田信忠の軍勢が築いた六か所の付城の一つである可能性がある。城主は不明である。

【遺構】主郭Ⅰ・Ⅱ郭・Ⅲ郭・Ⅳ郭で構成されている。主郭Ⅰは三二×二七mを測り、東以外の三辺に土塁がめぐり、北西隅に櫓台A、南西隅にⅡ郭につながる虎口Bが設けられている。

平成四・五・八年度に市道建設などにともない、三木市教育委員会により発掘調査が実施された。*1

発掘調査の結果、主郭Ⅰは平均約〇・三mの整地が行われて

*1 三木市教育委員会二〇〇〇、金松他二〇一〇

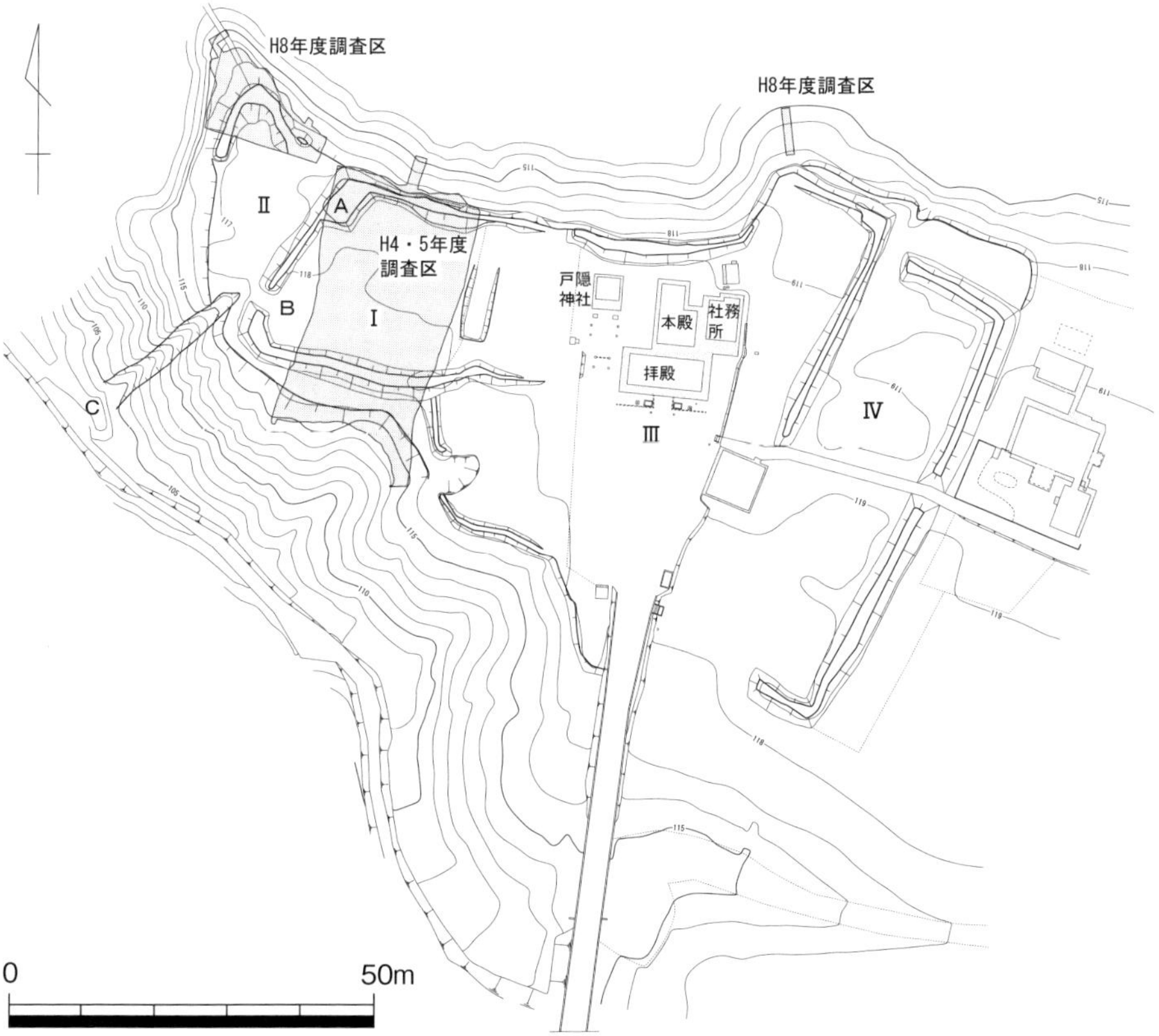

小林八幡神社付城測量図

いることが確認された。中央部から北側の土塁にかけてさらに約〇・二mの盛土を行い、約一〇×一二m以上の方形を呈した範囲に基壇状の高まりをつくって南西方向に緩やかに傾斜をつけて成形している。基壇状部分の法面には、こぶし大の河原石が敷きつめられており、土留めのための地固めと考えられる。遺構としては、方形土坑三基、直径約〇・五mの円形の集石坑一基が検出された。方形土坑は、いずれも深さ約〇・一m程度で、炭・焼土が混じっているが、焼けた痕跡は認められなかった。集石坑についても、深さ約〇・四mで遺物の出土がないため、性格が不明である。なお、建物跡は検出されなかった。

櫓台A断ち割り状況（東から　柱穴は下層の遺構）

北辺土塁は、基底部を凹状に整地し、さらにその上にきめ細かい土で版築されている。基底部の幅は約二・八m、内法高約〇・五～一mで、宿ノ谷に面した外側は切崖になっている。南辺土塁は、整地層より小礫混じりの砂質の強い土によって版築されている。基底部の幅は約四・四m、内法高約〇・七m、外法高は約二mであり、北辺土塁よりも規模が大きくしっかりとした状態で構築されている。北辺・南辺土塁ともに内法の基底部には、土留めのためにこぶし大の河原石で地固めをしている。

北西隅の櫓台Aの平坦部は、北辺土塁が南西側に折れ曲がった角を利用して、さらに台状に土を積んで約一〇㎡の空間をつくっている。しかし、礎石やピットが検出されなかったことから、建物の存在は不明である。

小林八幡神社（南から）

上：主郭Ⅰ集石坑（東から）
中：Ⅱ郭調査区全景（東から）
下：Ⅳ郭北半部（南西から）

南辺土塁外法裾では、幅約一～二mの平坦部が土塁に沿って検出された。この平坦部は、通路などに利用された犬走りと考えられる。犬走りは、西へは不明確となっているもののⅡ郭に続いている。

遺物は、主郭Ⅰ内から丹波焼擂鉢片二点、鉄砲玉一点が出土している。さらに鉄釘五点、銭貨三点が主郭Ⅰ内外から出土している。銭貨は、開元通宝（初鋳六二一年）、「皇宋通宝」（初鋳一〇三八年）、政和通宝（初鋳一一一一年）である。

Ⅱ郭は、低い土塁で囲まれる。発掘調査により、曲輪および土塁は盛土造成されていることが明らかとなった。南端に城外へ斜面を下る竪堀Cが設けられている。主郭に付属する外枡形状の

出土した丹波焼擂鉢

虎口空間と考えられる。

Ⅲ郭は五五×六〇ｍを測り、北側に八幡神社が鎮座する。北辺と東辺に高さ一ｍ弱の土塁がめぐる。北辺東部は北側に張り出し、谷から攻めてくる敵兵に対し横矢が掛かる。道を挟んだ東辺南半には土塁はみられない。軍勢の駐屯地と考えられる。

Ⅳ郭は二〇×六〇ｍを測り、北辺・東辺・南辺に高さ一ｍ弱の鎹状の土塁で区画されている。北西隅は土塁が途切れ、谷に対して開口している。Ⅲ郭同様、軍勢の駐屯地と考えられる。

【評価】主郭Ⅰと外枡形状の虎口空間とみられるⅡ郭を本郭部、Ⅲ郭・Ⅳ郭を駐屯地とする二重構造の付城と考えられる。福井土塁Ｇ・Ｈ間も駐屯地として機能したと考えられる。シクノ谷峯構付城・明石道峯構付城と同様の縄張り構造といえる。主郭Ⅰからは建物跡が検出されなかったことから、礎石ごと持ち運ばれるような軽量礎石建物や基礎に土台（柱を受けるために地面の上に水平に据えた角材）を利用したプレハブ式の建物であった可能性がある。遺構・遺物も少ないことから、短期間の在陣とみられ、資材一式は次の戦に備えて再利用されたものと考えられる。

自然地形の残る駐屯地

15 羽場山上付城《はばやまのうえつけじろ》

指定区分：未指定
所在地：兵庫県三木市福井
遺構：土塁・堀
規模：二七×三五m
標高／比高：九三m／四八m

【選地】三木・明石間をつなぐ明石道を挟んで西側に広がる台地上に位置する。谷を挟んだ東側尾根上に八幡谷ノ上明石道付城が位置する。

【歴史】『播磨鑑』『別所軍記』によると、城主は明石與四郎とされている。立地的に天正七年（一五七九）十月七日に築かれた「南八幡山」[*1]と同時期に築かれた可能性がある。

【遺構】尾根上に東西約四〇m、内法の高さ〇・三～〇・五mの土塁があり、南側に幅約三m、深さ〇・五～一mの空堀がともなう。西端で北へ折れて、西辺は切岸となる。内部は平坦な自然地形のままである。

【評価】周辺には台地が広がることから、軍勢の駐屯地として利用されたとみられる。

城跡遠景（西から）

＊1　『播州御征伐之事』

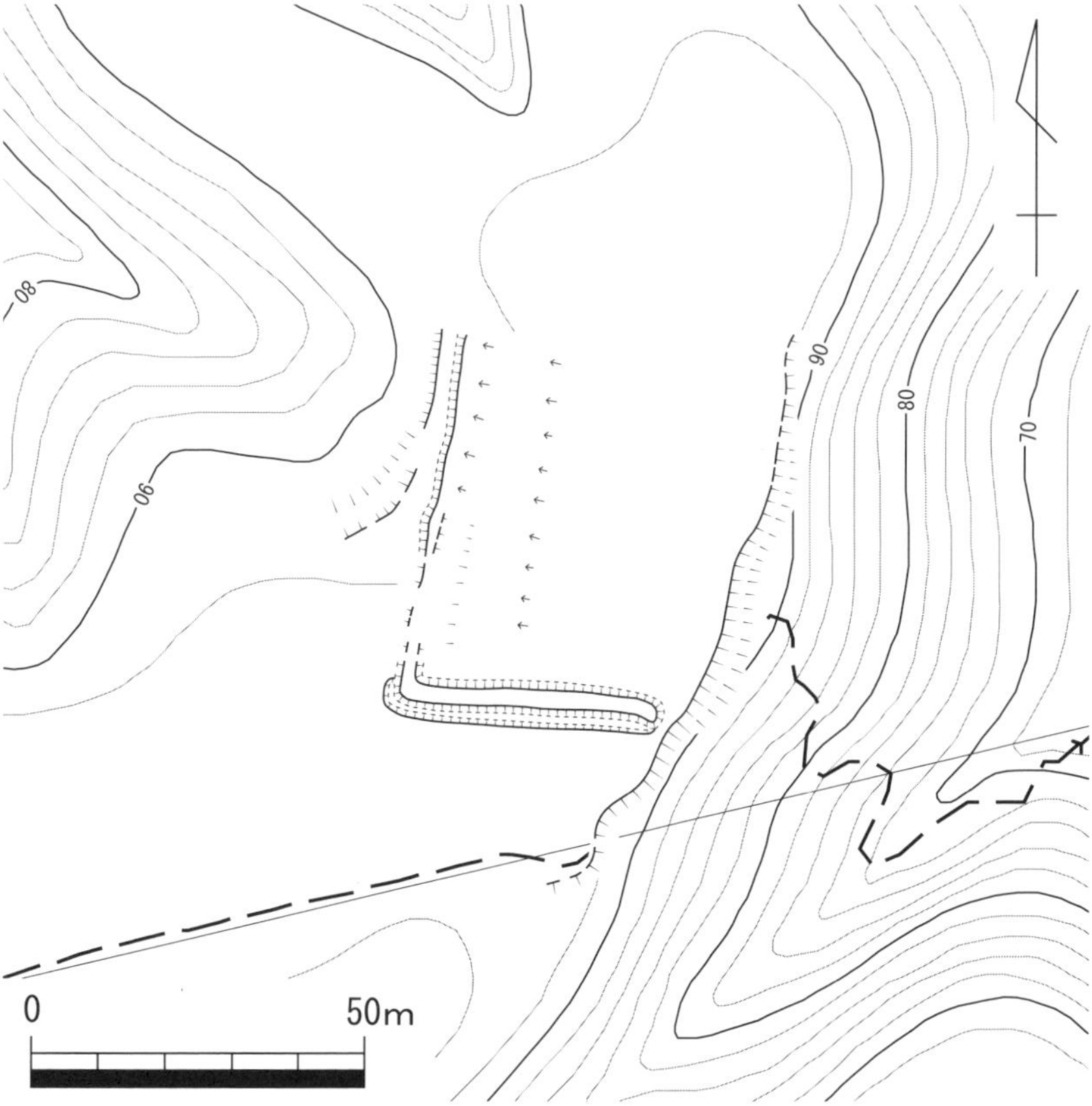

羽場山上付城縄張り図（金松誠作図）

南辺土塁西端（北東から）

一城別郭構造の最前線の付城

16　八幡谷《はちまんだに》ノ《の》上《うえ》明石道《あかしみち》付城《つけじろ》A・B・C

指定区分：未指定
所在地：兵庫県三木市福井
遺構：曲輪・土塁・堀
規模：三四〇×四五〇m
標高／比高：一〇八m／四八m

【選地】県立三木山森林公園西端の南北に延びる細長い段丘上に位置し、三木・明石間をつなぐ明石道を取り込んでいる。

A主郭（北から）

【歴史】『播磨鑑』『別所軍記』によると、城主は間島《まじま》氏勝《うじかつ》・福原長尭《ふくはらながたか》とされている。天正七年（一五七九）十月七日に築かれた「南八幡山」[*1]に相当すると考えられる。

【遺構】一城別郭構造を呈し、A・B・Cから構成される。全長は約五五〇mを測る。Aは平成十年度、B・Cは平成二十二年度に三木市教育委員会により発掘調査が実施された。[*2]

Aは、発掘調査により、主郭が土塁のほかに空堀で囲まれていたことが確認され、さらに内部では柱穴群と一間×一間の掘立柱建物跡、主郭東脇の通路から門跡とみられる礎石が検出されたことから、中核を担っていた地区といえる。

Bは、土塁で囲まれた中核となる曲輪があり、最高一・五mの西辺土塁が南へ延び、Cの方向へ続いている。発掘調査によ

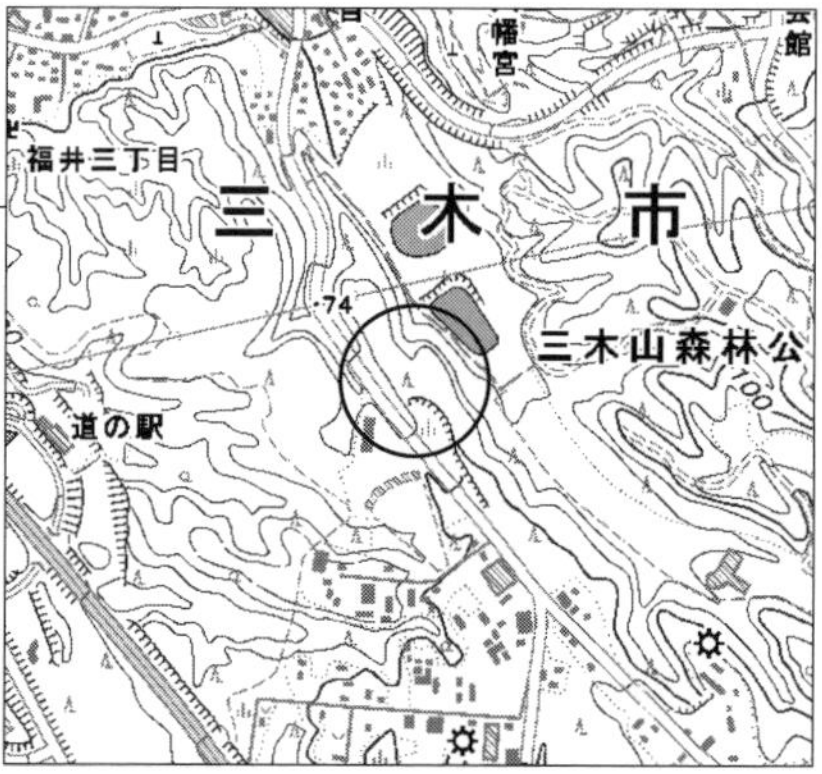

＊1　『播州御征伐之事』
＊2　三木市教育委員会二〇〇一三、金松他二〇一〇

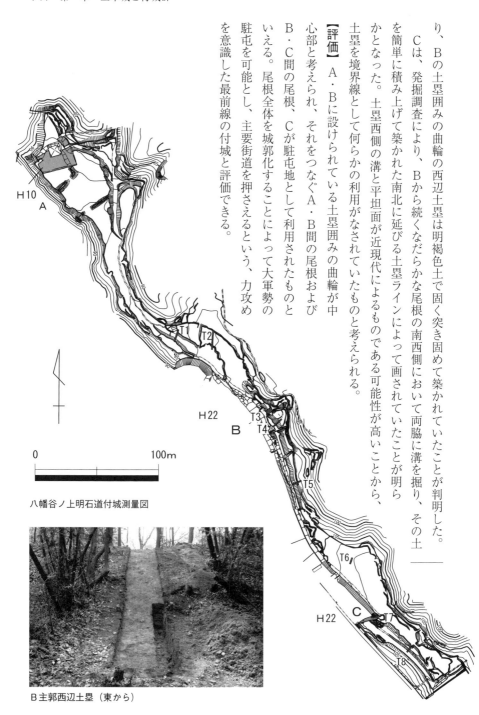

り、Bの土塁囲みの曲輪の西辺土塁は明褐色土で固く突き固めて築かれていたことが判明した。

Cは、発掘調査により、Bから続くなだらかな尾根の南西側において両脇に溝を掘り、その土を簡単に積み上げて築かれた南北に延びる土塁ラインによって画されていたことが明らかとなった。土塁西側の溝と平坦面が近現代によるものである可能性が高いことから、土塁を境界線として何らかの利用がなされていたものと考えられる。

【評価】A・Bに設けられている土塁囲みの曲輪が中心部と考えられ、それをつなぐA・B間の尾根およびB・C間の尾根、Cが駐屯地として利用されたものといえる。尾根全体を城郭化することによって大軍勢の駐屯を可能とし、主要街道を押さえるという、力攻めを意識した最前線の付城と評価できる。

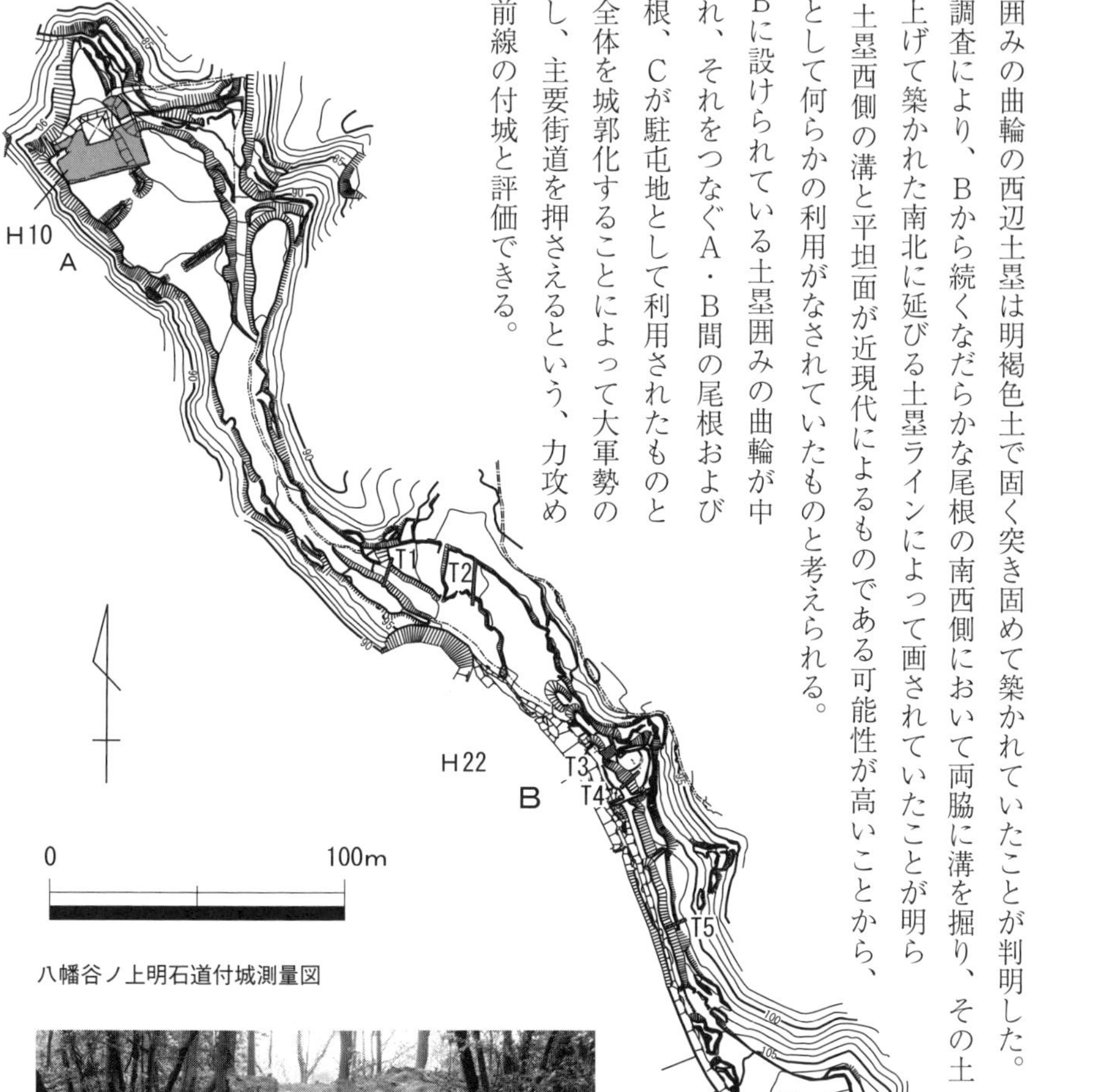

八幡谷ノ上明石道付城測量図

B主郭西辺土塁（東から）

三木城攻めの最前線

17 三谷ノ上付城《みだにのうえつけじろ》

指定区分：未指定
所在地：兵庫県三木市福井
遺構：曲輪・土塁
規模：八五×五〇m
標高／比高：一一三m／三一m

【選地】八幡谷ノ上明石道付城A・B・Cから八幡谷を挟んだ東側台地上に位置する。東約五〇〇mの台地続きには、二位谷奥《にいだにおく》付城Aが位置していた。現在、県立三木山森林公園のバーベキュー広場や園内通路などとなっている。

主郭Ⅰ（東から）

【歴史】『播磨鑑』『別所軍記』によると、城主は賀須谷内膳《かすやないぜん》とされている。立地的に天正七年（一五七九）十月七日に築かれた「南八幡山」[*1]と同時期に築かれた可能性がある。

【遺構】主郭ⅠとⅡ郭で構成されている。主郭Ⅰは尾根の西端に位置し、規模は三〇×二五mを測る。北辺・東辺は、高さ〇・三〜〇・五mほどの土塁に囲まれている。内部は、園内通路などにより大きく破壊されている。南側は谷に面し、もとから土塁はない。北西に土塁の開口部Aがみられるが不明瞭なため虎口かど

＊1　『播州御征伐之事』

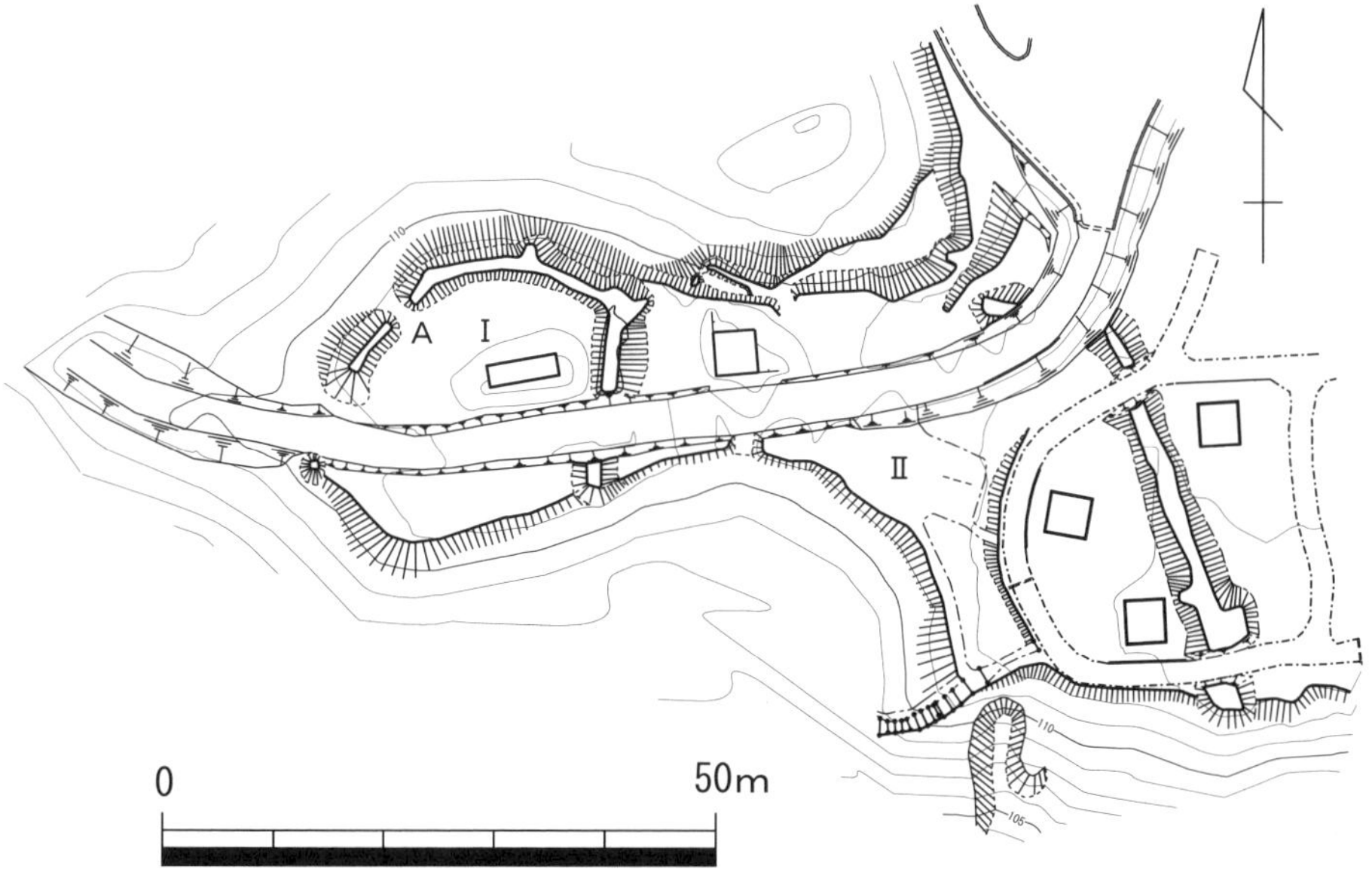

三谷ノ上付城測量図

うかは判然としない。

Ⅱ郭は、逆L字状の広い曲輪となっており、東辺に尾根を南北に遮断する長さ三五m、高さ約〇・三mほどの低い土塁があり、北端で西へ折れている。Ⅱ郭についても、バーベキュー広場や園内通路などにより大きく破壊を受けている。

【評価】主郭Ⅰを本郭部、Ⅱ郭を駐屯地とする二重構造の付城と評価できる。主郭Ⅰの西側には、外枡形状の虎口空間があったかもしれないが、園内通路造成にともなう破壊を受けたため、明らかにならない。八幡谷ノ上明石道付城と二位谷奥付城Aと連携して、三木城攻めの最前線の付城として機能したのであろう。

主郭Ⅰ東辺土塁断面（南から）

馬出を備える付城

18 二《に》位《い》谷《だに》奥《おく》付《つけ》城《じろ》A

所在地：兵庫県三木市さつき台1丁目
遺構：曲輪・土塁・櫓台・堀・馬出
規模：三七×一二〇m
標高／比高：一一九m／三一m

【選地】宮ノ上要害南東端の谷部Gから東南東約五五〇mの台地上に位置していたが、住宅開発にともない消滅した。二位谷奥付城B・Cを合わせると、同一尾根上に全長約五八〇mにわたって、兵庫道を取り込むように築かれていた。

城跡全景（南東から）

【歴史】『播磨鑑』によると、城主は浅野《あさの》長政《ながまさ》・一柳小兵衛とされている。立地的に天正七年（一五七九）十月七日に築かれた「南八幡山」*1と同時期に築かれた可能性がある。

【遺構】主郭Ⅰとそれに付属するⅡ郭・Ⅲ郭、溝状遺構・柱穴群・二位谷土塁Aで区画された空間Ⅳで構成されている。平成九・十年度に、兵庫考古学研究会により発掘調査が実施された。*2

主郭Ⅰは、二七×一八mを測る。三間×二間（五・八×三・二m）の掘立柱建物（建物2）を奥に配し、

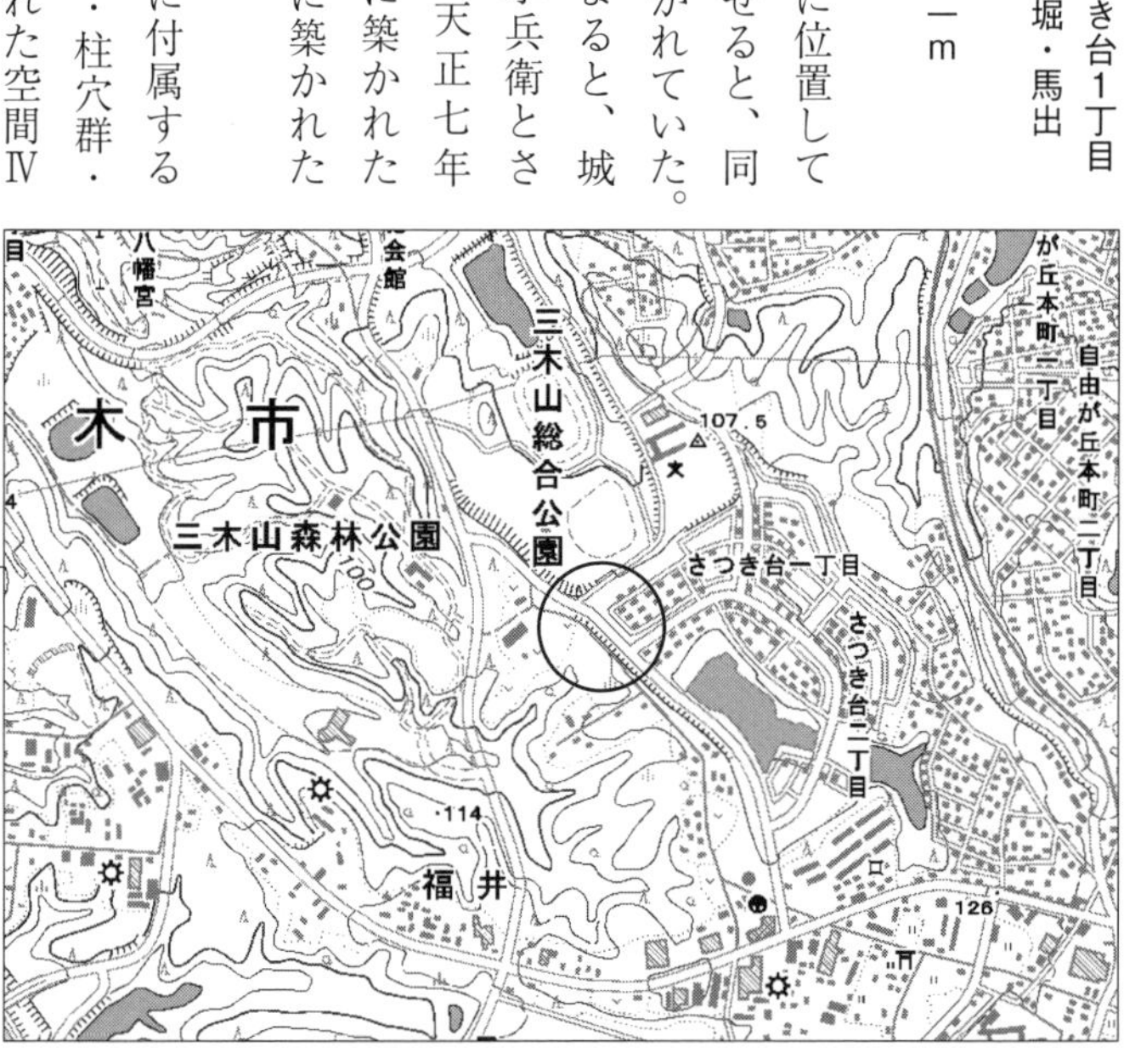

*1 『播州御征伐之事』
*2 金松他二〇一〇

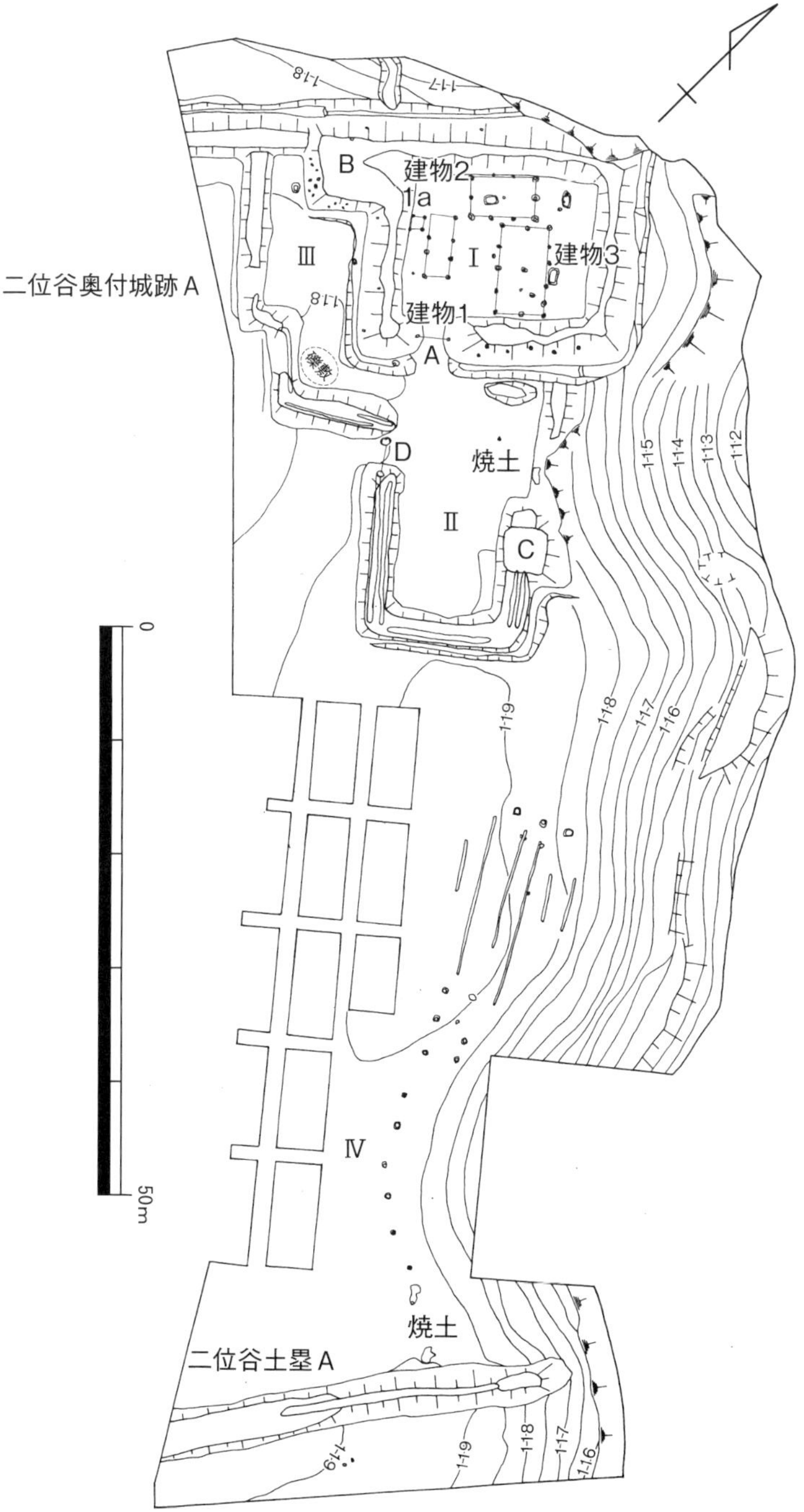

二位谷奥付城A遺構平面図

主郭Ⅰ掘立柱建物跡群全景（北東から）

その南東側に二間×四間（四・二×七・八ｍ）の掘立柱建物（建物３）、南西側に一間×三間（二×五・四ｍ）の掘立柱建物（建物１）、さらにその西側に同方位の一間×一間（一・二×一・二ｍ）の小規模な掘立柱建物（建物１ａ）がそれぞれ配置される構造が確認された。建物２内には土坑、建物３の東側には付属して土坑が検出されている。主郭南隅に設けられている虎口Ａには、柱の礎石とみられる石が二個検出されていることから、虎口には門が設けられていたものと考えられる。北西隅には櫓台Ｂが設けられているが、柱穴や礎石は検出されていない。なお、主郭土塁南東辺および櫓台Ｂ南西・南東辺外側の切岸には、逆茂木とみられる柱穴列が検出されている。

Ⅱ郭は、馬出と考えられる。主郭以外の三方に高さ〇・三ｍほどの土塁がめぐり、土塁上面からは浅い溝状遺構が検出されている。これは、塀等の構造物の基礎である可能性が高い。Ⅱ郭内部からは焼土が検出されたのみであり、柱穴や礎石は検出されていない。東に櫓台Ｃが設けられ、谷からの敵兵に備えている。なお、柱穴や礎石は検出されていない。西に礎石をともなう門を備えた虎口Ｄが設けられており、兵庫道方面へと通じる。北西端からⅢ郭に連絡できる。

Ⅲ郭は、南側で礫敷き遺構が確認できたが、建物跡は検出されていない。Ⅲ郭を囲む南辺土塁上において、塀等の構造物の基礎とみられる浅い溝状遺構が検出されている。

溝列と柱列（北西から）

なお、Ⅱ郭と二位谷土塁A間には谷沿いに溝状遺構が六条と柱穴列が検出されている。これらは、谷からの敵兵に備えるとともに、尾根上を駐屯地とするための区画を意図する遺構群と考えられる。

遺物は、中国製白磁・瀬戸美濃焼皿・土師器釜・鉄釘・砥石・鉄砲玉・古銭等が出土している。中国製白磁、瀬戸美濃焼皿は、茶器として用いられた可能性があり、茶を嗜む余裕があったことを示唆している。

【評価】主郭Ⅰ・Ⅱ郭・Ⅲ郭が本郭部、Ⅳが駐屯地の二重構造の付城と評価でき、その構造から、三木城攻めの付城群の中でもトップクラスの付城といえる。二位谷奥付城Ｂ・Ｃを合わせると、同一尾根上に全長約五八〇ｍにわたって立地するという点で、一城別郭構造として評価したほうが適切ともいえる。八幡谷ノ上明石道付城Ａ・Ｂ・Ｃ同様、三木城側に当たるAにより発達した縄張りを設け、尾根全体を城郭化した大軍勢が駐屯可能な付城を中心とし、主要街道を押さえるという、力攻めを意識した最前線の付城と評価できる。

なお、『播州三木城地図』によると、兵庫道を挟んで西側にも遺構が描写されているが、昭和頃の開発にともない、調査されることなく消滅したため、詳細は不明である。

出土した瀬戸美濃焼皿

付城どうしをつなぐ役割

19 二《に》位《い》谷《だに》奥《おく》付《つけ》城《じろ》B

指定区分：未指定
所在地：兵庫県三木市さつき台2丁目
遺構：曲輪・土塁・横堀
規模：二〇×二〇m
標高／比高：一二二m／二二m

【選地】二位谷奥付城Aから南東約三五〇mの台地続きに位置していたが、住宅開発にともない消滅した。

【歴史】立地的に、天正七年（一五七九）十月七日に築かれた「南八幡山」[*1]と同時期に築かれた可能性がある。城主は不明である。

【遺構】平成九・十年度に、兵庫考古学研究会により発掘調査が実施された。[*2]主郭Ⅰは方形単郭を呈し、規模は一二m四方と小型である。北西と南西のL字状に土塁が設けられ、北西土塁外側に横堀がめぐっている。南東側には、二段の犬走りが設けられ、切岸には逆茂木とみられる柱穴が検出されている。主郭Ⅰ内北側において、L字状の土塁に沿って一間×三間（四×六m）の掘立柱建物が検出された。遺物は土師器皿が出土している。

【評価】二位谷奥付城A・Cを合わせると、全長約五八〇mにわたって構築されていることから、一尾根上に一城別郭構造を呈する。当城は、二位谷奥付城Aと二位谷奥付

城跡全景（南東から）

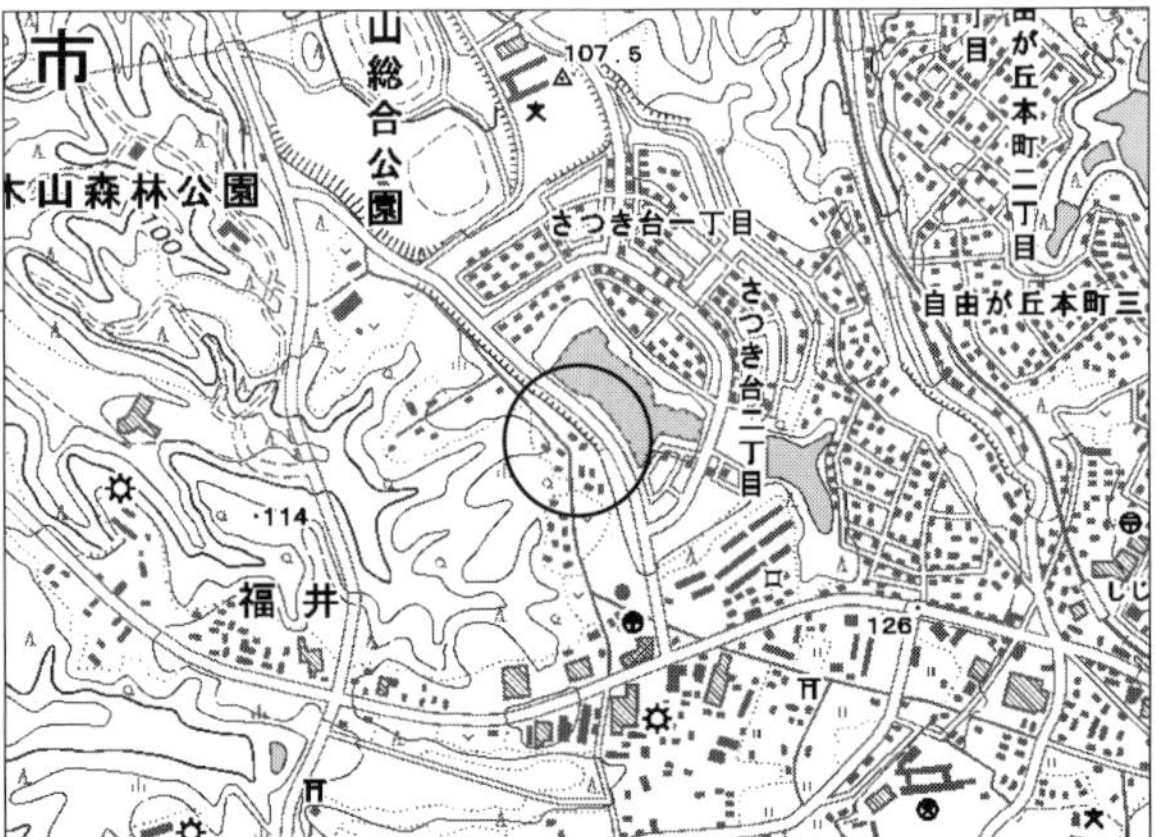

＊1　『播州御征伐之事』
＊2　金松他二〇一〇

城Cとの間に位置しており、両者をつなぐ中間的な曲輪といえ、その間の尾根上は軍勢の駐屯地としての役割を果たしていたと考えられよう。

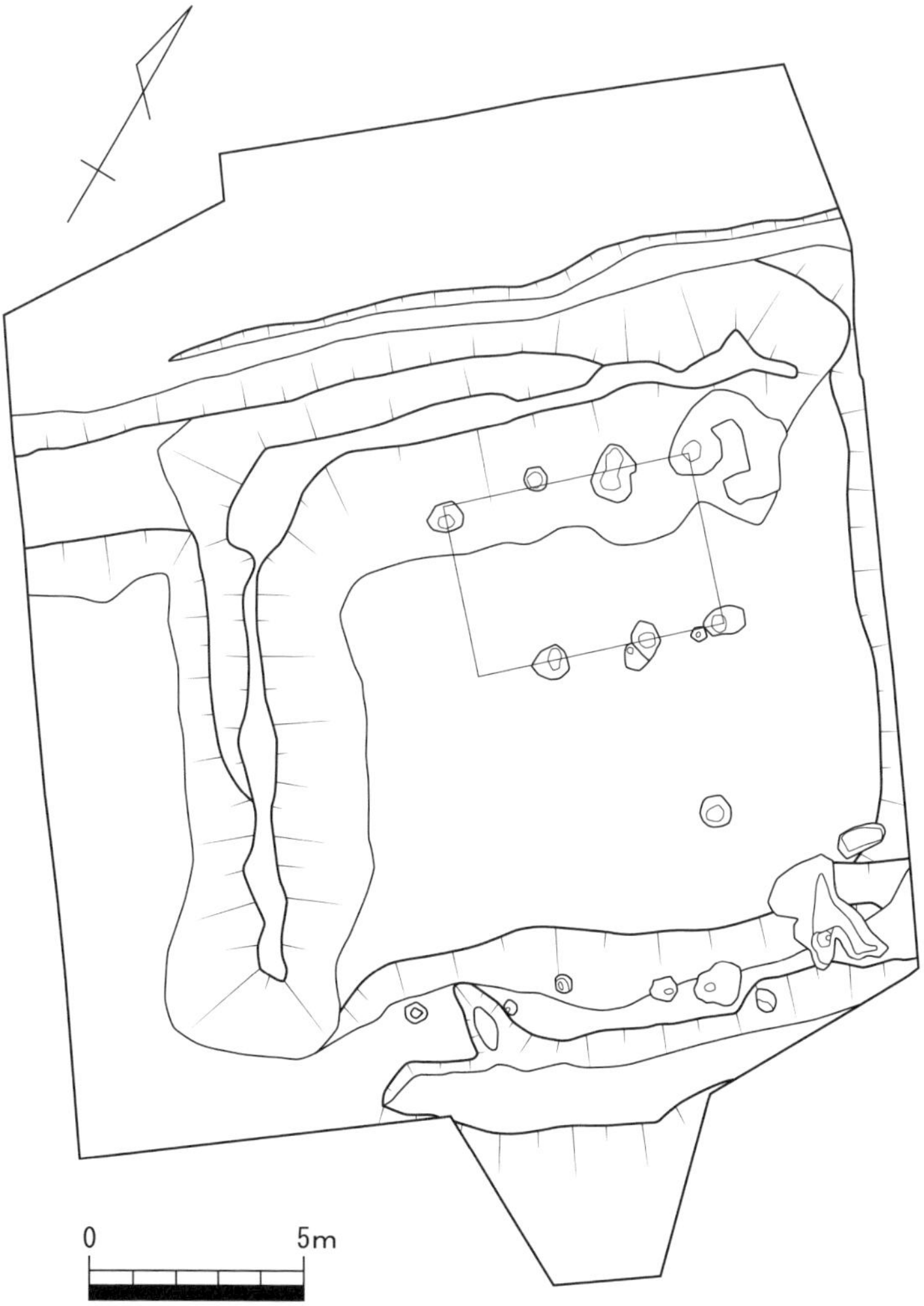

二位谷奥付城B遺構平面図

掘立柱建物跡全景（南西から）

周囲と連携した駐屯地

20 二《に》位《い》谷《だに》奥《おく》付《つけ》城《じろ》C

指定区分：未指定
所在地：兵庫県三木市さつき台2丁目
遺構：曲輪・土塁
規模：二二×四〇m
標高／比高：一二三m／二一m

【選地】二位谷奥付城Bから南東南約一五〇mの台地続きに位置する。

【歴史】立地的に、天正七年（一五七九）十月七日に築かれた「南八幡山」[*1]と同時期に築かれた可能性がある。城主は不明である。

【遺構】西辺に南北に延びる土塁ラインを配し、北辺に東西に延びる土塁ラインで城域を画す。北辺土塁西端と西辺土塁北端部の開口部が虎口Aと考えられる。城域は約八五〇㎡であり、小規模である。

平成二十三年度に、三木市教育委員会により発掘調査が実施された。[*2]調査の結果、北辺土塁は両裾で溝（北側幅一・九m、深さ〇・五m、南側幅二m、深さ〇・六五m）が検出された。また、土塁は簡単に積み上げて築かれていることが判明した。両裾に掘った溝の土を掻き上げて造成されたものであろう。土塁の規模は、溝の最深部を基準とすると、基底部幅六・四m、高さ一・三mを測る。

西辺土塁は、櫓台状に広がる箇所は当時の土塁上に現代の造成土が積まれて形成されたものであることが判明した。土塁西

城跡近景（北から）

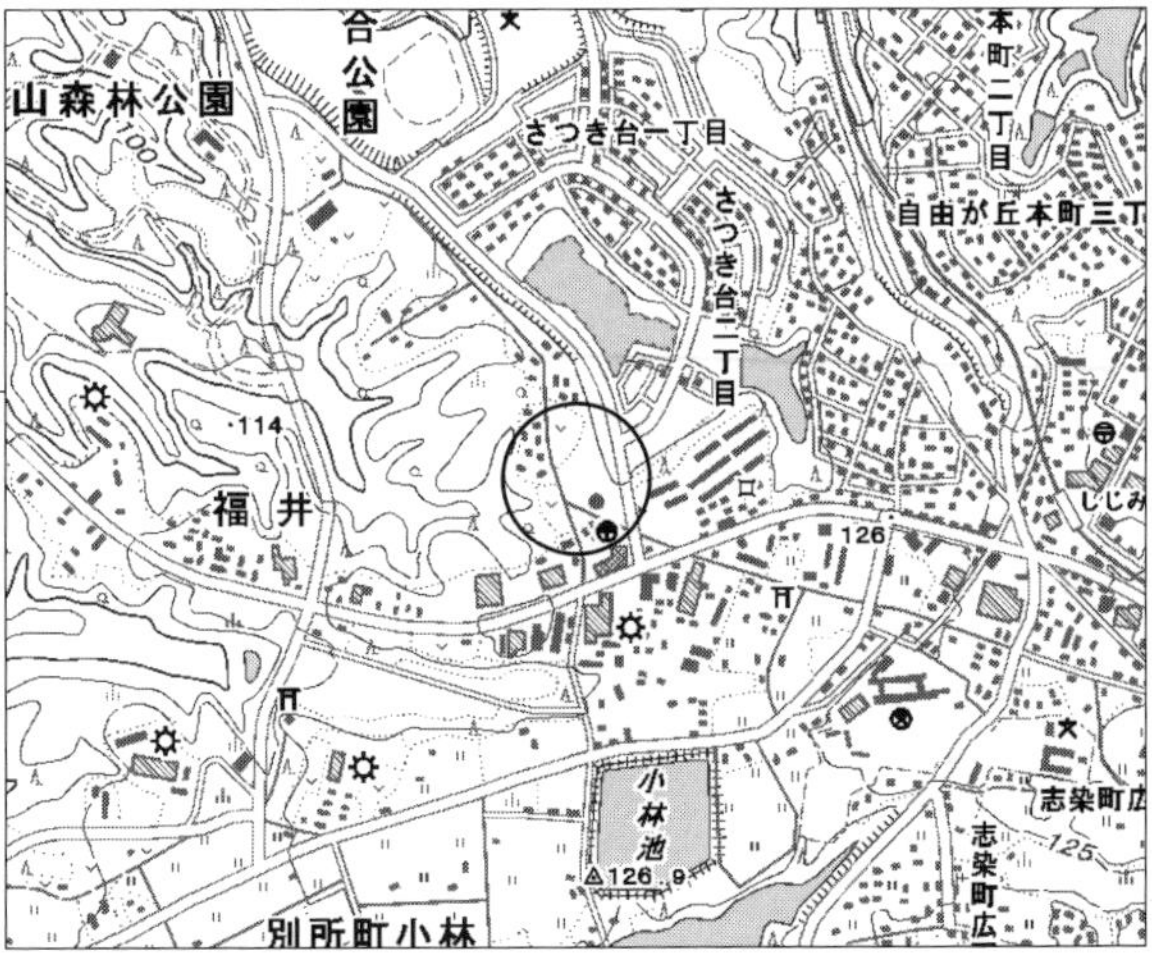

＊1　『播州御征伐之事』
＊2　三木市教育委員会二〇一三

半は、フェンスの造成により破壊を受けている。土塁の規模は、基底部幅二・六～四・七m以上、高さ〇・三五～〇・七五mを測る。

東辺は、現状では自然地形となっているが、北側と南側は落ち込み、中央では幅一m、深さ〇・四五mの溝が検出された。

【評価】西辺に南北に延びる土塁ラインを配し、北辺に東西に延びる土塁・溝、東辺に落ち込み・溝を設けて城域を画す構造であることが判明した。周辺には高低差が少ない尾根が広がる。これらのことから、当城は二位谷奥付城A・Bと連携し、軍勢の駐屯地として利用されたものと考えられる。

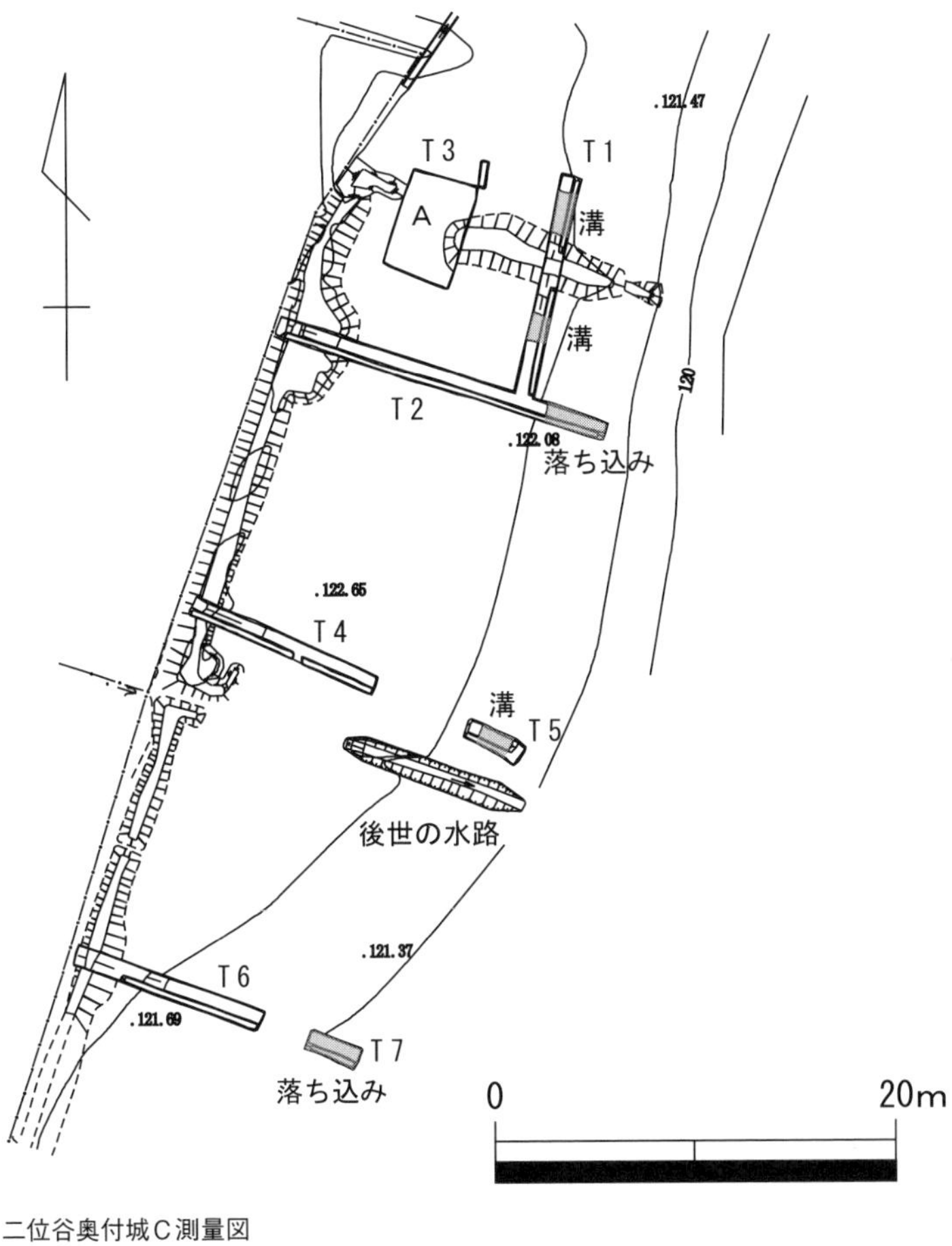

二位谷奥付城Ｃ測量図

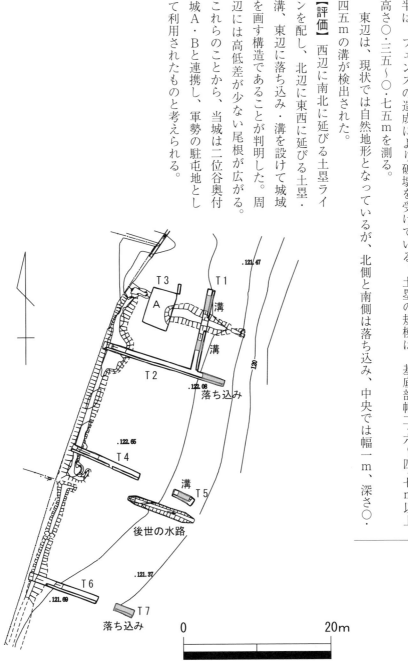

軽量礎石建物を備えた付城

21 君《きみ》ヶ《が》峰《みね》城《じょう》

指定区分：未指定
所在地：兵庫県三木市宿原
遺構：曲輪・土塁・堀切・くい違い虎口
規模：一二〇×一四〇m
標高／比高：一三七m／五六m

【選地】二位谷奥付城Aから二位谷を挟んだ東側の段丘端部に位置する。

【歴史】天正七年（一五七九）六月頃の毛利方による明石浦魚住から三木城への兵糧搬入に対し、『播州御征伐之事』には、羽柴方が君ヶ峰城をはじめとする周辺の付城の間に番屋・堀・柵などの防御施設を設置したと記述されている。しかし、当城をつなぐ土木構築物の存在は確認できていない。むしろ、天正七年四月築城とされる這田村法界寺山ノ上付城跡をはじめとする六か所の付城において、それらをつなぐ土塁が確認できることから、当城が当時存在していた可能性は低い。

空中写真（南東上空から）

立地的には、同年十月七日に築かれた「南八幡山」*1と同時期に築かれた可能性がある。『播磨鑑』

＊1 『播州御征伐之事』

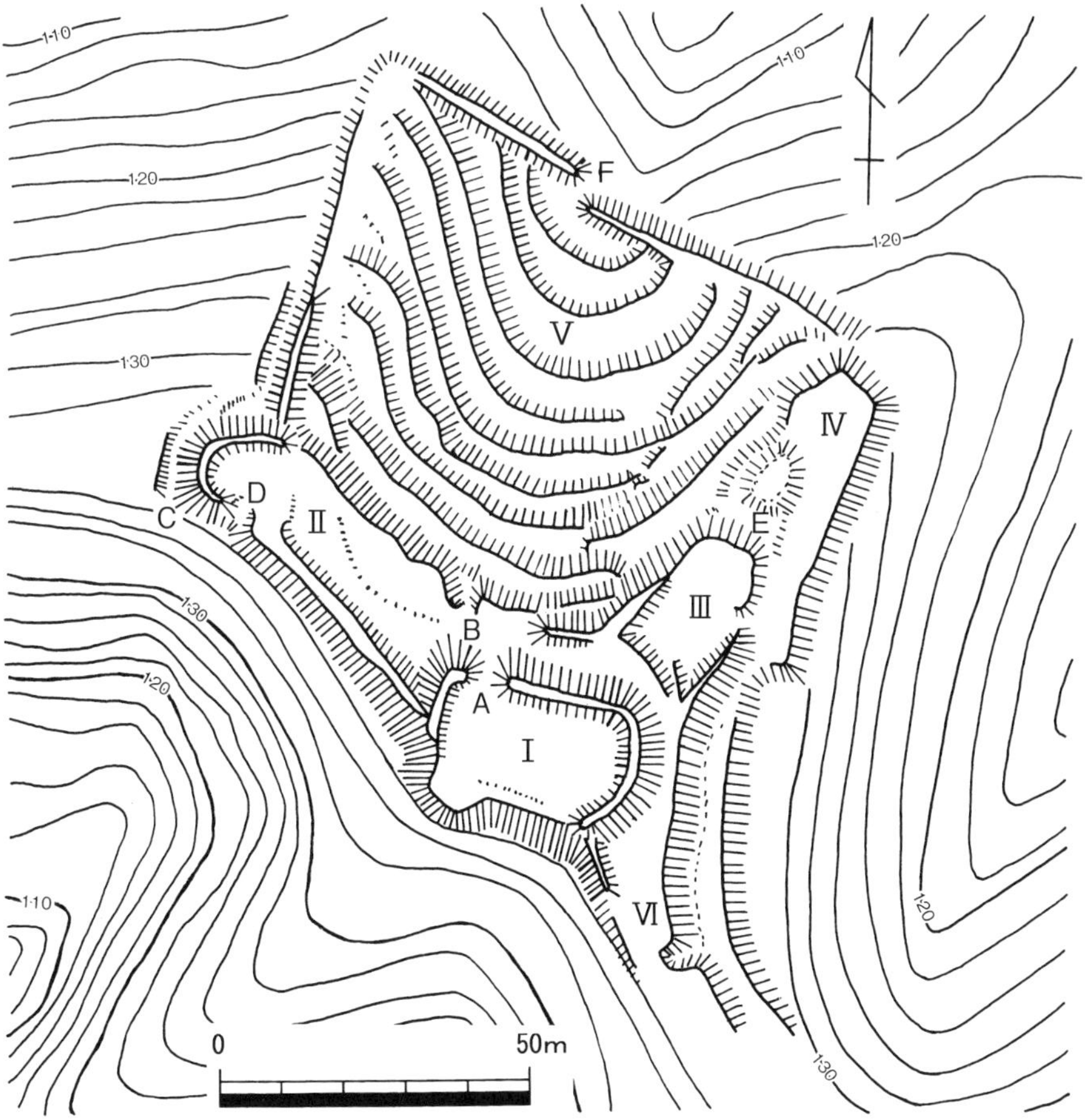

君ヶ峰城縄張り図　作図：宮田逸民氏

主郭Ⅰ礎石建物検出状況（北から）

『別所軍記』によると、城主は木下與一郎とされている。

【遺構】主郭Ⅰとその北西側の東西に細長いⅡ郭、北東側に延びる尾根に築かれたⅢ郭・Ⅳ郭、それらの北側谷部の雛壇状曲輪群Ｖで構成されている。三木東中学校建設にともない、昭和六十三年度に三木市教育委員会により発掘調査が実施された。*2現在は、Ｖの北半分ほどが残っている。

主郭Ⅰは、三五×二二mを測る。南辺以外に土塁がめぐり、北西端に虎口Ａが設けられている。南西端が張り出しており、山道に対して横矢を掛けることができる。北東部で十四個の礎石が検出され、その検出状況から四間×四間（七・二×七・二m）の片庇付きの礎石建物が存在していたと考えられる。石材の規模が小ぶりであることから、軽量礎石建物であった可能性が高い。

建物跡の西側では、長径一・五m、短径一mの楕円形の焼土坑が検出された。土塁は内法の高さ約〇・八～一m、外法の高さ約一～一・八mを測り、版築構造が認められた。

Ⅱ郭は、主郭Ⅰ北西に細長く延びる曲輪で、主郭Ⅰ北側を経由して南東側のⅥ郭に通じる。主郭Ⅰと雛壇状曲輪群Ｖをつなぐ曲輪と考えられる。南側に高さ〇・五～一mの土塁が配されている。建物跡等の遺構は検出されていない。主郭Ⅰの虎口Ａの北側延長線上西寄りにＶと連絡できる虎口Ｂがあり、くい違い状に主郭Ⅰに至る。西端に土塁と堀切Ｃがあり、その土塁脇に虎口Ｄがある。堀切の規模は、幅約七m、深さ約一・七mを測る。

出土した備前焼壺

＊2　三木市教育委員会二〇〇〇

Ⅲ郭は、主郭Ⅰ北東側から延びる尾根上に位置し、尾根基部両端から土塁が延びる。北東端には堀切状遺構Eが設けられ、Ⅳ郭に続く。

Ⅳ郭は、Ⅲ郭と浅い堀切状遺構Eを挟んで位置する。E北側はごく小規模なマウンド状の遺構を配している。曲輪は北東側に延び、南東側は主郭Ⅰ南東尾根続きの谷部へと続く。

雛壇状曲輪群Ⅴは、Ⅱ郭西端から北に延びる尾根とⅢ郭・Ⅳ郭に挟まれた谷部に設けられている。軍勢の駐屯地と考えられる。両尾根の先端部から谷部に向かって土塁が延びており、谷部にくい違い虎口Fが設けられている。

遺物は少ないが、土師器壺・備前焼壺・丹波焼擂鉢・中国製白磁皿・青花磁器皿・青磁皿・鉄釘・熙寧元宝（初鋳一〇六八年）を含む四点の宋銭などが出土している。

【評価】主郭Ⅰ・Ⅱ郭を本郭部、城外側にくい違い虎口を備える雛壇状曲輪群Ⅴを駐屯地とする二重構造の付城と評価できる。Ⅲ郭・Ⅳ郭については、どちらかといえば、軍勢の駐屯地としての役割を果たしていたと考えられる。遺物がわずかしか出土していないこと、主郭Ⅰで資材の持ち運びが容易な軽量礎石建物跡が検出されたことからも、当城が臨時的な城郭であったことがわかる。

くい違い虎口F（北東から）

南北朝期の陣を改修

22 和《わ》田《だ》村《むら》四《し》合《ごう》谷《だに》村《むら》ノ《の》口《くち》付《つけ》城《じろ》

所在地：兵庫県三木市志染町吉田
遺構：曲輪・土塁・堀切
規模：二四〇×一〇五m
標高／比高：九六m／三七m

【選地】志染川と細目川の合流地点を見下ろす段丘端部に位置する。県道三木三田線志染バイパス建設により、中心部の大半が消滅した。残存部分は、東吉田交差点北側歩道脇の階段からアクセス可能である。

【歴史】暦応二年（一三三九）七月、赤松則祐《あかまつそくゆう》が丹生山の南朝勢を攻めた際に島津忠兼が馳せ参じた「志染軍陣」と推定されている。[*1] 天正六年（一五七八）七月下旬〜八月中旬頃に織田信忠が主導して羽柴秀吉等の軍勢が築いた平井山ノ上付城と同時期に改修された可能性がある。三木合戦時の城主は、『播磨鑑』によると、近藤兵部・五十嵐九郎衛門とされている。

【遺構】吉田住吉山遺跡として、平成十五年度に兵庫県教育委員会により発掘調査が実施された。[*2] 主郭Ⅰは、

主郭Ⅰ全景（北西から）　当城の写真はすべて兵庫県立考古博物館提供

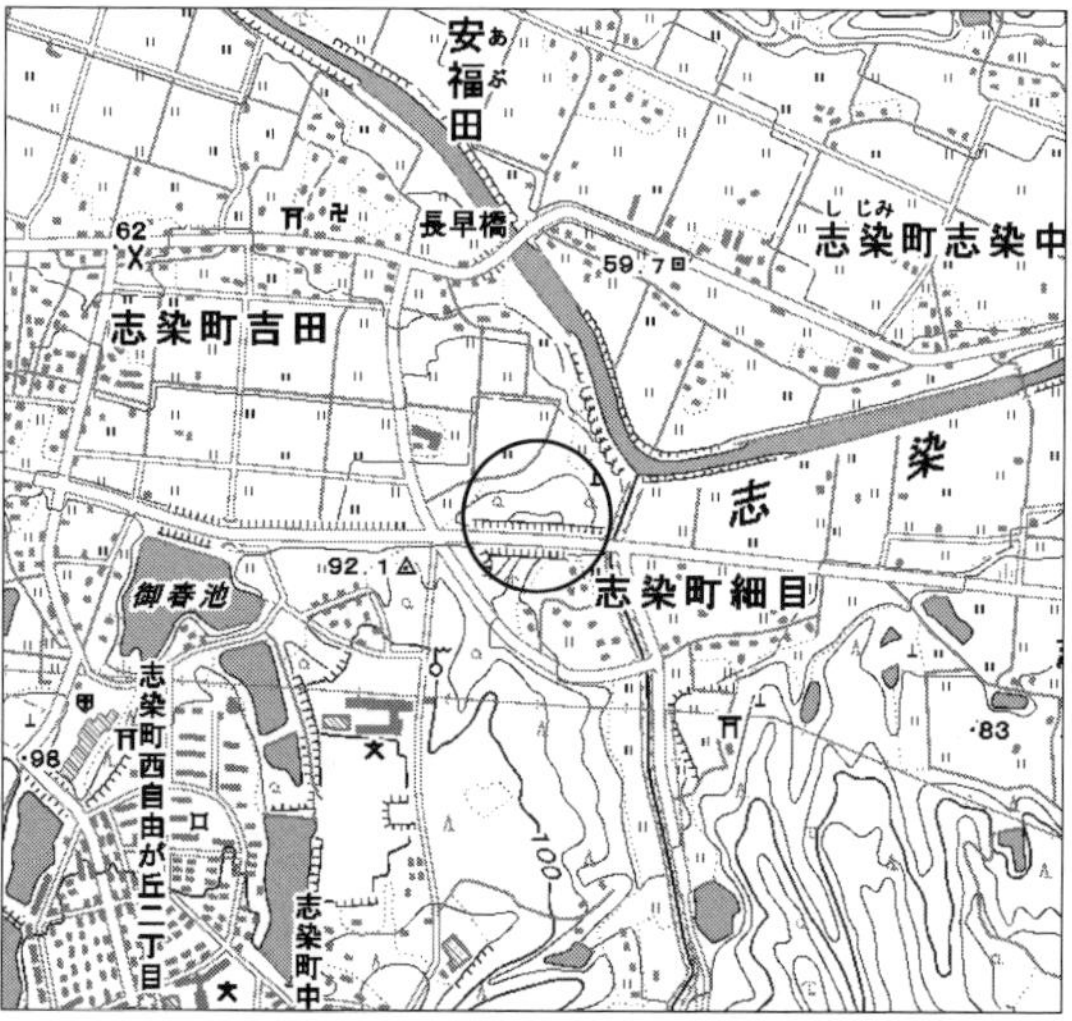

*1　暦応二年十月九日付「島津忠兼軍忠状」『越前島津家文書』兵中九・七四頁

*2　兵庫県立考古博物館二〇一一

和田村四合谷村ノ口付城測量図（兵庫県立考古博物館 2011 より転載）

古墳群の墳丘を削平して造成されており、掘立柱建物跡・ピット（小穴）・土坑・溝・集石・鍛冶炉等が検出された。ピットは多数みつかっているが、建物跡が復元できたのは一棟（七間×一間）のみである。

主郭Ⅰ西辺に、高さ〇・四ｍの土塁Ａが設けられている。東・北・西辺の切岸直下には帯曲輪Ｂがめぐるが、これは幅二ｍ、深さ〇・五ｍの小規模な横堀を埋めて造成されたものである。西側はさらに三重の空堀群Ｃが配されている。谷を挟んだ西側のピークにも曲輪群が確認されている。

丹生山に面する段丘東端には、幅三三ｍ、深さ一六ｍ、長さ八五ｍとなる巨大な堀切Ｄがあり、その堀底から嘉暦二年（一三二七）銘入りの硯が出土している。

北斜面に数段の帯曲輪群Ⅱと、北西には斜面を区画する竪堀Ｅが現存する。

【評価】堀口健弐の研究によると、上層遺構と下層遺構に大別されるという。[*3] 下層遺構は、主郭Ⅰ・土塁Ａ・横堀Ｂ・堀切Ｄで構成され、掘立柱建物跡もここに入る。遺物は、土師器皿・甕・羽釜、須恵器甕・擂鉢、瀬戸美濃焼、青磁碗、鉄器、鍛冶関連遺物等が出土している。時期は、十四世紀前半頃とされる。

上層遺構は、主郭Ⅰをめぐる横堀を埋めて、帯曲輪Ｂ・帯曲輪群Ⅱが増設され、主郭Ⅰ西側尾根続きに空堀群Ｃが配される。遺物は極端に少なく、土師器皿、備前焼擂鉢、瓦質土器風炉等が出土している。備前焼・瓦質土器の時期は、報告書では十五世紀前半とするが、土師器皿の一部は十六世紀後半の可能性があるという。なお、十六世紀後半の遺物として土師器鍋・鉢が一点ずつ出土している。

以上、当城は暦応二年に北朝の赤松方の「志染軍陣」として利用され、いったん廃絶した後、三木合戦時に織田方の付城として改修を受け、再利用されたものと考えられる。

土塁Ａ・空堀群Ｃ全景（南西から）

堀切Ｄ全景（南から）

＊3　堀口二〇一七

視点

三木合戦で築かれた多重土塁

多重土塁の特徴

三木合戦時の城郭遺構を特徴付けたものとしては、多重《たじゅう》土塁《どるい》がある。織田方によって築かれたもので、三木城南側の付城群を多重の土塁でつないで、南側封鎖線が構築されている。これは、商人による物資搬送、近隣諸勢力や毛利氏などから運ばれる兵糧などを止めて、「三木の干し殺し」に決定的な役割を果たしたと考えられる。三木市で遺跡として把握しているものは、朝日ヶ丘土塁・福井土塁群など、三十二遺跡である。そのうち、二十五遺跡が現存している。

多重土塁は、西端の朝日ヶ丘土塁から東端の宿原土塁まで、三木城の南側を取り囲むように、総延長約五・五kmにわたり断続的に構築されている。付城に接続する土塁線を内側土塁線とし、それに平行した外側（南）にも土塁を築き、外側土塁線としている。基本的に土塁線間が付城間を連絡する通路として利用されていたと考えられる。

構築時期については、多重土塁は這田村法界寺山ノ上付城から小林八幡神社付城をつないでいることから、これら付城群と一体として捉えると、天正七年（一五七九）四月にこれら付城群と同時に構築された可能性がまず考えられる。

しかし、『信長公記』の付城六か所の築城の記事には、それをつなぐ「鹿垣《ししがき》」「築地《ついじ》」などの構築については記述されていない。一方、天正七年六月頃の毛利方による明石浦魚住から三木城へ

朝日ヶ丘土塁現況

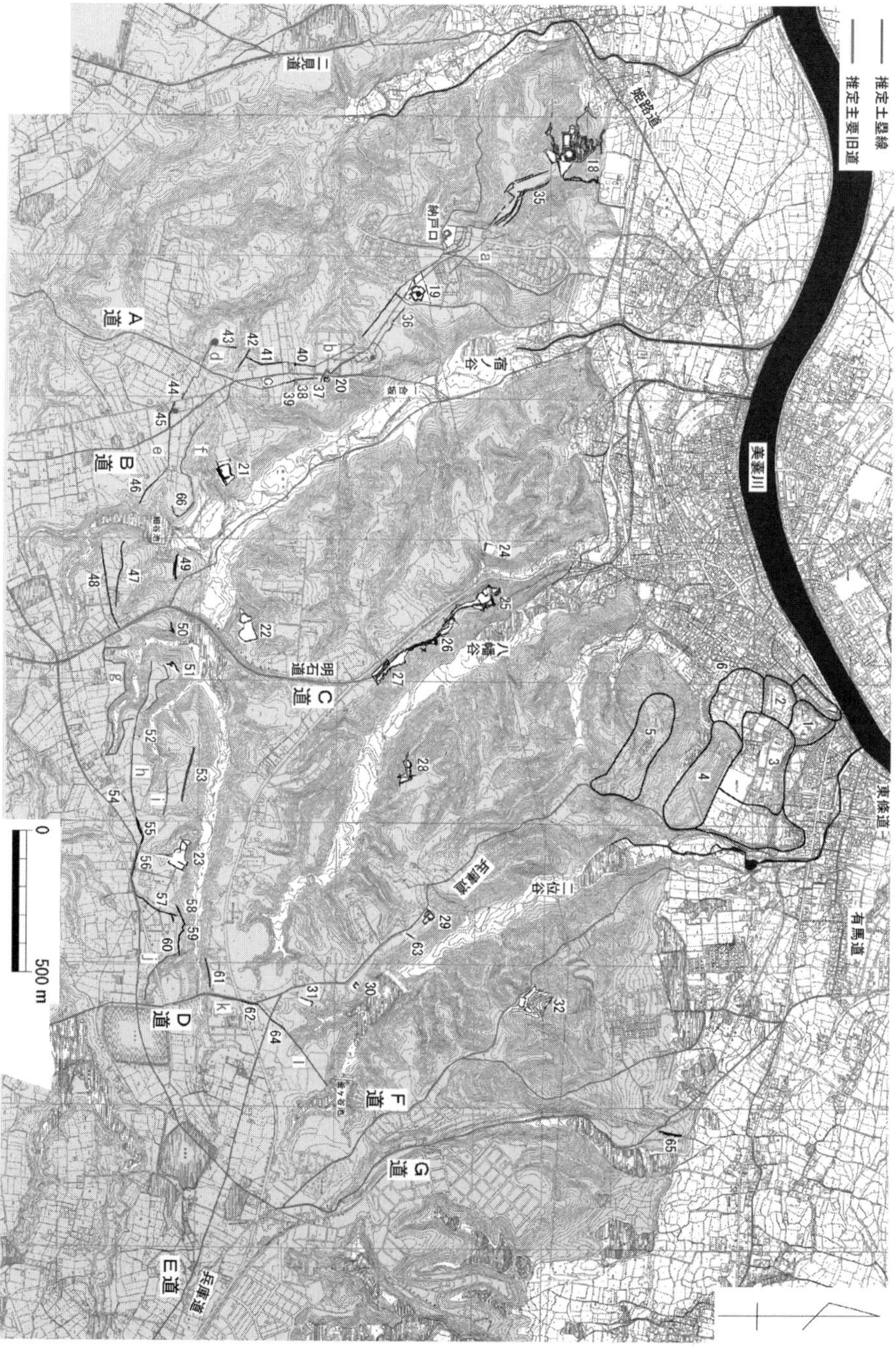

多重土塁・旧道復元図（昭和 44 年作成　三木市都市計画図（S＝1/2500）を使用）

番号	遺　跡　名	全長（m）	基底部幅（m）	高さ（m）	発掘調査の有無	調査後の措置
35	朝日ヶ丘土塁	① 157	3.6 ～ 5.0	0.2 ～ 0.6	無	
		② 129	1.8 ～ 3.3	0.2 ～ 0.6	無	
		③ 196	2.3 ～ 5.0	0.4 ～ 0.7	無	
		④ 95	2.2 ～ 4.0	0.3 ～ 1.1	無	
		⑤ 239	2.0 ～ 5.0	0.4 ～ 0.5	有	盛土で保護
		⑥ 126	3.0 ～ 5.0	0.2 ～ 0.7	有	盛土で保護
36	高木大塚土塁	① 235	3.0 ～ 5.4	0.6 ～ 1.4	有	工事実施・部分消滅
		② 27	2.8 ～ 3.5	0.5 ～ 0.9	有	工事実施・消滅
		③ 43	2.0 ～ 4.0	0.8	無	
		④ 51	4.0	0.5	有	工事実施・部分消滅
37	高木大山土塁A	23	1.8 ～ 4.0	0.2 ～ 0.7	有	現状保存
38	高木大山土塁B	117	3.3 ～ 4.0	0.3 ～ 0.9	有	工事実施・消滅
39	高木大山土塁C	28	4.0	0.5 ～ 0.6	有	工事実施・部分消滅
40	高木大山土塁D	70	4.0 ～ 5.0	0.5 ～ 0.7	有	工事実施・部分消滅
41	高木大山土塁E	130	–	–	無	
42	高木大山土塁F	50	–	–	無	
43	高木大山土塁G	25	–	–	無	
44	小林土塁A	13	–	–	無	
45	小林土塁B	110	–	–	無	
46	小林土塁C	115	–	–	無	
47	小林土塁D	150	–	1.0	無	
48	小林土塁E	320（推定）	–	–	無	
49	福井土塁A	98	2.6 ～ 6.0	0.4 ～ 1.1	無	
50	福井土塁B	35	3.0 ～ 4.4	0.8 ～ 1.1	無	
51	福井土塁C	60	3.2 ～ 4.2	0.1 ～ 0.2	無	
52	福井土塁D	① 5	2.0	0.6	無	
		② 8	2.4	0.4 ～ 0.5	無	
53	福井土塁E	260	1.9 ～ 2.85	0.3 ～ 0.5	有	工事実施・部分消滅
54	福井土塁F	13	–	–	無	
55	福井土塁G	93	3.0 ～ 7.0	0.2 ～ 0.6	有	現状保存
56	福井土塁H	60	3.1 ～ 4.0	0.6	有	工事実施・部分消滅
57	福井土塁 I	① 150	1.8 ～ 3.0	0.6	無	
		② 23	3.2 ～ 4.4	0.3 ～ 0.6	無	
58	福井土塁 J	78	3.0 ～ 5.0	0.1 ～ 0.8	無	
59	福井土塁K	20	4.2	0.9	無	
60	福井土塁L	68	2.6 ～ 4.2	0.4 ～ 1.2	無	
61	福井土塁M	110	–	0.3	無	
62	福井城山土塁	18	2.5 ～ 3.4	0.3 ～ 0.55	有	工事実施・消滅
63	二位谷土塁A	30	3.0	1.0	有	工事実施・消滅
64	二位谷土塁B	60	4.0	0.5 ～ 1.0	有	工事実施・消滅
65	宿原土塁	86	6.0	0.3 ～ 1.0	有	工事実施・部分消滅
66	宿ノ谷土塁	126	3.2 ～ 3.5	0.65 ～ 1.05	有	工事実施・部分消滅

多重土塁の規模一覧

上：朝日ヶ丘土塁遺構検出状況
下：高木大塚土塁①北西半部・②（南東上空から）

の兵糧搬入に対し、『播州御征伐之事』には、羽柴方が周辺の付城の間に番屋・堀・柵などの防御施設を設置したと記述されている。これが多重土塁のことを指すとみられる。この記述を信頼すれば、天正七年六月頃、三木城南側の毛利方と対峙する最前線の付城を結ぶように構築されたと考えられる。

土塁の構造については、基底部幅五m未満、現存高一mに満たないものが大半である。発掘調査の成果からは、基本的に両側もしくは片側に溝を掘り、その土を盛って簡単な整形を行ったうえで築かれている事例が多いことが明らかとなった。短期間に長大な土塁ラインを設けることを優先したために、土塁自体の強度まではそれほど追求していなかったことを示しているといえる。発掘調査では、土塁上面からは確実に柵列になりうる柱穴は検出されていない。これは、元々柵列がなかったか、もしくは後世の削平や流出などのため、その痕跡が確認できなかった可能性がある。

朝日ヶ丘土塁土層断面

＊1　金松二〇一二

多重土塁の全容

空中写真・聞き取り調査・明治期の地籍図による復元案[*1]を基に、多重土塁の全容を考察してみたい。

西端から東端の順に説明する。まず、這田村法界寺山ノ上付城と接続する形で南東へ朝日ヶ丘土塁が築かれている。四重の土塁線で構成されており、最も良好に残っている。朝日ヶ丘土塁はaラインとつながり、その外側線が「播州三木城地図」に描かれている「納戸口」とつながっていたとみられる。aラインは道を取り込むかたちで多重に延び、内側土塁線が高木大塚城と接続していたと考えられる。

高木大塚城と高木大山付城の間は、高木大塚土塁とbラインが道を取り込むかたちで二重に延びて接続していたと考えられる。b内側土塁線が高木大山土塁Aとつながり、高木大山付城と一体となっていたと考えられる。外側土塁線は高木大山土塁Dに接続する。

内側土塁線は、高木大山土塁A～Cおよびc内側ライン、外側土塁線は高木大山土塁D・c外

上：高木大山土塁B全景（南から）
下：高木大山土塁D全景（南から）

高木大塚土塁調査風景

高木大山土塁A現況（北西から）

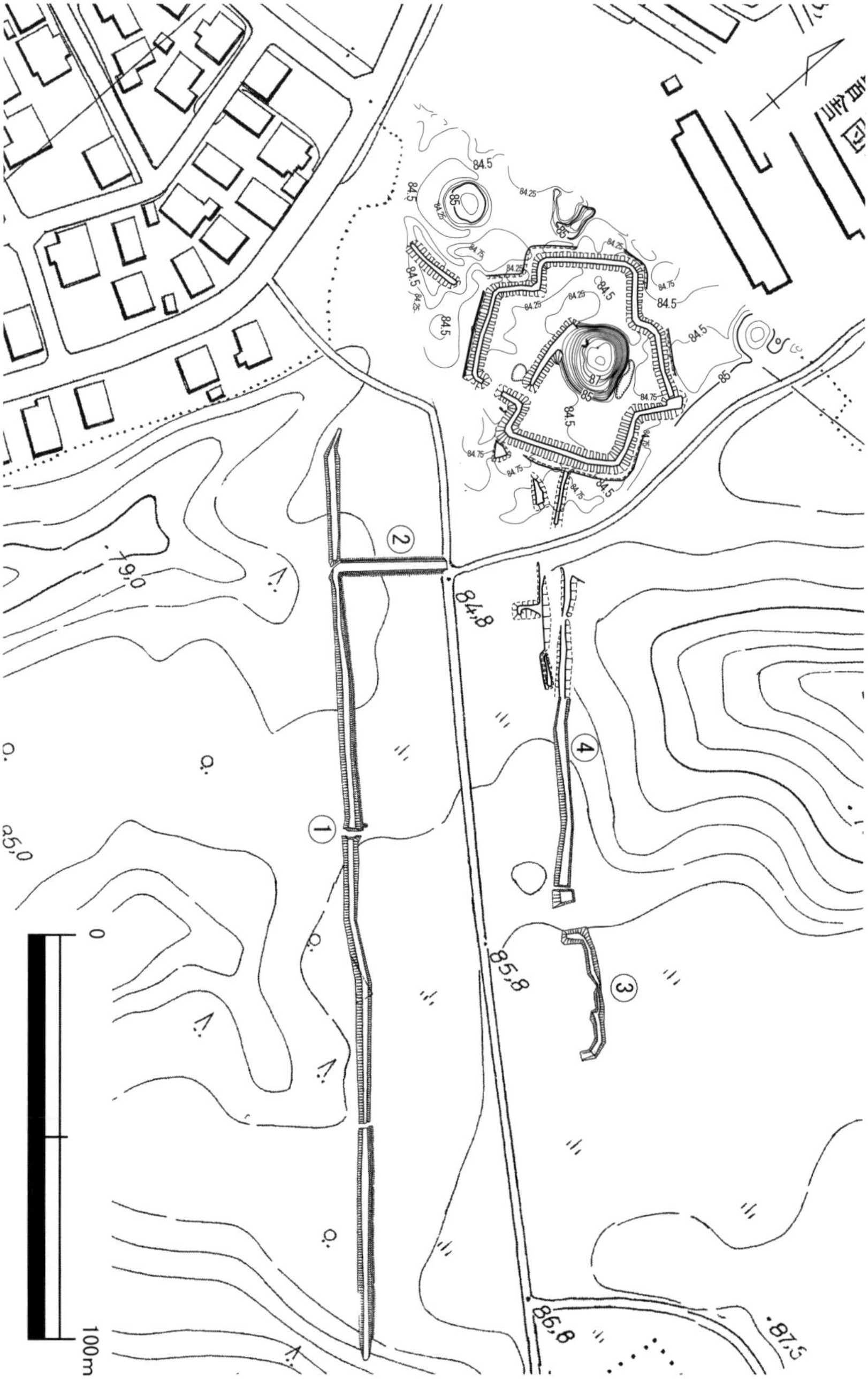

高木大塚城・高木大塚土塁測量図

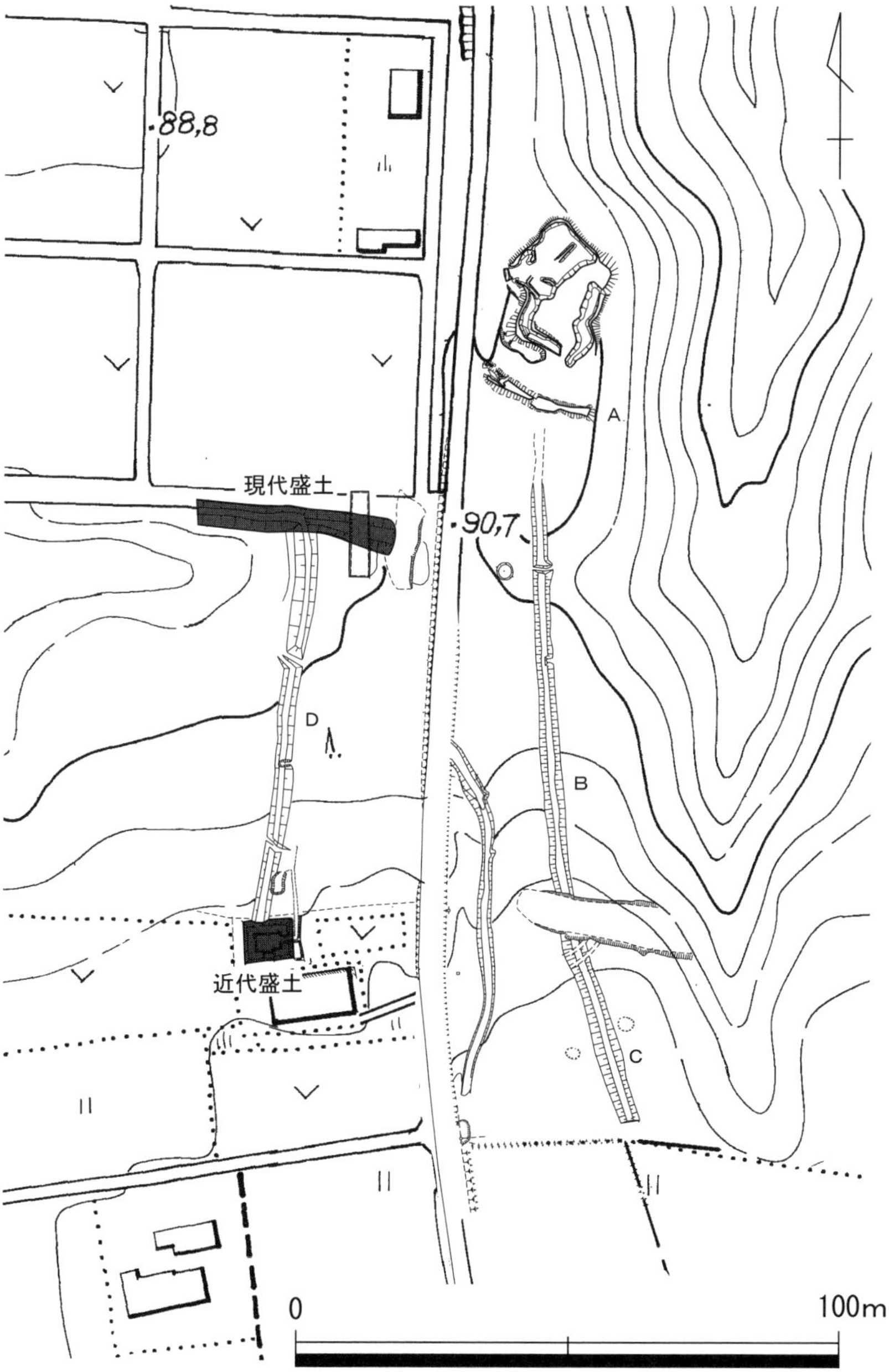

高木大山付城・高木大山土塁Ａ～Ｄ測量図

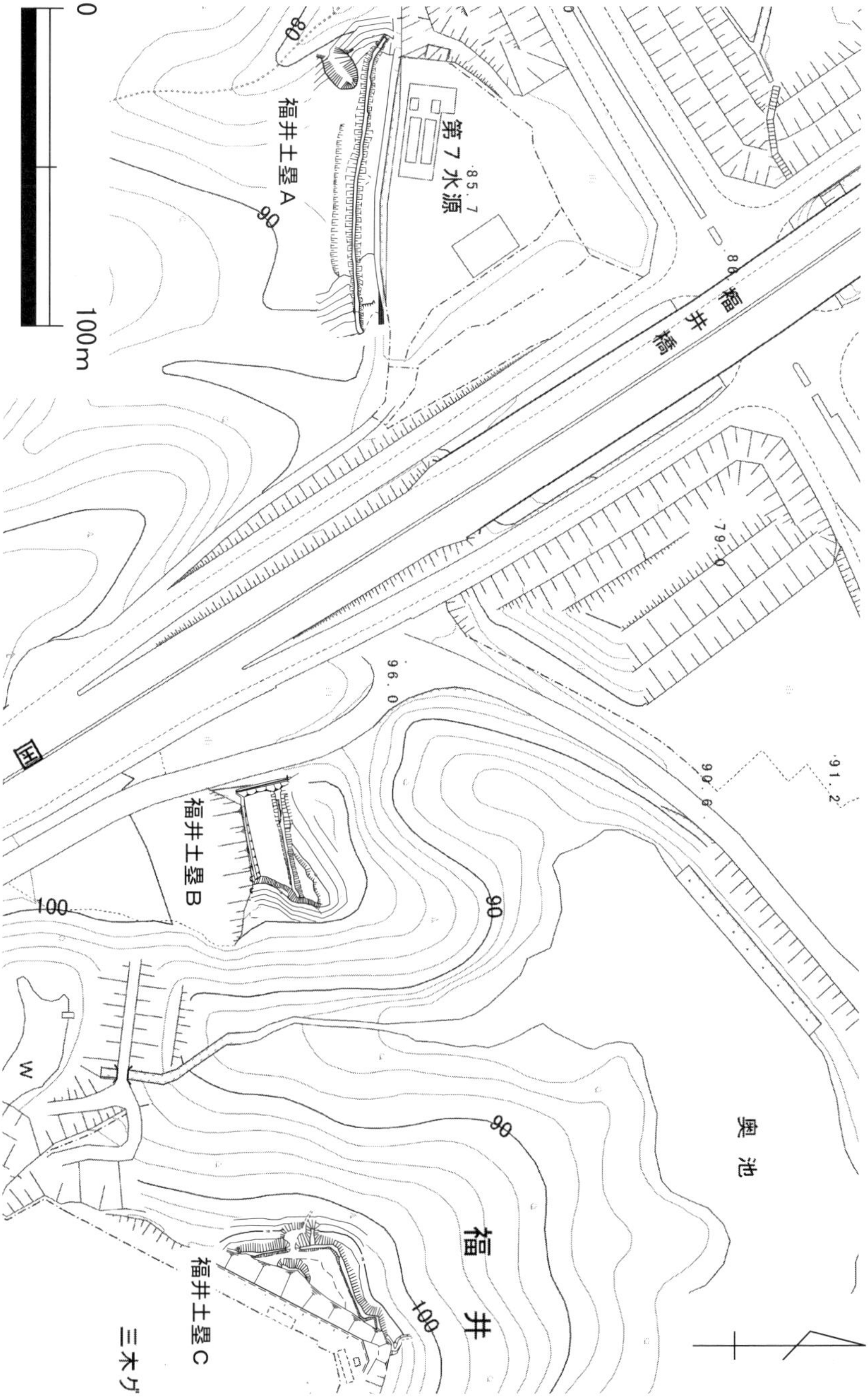
0
100m
福井土塁A
第7水源
85.7
福井橋
79.0
96.0
90.6
91.2
福井土塁B
福井土塁C
奥池
福井
三木ゲ
90
100

福井土塁A・B・C測量図

側ライン、高木大山土塁E・Fが続く。土塁間の中央にはa地区から続く道が通る。

高木大山土塁Cから続く内側土塁線は、c内側ラインにみえるように南側延長線が途中で南南西に針路を変えて三叉路付近で東へ折れて台地縁に延び、その後南東に向きを変えて延びていく。そして、谷を挟んで台地北縁にfライン・宿ノ谷土塁が続くとみられる。

外側土塁線は、谷を隔てて高木大山土塁Gとdラインが南へ延び、円状の高まりで東南東へ折れてA道を挟んで途中でわずかに南へ一折れして、小林土塁Aに続く。その先は、南側にわずかに位置を変えて小林土塁Bが東へ延び、その屈曲部内側に円状の高まりを配していたとみられる。dライン西端のそれと合わせて櫓台状の施設であった可能性がある。その続きは、B道を挟んでeライン・小林土塁Cとつながり、細谷池を形成する谷の手前まで延びていたと考えられる。

福井土塁E全景（南西上空から）

細谷池以東の内側土塁線については、福井土塁A、C道を挟んで東へ福井土塁B、谷を挟んで台地の北縁に福井土塁Cとhライン北側、谷を挟んで尾根上に福井土塁Eと続き、谷を挟んだ延長線上に小林八幡神社付城が接する。福井土塁Eは、iラインとともに尾根上を画し、広い空間を確保している。

細谷池以東の外側土塁線については、台地上の小林土塁D、その南側に隣接する小林土塁Eが東へ延びる。C道を挟んでその先はgライン

福井土塁A（東から）

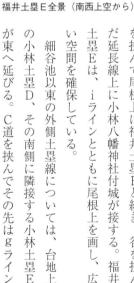

が谷を取り囲むように台地縁をめぐる。ｈライン南側は、福井土塁Ｄを取り込み、福井土塁Ｇ、福井土塁Ｈと接続し、小林八幡神社付城の南側に至る。なお、ｈライン南側に福井土塁Ｆがみられ、福井土塁Ｇと接続していた可能性がある。

小林八幡神社付城以東の多重土塁については、外側土塁線のｈラインと接続して福井土塁Ｉが北北東に延び、内側土塁線と合流する。福井土塁Ｉは、北側で東に土塁が分岐して続いている。内側土塁線の延長線上には福井土塁Ｊ～Ｌが台地北縁沿いに延び、ｊラインが台地縁沿いに南東へ続く。谷を挟んだ北側の台地南縁に福井土塁Ｍがあり、Ｄ道を挟んで北へ折れて道と並行してｋライン、福井城山土塁が延び、北東へ方位を変えてＥ道を挟んで二位谷土塁Ｂ、ｌラインが延び釜ヶ谷池手前まで続く。ｌラインの先は不明であり、北北東へ約一・二km離れた台地端に宿原土塁が位置している。

以上が、多重土塁線の全容である。付城が基本的に内側土塁線と連結していること、Ａ～Ｅ道を縦横断し、特にａラインからｆラインにかけて二重の多重土塁が延びて道を取り込んでいたこと、多重土塁線の多くが台地縁に築かれていたことが判明した。三木城へと続く街道を押さえ込み、谷からの侵入を防ぎ、要所にはより安全な内側土塁線に基本的に接続するかたちで付城を配置して、兵糧攻めを貫徹させていった様相が読み取れる。

なお、内側土塁線と外側土塁線の間の空間については、幅約五〇～二〇〇ｍとなっている。面的に発掘調査した高木大塚土塁と福井土塁Ｅでは、当時の遺構はまったく検出されなかった。基本的には敵に備える空間であるとともに、通路兼駐屯地としての利用が想定される。

二位谷土塁Ｂ全景（北東から）

第二章　播磨攻めに関連する城郭

羽柴秀吉による播磨攻めは、主戦場となった三木城周辺以外でも数多くの攻防戦が繰り広げられた。

本章ではこれらについて、特に重要と考えられる城郭を取り上げる。まず、三木城が所在する三木郡（三木市・神戸市北区淡河町）内における、これに関連する播磨国衆の城郭や織田方の陣城を紹介する。これにより、三木郡全域にわたって繰り広げられた、織田方と別所方による攻防戦の様相を読み解く。

ついで、播磨において織田軍によって攻撃された城郭のうち、遺構の状況が判明している事例を中心に紹介する。これにより、播磨における有力国衆の居城がどのようなものであり、いかに織田方と対峙したのかを確認する。また、織田方として行動した播磨守護赤松則房の居城である置塩城を取り上げることにより、播磨における戦国期拠点城郭の最高到達点を明らかにしたい。

それでは以下、具体的にみていこう。

別所重臣が拠る三木城の支城

23 宿《しゅく》原《はら》城《じょう》

指定区分：未指定
所在地：兵庫県三木市宿原
遺構：堀・土塁
規模：一二〇×一六〇m
標高／比高：六〇m／三m

【選地】志染川左岸の氾濫原よりも高い河岸段丘の北縁部に立地する平城である。東西に延びる有馬道が城域南辺に沿って通っている。三木城本丸からは、東へ約一・二kmの距離である。現在、中心部は曹洞宗君峰山常厳寺《じょうごんじ》の境内となっている。神戸電鉄粟生線恵比須駅下車徒歩五分で到着する。

北辺堀西端部（北西から）

【歴史】常厳寺は、天文二十一年（一五五二）に戦火を逃れて当寺に移り住んだ京都五山文学僧・仁如《にんじょ》集堯《しゅうぎょう》が記した『鏤氷集《るひょうしゅう》』によると、「三木郡久留美荘君峰山盛厳寺」と記され、創建時期不明の古刹であり、もとは律宗または密教の寺院であったとする。赤穂郡宝林寺《ほうりんじ》（兵庫県上郡町）の住持大圭宗价がこの寺に訪れて臨済宗の禅寺に変え、その後、大圭の法嗣大慎初□禅師が応仁の乱を避けて当寺に移り、荒廃した寺を中興した。のちに東播磨に居を構えた別所則治が檀越《だんおつ》となり、子の玉江真長が跡を継いだ。則治の死後、真長

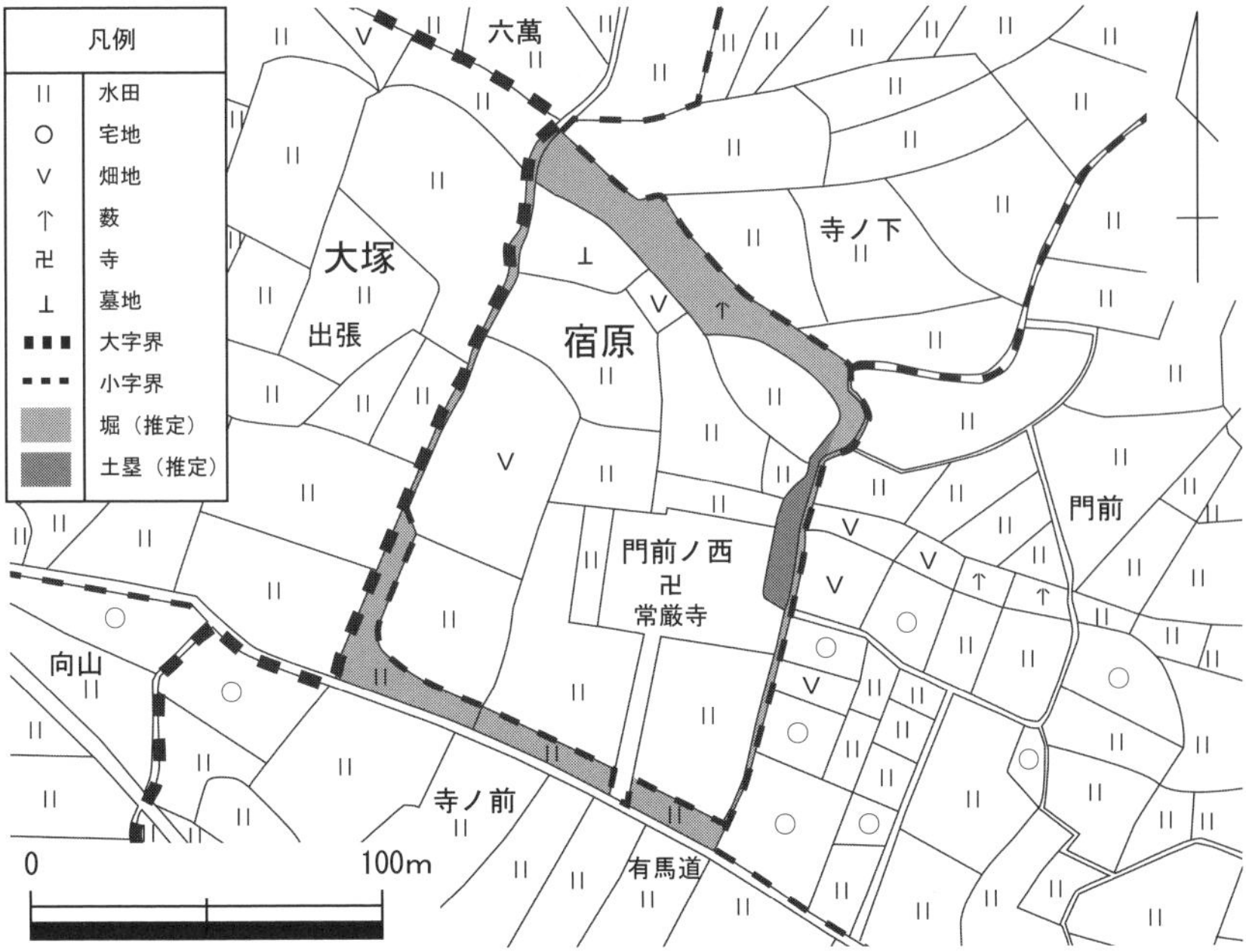

宿原城復元図（金松誠作図）
（神戸地方法務局明石支局所蔵の明治期字限図を基とし、昭和 44 年作成三木市都市計画図［S＝1/2500］で補正のうえ作成）

は三木別所氏三代当主村治の老臣となったと考えられる。

　永正十七年（一五二〇）六月の真長死去後は、その甥梅心真香が継いだ。真香は、四代当主別所安治の筆頭老臣・種徳軒一安と同一人物であり、安治の叔父である。永禄十年（一五六七）五月の真香没後、真香の甥で村治の子と思われる明甫真賢がその跡を継いだとみられる。なお、永禄元年閏六月、盛厳寺某が謀叛を企て村治不在の三木城へ乱入するも、留守衆が「南構」にてこれを防いでいる。*1この人物は村治の従兄弟の別所秀豊《ひでとよ》の可能性が指摘されている。*2

　このように、常厳寺は当時「盛厳寺」と呼ばれ、別所氏

常厳寺本堂

*1　閏六月二十五日付「高橋肥前守宛別所村治書状」『高橋文書』兵中二・六〇四頁

*2　依藤二〇一〇a

上：北辺西端堀の東壁土層断面（北西から）
下：南辺堀跡（現駐車場）と有馬道（西から）

が三木に拠点を構える前から存在し、その後、別所一族が住持を務めるかたわら、老臣として本家に仕え、時には謀叛を企てるほどの力を持っていたことがわかる。

【遺構】　規模約一一〇×約一三五ｍの方形単郭を呈す。現況は、内部は常厳寺の境内のほか駐車場・会社敷地・宅地・墓地などとなっており、南辺手前には県道が横断している。北辺は河岸段丘を利用した堀が竹藪の中に残っている。東辺・西辺は堀の名残とみられる凹状の道路となっており、南辺は宅地・駐車場等になっている。土塁については、東辺中央部に土塁状遺構が存在したが、平成二十五年度に三木市教育委員会が実施した発掘調査の結果、現代の造成土であることが判明しており、[*3] その他の地点でも確認できない。

神戸地方法務局所蔵の明治期の字限図によって宿原城の復元を試みたところ、南辺は有馬道に沿って横長の田の区画となっていたことから、もとは堀であったと考えられる。そして、東辺北半部は藪となっていることから、明治期には土塁が残っていた可能性が指摘できる。すなわち、四周には堀がめぐり、少なくとも東辺北半部には土塁があったと考えられる。

＊3　三木市教育委員会二〇一五

北辺堀の規模は、発掘調査により、西端部で推定幅一五m以上、南側の墓地からの深さ約四・五mを測ることが判明した。堀は南側から北側へ土が流れ込んで埋まっており、堀底のみが滞水していたとみられる。埋土は土塁盛土の流入土とみられ、近世の墓地造成にともない削平され、堀に放り込まれた可能性がある。堀からは十二世紀頃の須恵器片・瓦片が出土した。寺敷地の西辺と北辺に細長い水田の区画があるが、これは内堀の痕跡かもしれない。

【評価】宿原城は、明治期の字限図による復元と発掘調査により、四周に堀がめぐり、北辺には堀とともにその内側に土塁が設けられていた可能性があることが判明した。また、少なくとも東辺北半部には土塁が存在していたとみられる。往時は四周に土塁が設けられていたのかもしれない。

出土遺物は十二世紀頃の遺物で占められているが、周辺に平安後期に操業された宿原窯跡群が確認されていることから、これらは遺構形成にあたり混入したものであり、当城の年代観を示すものではない。

別所一族が盛厳寺の住持を務め、三木城において合戦が繰り広げられるようになる十六世紀前半頃に堀や土塁を設け、城郭としての性格を帯びていき、三木城の支城として機能したと考えてよかろう。[*4]

＊4　金松二〇一五b

台地を利用した城館

24 衣《きぬ》笠《がさ》城《じょう》

指定区分：未指定
所在地：兵庫県三木市口吉川町西中
遺構：曲輪・堀切・土塁・井戸
規模：七〇×一二〇m
標高／比高：八一m／一四m

【選地】美嚢川を見下ろす丘陵端部に位置する。現在、川は北東から南西に流れているが、以前は当城の西側付近を過ぎた辺りでV字状に屈曲していた。

当城の麓から東は口吉川町馬場であり、城主衣笠氏の氏神とされる衣笠神社がある。馬場は馬駆け場であったと伝わる。[*1]

美嚢川越しに城跡を望む（南西から）

【歴史】一次史料では確認できないが、衣笠豊後守の居城と伝わる。衣笠氏は端谷《はしたに》城（神戸市西区）を本拠としており、その一族が当地に城を構えたと考えられている。[*2] 天正六年（一五七八）、羽柴秀吉の三木城攻めの際に夜襲を受けて落城したという。美嚢川対岸の「大将軍の林」（地元では「はたけのもり」と呼ぶ）は、このとき討ち死にした衣笠豊後守を家臣が埋葬して、自らも殉死した場所と伝わる。当地には、この二人を村人が祀ったと伝わる大将軍神社が鎮座する。[*3]

『幡陽諸郡荘郷録』[*4]によれば、江戸時代において馬場村・東村・東中村・西中村・桃坂村・蓮花寺村の六か村を「衣笠荘」としていることから、現三木市口吉川町西域、すなわち中世におけ

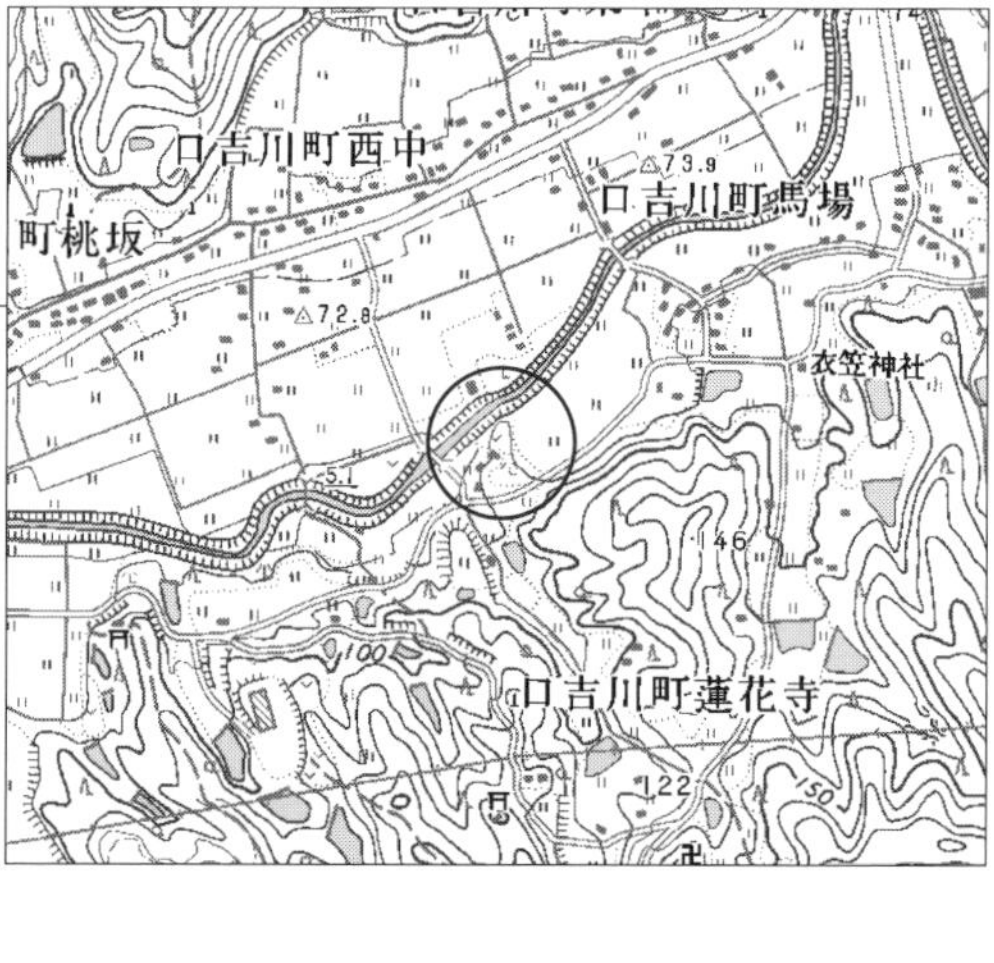

＊1　美嚢郡教育会一九二六
＊2　宮田一九八一b
＊3　美嚢郡教育会一九二六、三木市史編さん委員会二〇二〇
＊4　美嚢郡教育会一九二六
＊5　依藤二〇〇一

る吉川下荘西域が衣笠氏の勢力下であったものと考えられる[*5]。

【遺構】南北に細長い五角形状の主郭Ⅰ、その南辺の一段高いⅡ郭、Ⅱ郭南辺の土塁Aと堀切Bで構成される。

主郭Ⅰは規模約五〇×約八〇mを測り、北西辺において美嚢川を間近で見下ろすことができる。北西崖・東崖は急傾斜となっており、ここから登ることはほぼ不可能である。主郭Ⅰは以前は畑地であったが、現在は耕作されておらず荒地となっている。主郭Ⅰ中央で西へ一段下がり、その西側

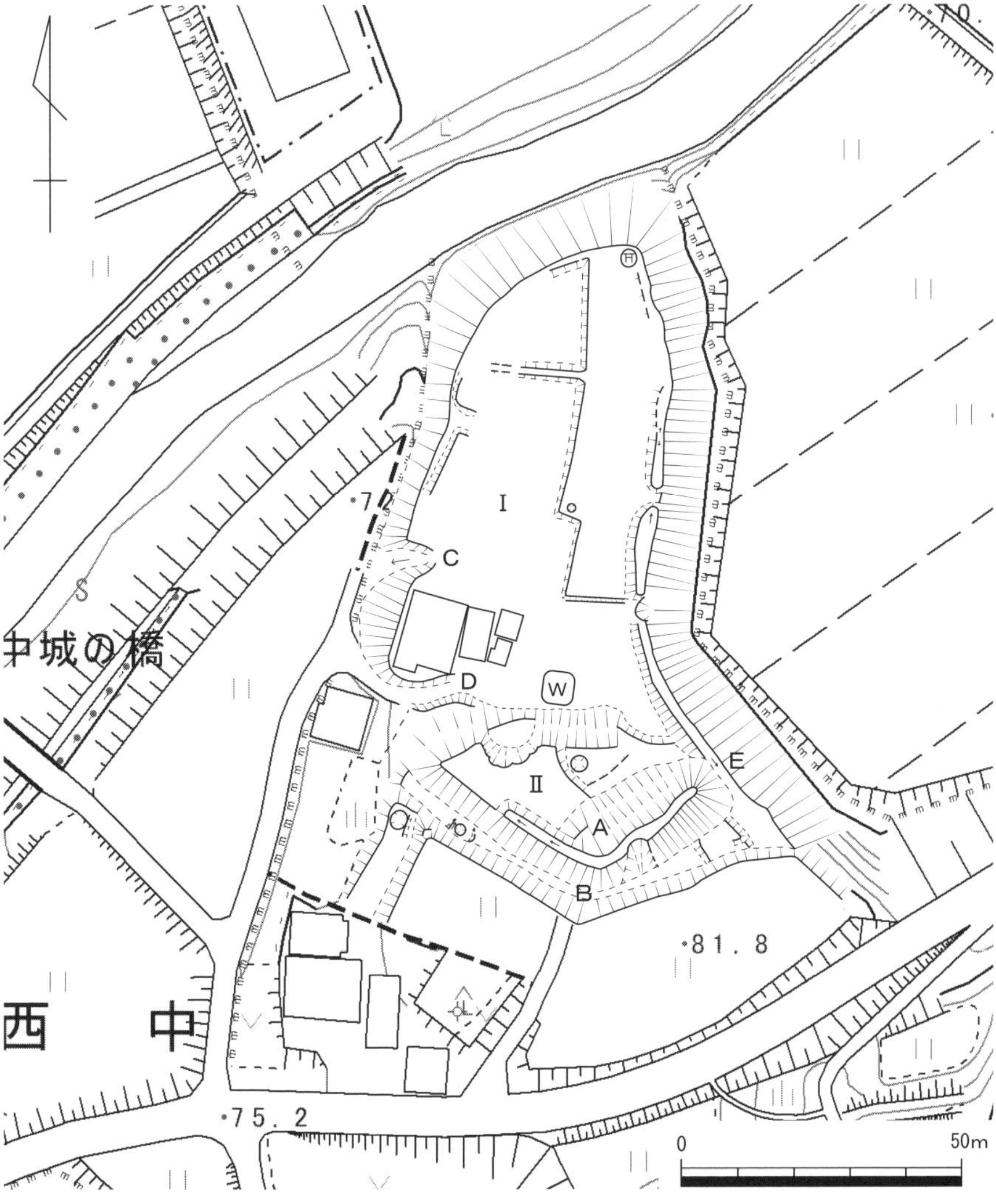

衣笠城縄張り図（金松誠作図）

土塁A（北西から）

は内部が溝や低い土塁状のもので区切られているが、これらは後世の畑地化にともなうものとみられる。主郭北端には朽ち果てた祠が祀られている。西辺中央やや南寄りには虎口Cが確認できる。南西隅の通路Dは、宮田逸民作成の縄張り図[*6]には記されていないことから、それ以後に設けられたものであろう。東辺は高さ一m弱の土塁ラインが断続的に設けられている。土塁ラインはⅡ郭東辺まで延び、南東端で堀切BへとつながるスロープEと接続している。

Ⅱ郭は、主郭Ⅰより約二m高くなっている。内部の削平はあまりなされていない。南辺は土塁Aと堀切Bによって尾根続きが遮断され、城域を画している。土塁はL字状を呈し、高さ約五mを測る。Ⅱ郭側への傾斜角度は比較的緩やかである。北東端は土塁が途切れ、堀切Bへのスロープ Eとなっている。北西端には土塁はみられない。堀切Bは幅約一六m、深さ約五mを測り、傾斜角度は急である。南側対岸からの堀切の深さは約三mである。堀底北西側には円礫を積んだ井戸がある。

【評価】衣笠城は、大規模な土塁と堀切で城域を画してはいるものの、横矢掛かりや複雑な虎口などはみられないことから、純軍事的な性格のものではなく、基本的には台地を利用した方形単郭の館城タイプの城館と考えられる。美嚢川を押さえることを重視する要衝であるとともに、川の対岸の耕地を挟んで集落を見下ろすことができることから、在地支配の点からみても適した立地であったといえる。[*7]

スロープE（北西から）

*6　宮田一九八一b

*7　金松二〇一五a

織田軍によって改修された陣城か

25 三津田城《みつだじょう》

指定区分：未指定
所在地：兵庫県三木市志染町三津田
遺構：曲輪・土塁・堀切・くい違い虎口
規模：一五〇×一二〇m
標高／比高：一五〇m／六〇m

【選地】淡河《おうごがわ》川と志染川の合流点の南東約一km、丹上山から西へ延びる満願寺《まんがんじ》背後の尾根上に位置する。有馬道が志染町御坂で南東方向に分岐し、花熊城（神戸市中央区）や兵庫津と通じる街道沿いに接している。

【歴史】暦応二年（一三三九）八月二十九日、南朝方の金谷経氏《かなやつねうじ》が籠もる丹上山攻略の際、北朝方の赤松則祐軍によって破却された「淡河・岩峯・三田城」*1の「三田城」に比定されている。*2

また、天文二十三年九月に三好長逸《みよしながやす》等の軍勢によって落城した別所方の七城*3の一つと考えられている。*4

なお、「有馬系図」*5によると、有馬重則《しげのり》が「播磨国三木満田城」に居住していたとされる。

【遺構】城内へは、南東側の切り通しから登り、二折れするくい違い虎口Aを経て、絶壁の岩盤の脇を抜けて主郭Ⅰに至る。最高所の主郭Ⅰからは、Y字に延びる尾根上に曲輪が続いている。西端に設けられている竪堀状の虎口Bを経由してⅡ郭へと通じる。

堀切C（北東から）

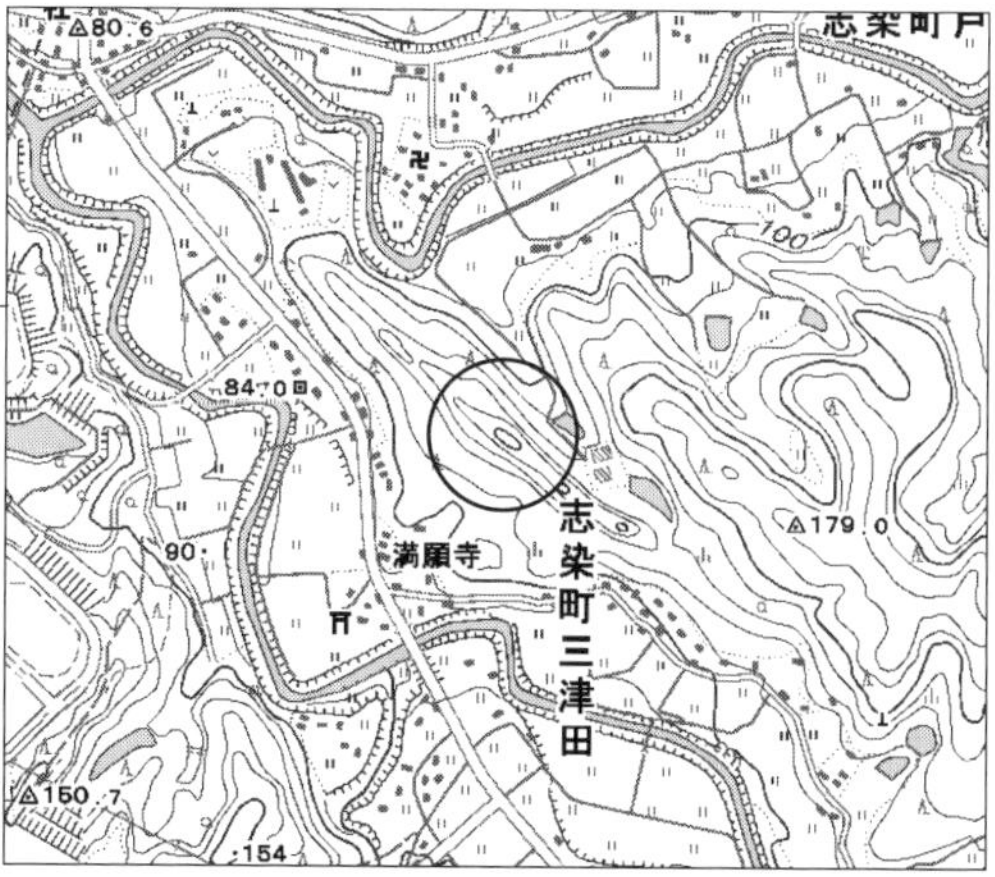

＊1　暦応二年十月九日付「島津忠兼軍忠状」『越前島津家文書』兵中九・七四頁
＊2　宮田一九八一c
＊3　『細川両家記』
＊4　宮田一九八一c
＊5　『寛永諸家系図伝』

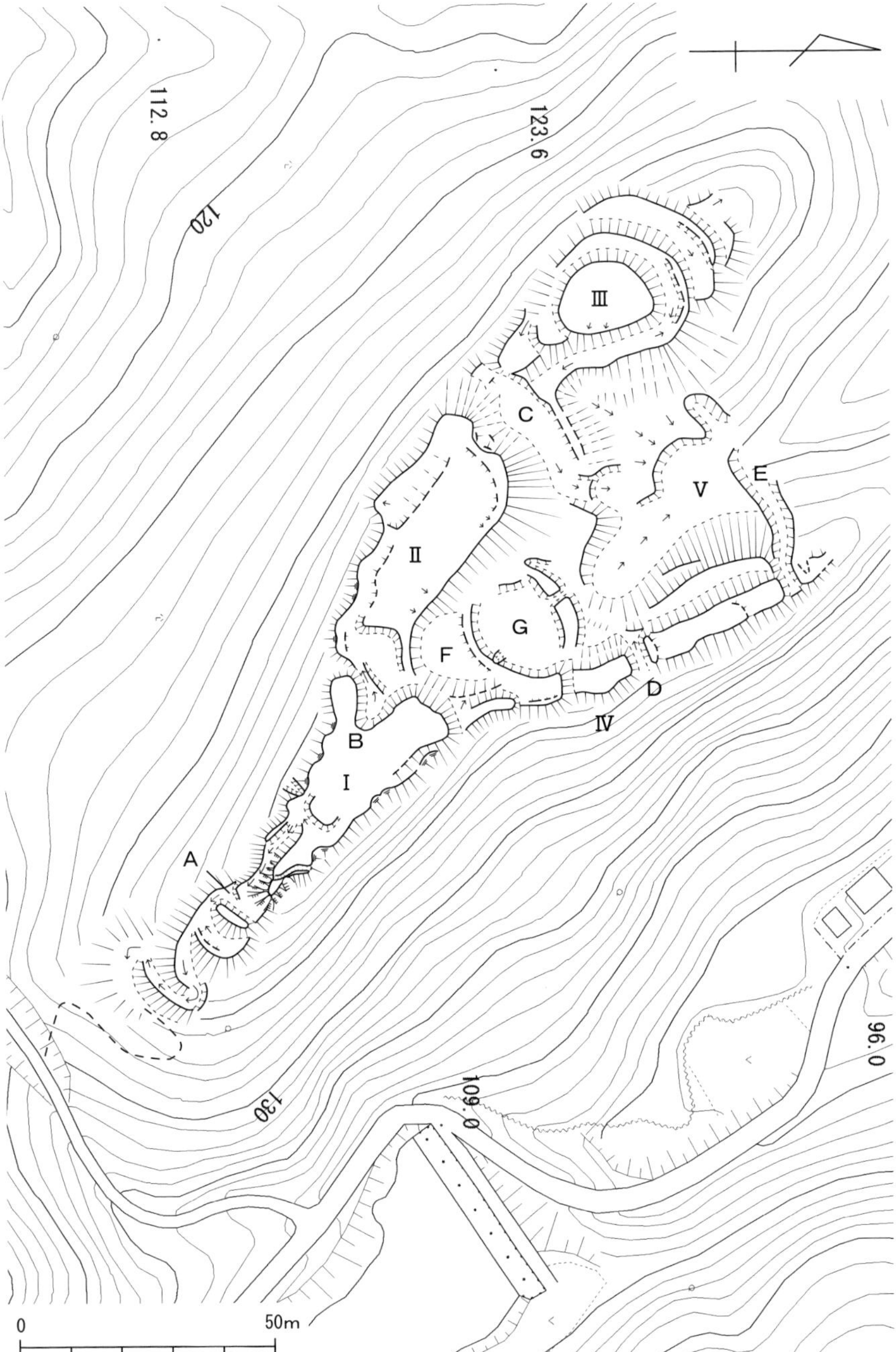

三津田城縄張り図（金松誠作図）

Ⅱ郭は、城内で最大の曲輪面積となっている。南辺側はやや緩やかに南側へ傾斜している。北西側に低い土塁がわずかに確認できる。北西尾根続きは堀切Cが設けられており、堀底は谷部Ⅴへと緩やかに下っていく。

Ⅲ郭は楕円形状を呈し、二重の帯曲輪で囲まれており、その北西側が一部横堀状になっている。その北西尾根続きは自然地形となり、城外である。

曲輪群Ⅳは、主郭Ⅰ北端から延びる細長い尾根上に連なっている。堀切Ｄ・Ｅが設けられており、堀切Ｅ以北は城外となっている。堀切Ｅは竪堀状となって谷へと向かい、谷底付近で途切れた後、Ⅲ郭法面に竪堀状に延びている。Ⅱ郭との間の谷においては、土塁で仕切られた水溜め状遺構Ｆ・Ｇや軍勢の駐屯も可能な谷部Ⅴが確認できる。

【評価】文献史料でその可能性が指摘されている十四世紀前半〜十六世紀半ばまで遡るかについては、発掘調査が実施されていないため不明である。そもそも、暦応二年の「三田城」は文字通り摂津三田《さんだ》（兵庫県三田市）に所在していた城である可能性も否定しきれない。

最終段階では、織田方の築城技術であるくい違い虎口がみられることから、織田方によって丹上山方面から三木城への兵糧搬入を阻止するために使用された陣城の可能性がある。三木合戦時に織田方に味方した有馬則頼の父重則が城主と伝わっていることからも、その可能性は十分あるといえる。[*6]

主郭Ⅰへ続く岩盤脇の通路（南東から）

堀切Ｄ（西から）

＊6　多田二〇一五b

別所方に付いた石野氏の館

26 石野氏館《いしのしやかた》

指定区分：未指定
所在地：兵庫県三木市別所町石野
遺構：曲輪・土塁
規模：五〇×四五m
標高／比高：二七m／三m

【選地】美嚢川左岸の台地端部に位置する。南から北に石野川が流れ、館の南東付近で西に流れを変え、館西側を北に向かって流れる。内部は大半が大歳《おおとし》神社境内となっている。北辺は、県道加古川三田線に接しており、約一〇〇m南側には三木と姫路を結ぶ姫路道が通過する。また、別所ゆめ街道（旧三木鉄道線路跡）の旧石野駅休憩所および神姫バス石野バス停がすぐ近くにある。

城跡近景（北東から）

【歴史】城主は石野氏とされる。「石野系図」[*1]によると、石野氏貞《うじさだ》が第十二代将軍足利義晴《よしはる》（在位一五二一～一五四六）に仕え、石野の地頭職に補せられ、「石野の城に住し」、以後、石野を称したとしている。ただ、十四世紀中頃には石野久名が三木郡三木本郷に在していることから、[*2]それ以前より石野を名乗っていたことがわかる。

石野氏は、三木合戦の際は氏貞の跡を継いだ越中守氏満《うじみつ》が別所長治に与して三木城に籠城したとされる。天正六年（一五七八）八月十五日夜、氏満は三木城を出て「嘉古口

＊1　『寛政重修諸家譜』
＊2　依藤二〇一〇b
＊3　『山内系図』『寛永諸家系図伝』
＊4　『古田系図』『寛政重修諸家譜』・『石野系図』『寛永諸家系図伝』・『豊鑑』

の附城」を攻め、山内《やまうち》一豊《かつとよ》と一戦に及んだという。*3 続いて、天正七年春、氏満率いる兵糧搬入部隊と「一子の砦」（高木大山付城か）を守る織田方の軍勢が衝突し、氏満が古田《ふるた》重則《しげのり》を矢で射貫いて討ち取ったという。*4

　三木落城後、氏満は自害が予定されていたが、舅の有馬則頼と黒田孝高が信長へ助命を嘆願したことにより一命を取り止めたという。これにより、氏満は播磨を去り摂津において蟄居《ちっきょ》し、信長の死後は秀吉に召し出されたと

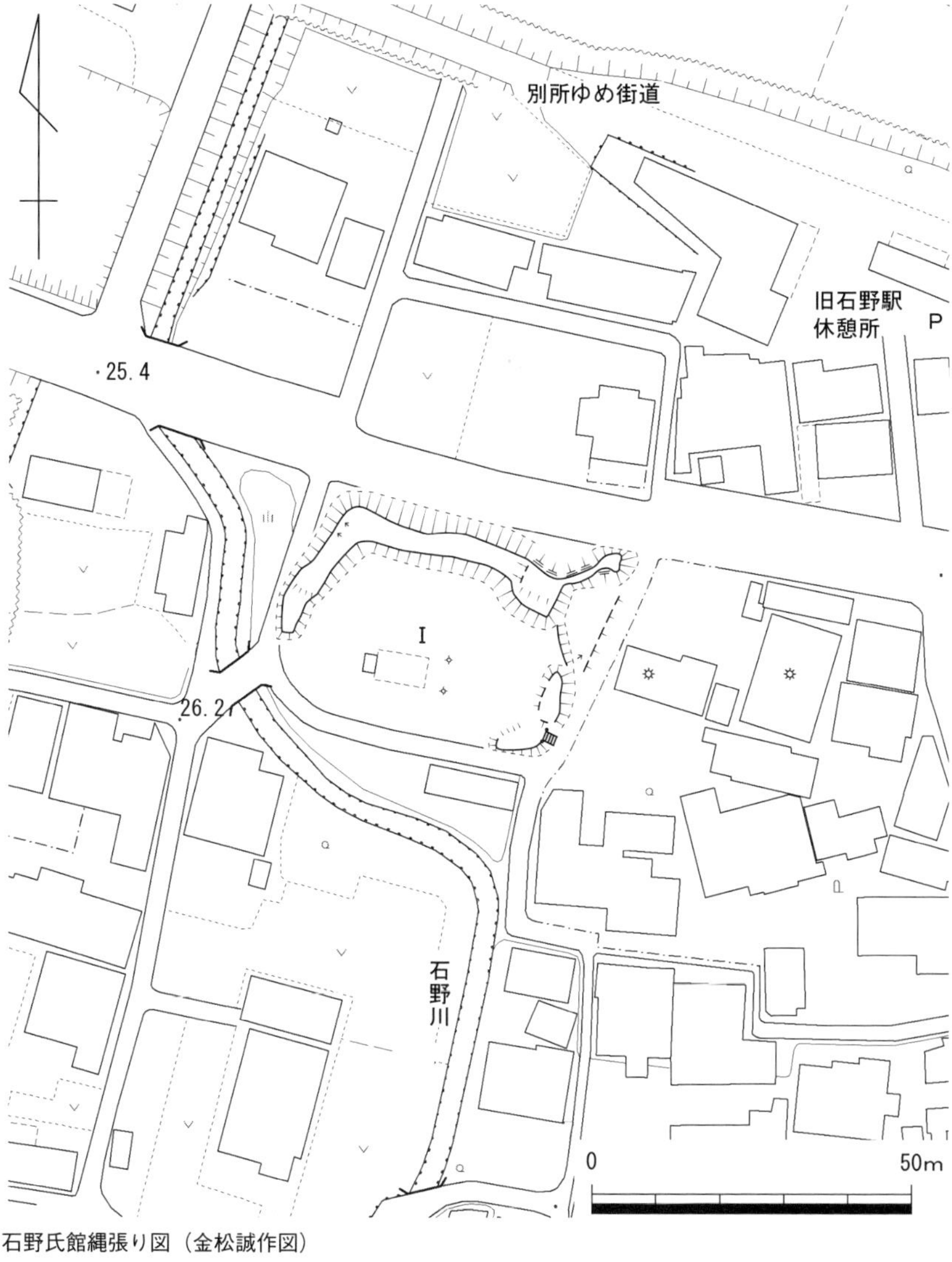

石野氏館縄張り図（金松誠作図）

北辺土塁（南西から）

される。そして、氏満は秀吉から本領安堵を打診されたがこれを断り、加賀の前田利家《まえだとしいえ》に仕えたとのことである。[*5]

なお、氏満の三木郡内の旧領二五〇石については、天正十二年正月十二日に荒木助右衛門尉へと宛行われている。[*6]以後、石野氏は江戸時代には旗本として存続していくこととなった。

【遺構】約五〇m四方の主郭Ⅰで構成される。東・北・西辺は内側からの高さ約一～一・五mの土塁で囲まれ、石野川が南辺を画している。北辺土塁北東隅は一段高くなっており、県道側からの高さ約三mの櫓台となっている。櫓台の北側・東側は一部破壊されている。なお、土塁上には池を浚えた際の土が部分的に覆っているようである。[*7]

【評価】石野氏館は、半町四方の方形館といえる。石野氏は、南北朝期から美嚢本郷に居住していることも踏まえると、当時の典型的な土豪の居館といえる。ただし、成立時期がそこまで遡るかについては、未発掘であることから明らかにならない。二次史料によると、石野氏満が別所方として三木合戦で奮闘していることから、別所方の支城としても機能していたものと考えられる。

なお、地元では石野氏のことはまったく伝わっていない。これについては、江戸時代における別所長治の顕彰の流れから漏れ落ちていることに起因しているといえる。地域住民にとって、在地を去った土豪をあえて敬う必要性はなかったのであろう。

＊5　「石野系図」東京大学史料編纂所謄写本
＊6　天正十二年正月十二日付「荒木助右衛門尉宛羽柴秀吉知行宛行状」『荒木文書』秀・九四九
＊7　宮田二〇一八a

織田方による改修の可能性

27 毘沙門城《びしゃもんじょう》

指定区分：未指定
所在地：兵庫県三木市吉川町毘沙門
遺構：曲輪・堀切・土塁・井戸
規模：二八〇×二〇〇m
標高／比高：一九六m／三八m

【選地】歓喜院《かんきいん》聖天堂《しょうてんどう》（国指定重要文化財）背後の丘陵上に位置する。城の南麓には赤松街道が通り、北東一・五kmに位置する赤松峠とつながっている。毘沙門霊園北東の堀切A南端から登城することができる。

【歴史】一次史料は確認できないが、『累年覚書集要』[*1]元禄十二年（一六九九）五月条によると、城主は藤田河内守とし、「根元の本城」と伝わる。三木合戦の際、別所長治方として嫡男右近とともに三木城に籠もり、羽柴秀吉方と戦ったが、三木落城により父子ともに毘沙門村へ帰り、当地で自害したと記されている。なお、地元に伝わる『城越家古記録』によると、当城が羽柴方に焼かれたとされているが、真偽は不明である。

【遺構】堀切Aを挟んで西地区と東地区に分かれ、一城別郭構造となっている。西地区は、Y字状に広がる主郭Iの東端に位置する櫓台状遺構Bを基点とし、尾根上に曲輪群が展開する。主郭I西側に延びる尾根は、櫓台状遺構Bから南辺に低い土塁が延び、その南斜面に横堀が設けられている。西端に堀切Cと土橋が設けられ、城道を限定している。主郭I北

西地区近景（南東から）

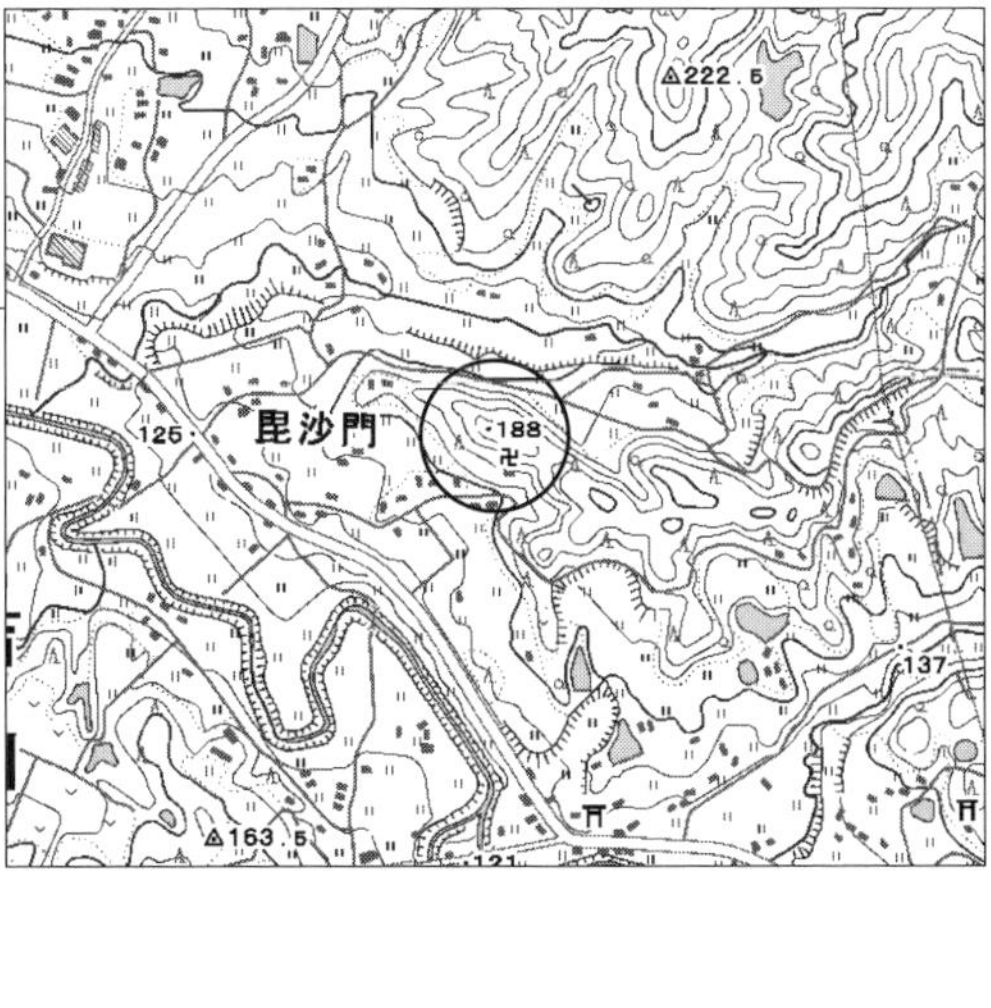

＊1　三木郷土史の会　一九九四

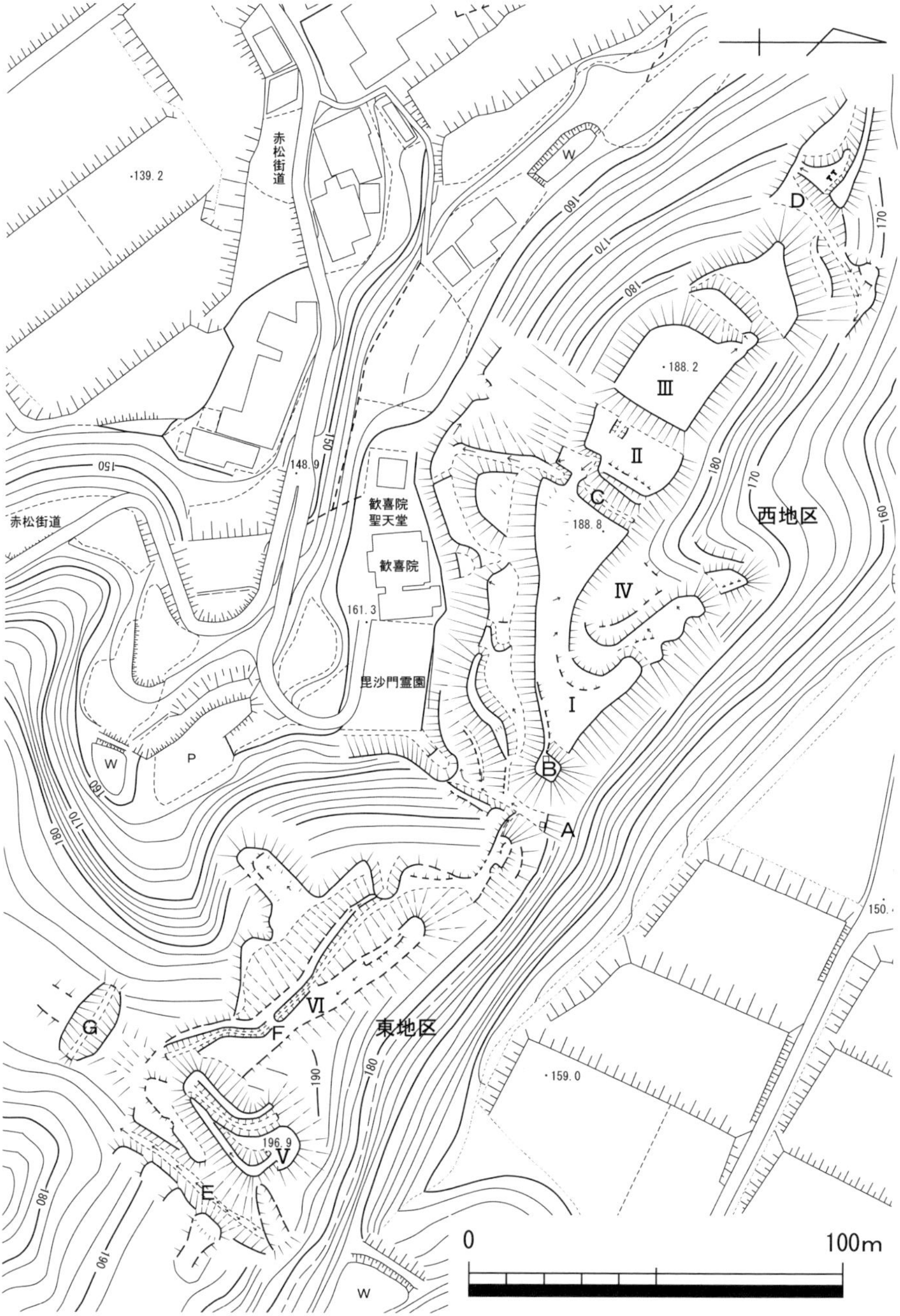

毘沙門城縄張り図（金松誠作図）

西側に延びる尾根は二段の曲輪が配されている。

Ⅱ郭は、Ⅲ郭と堀切Cに挟まれている。東辺に低い土塁が設けられている。

Ⅲ郭は、東西二四m×南北二三mの方形を呈し、一段高くなっていることから中心的な曲輪の一つと考えられる。その西側は二段の曲輪を連ねた後、堀切Dが設けられ、城域を画している。

谷Ⅳは、主郭ⅠのY字状に延びる曲輪によって挟まれている。緩斜面が広がり、軍勢の駐屯が可能である。

東地区は、主郭とみられるⅤ郭とその南側から北西に延びる削平不明瞭のⅥ郭で主に構成される。Ⅴ郭は、東辺と北辺東半部にかけて、高さ約二mの土塁がL字状に設けられ、それと平行して西辺に浅い横堀と土塁が配されている。東側は堀切Eで城域を画している。

Ⅵ郭は、南側に横堀Fが設けられており、中央で南東に折れ、Ⅴ郭南側直下まで延びている。横堀F東端の南側尾根続きは間を空けて堀切Gが設けられ、城域を画している。

【評価】西地区は、櫓台状遺構Bを基点とし、Y字状に延びる尾根に曲輪を連ね、谷部分に軍勢の駐屯地とみられる緩斜面を設ける点において、三津田城と類似した構造となっている。東地区は、土塁囲みの本郭部（Ⅴ郭）、横堀がめぐる削平が不明瞭な駐屯地（Ⅵ郭）からなる二重構造の陣城とみられる。

三津田城の城主は有馬重則と伝えられ、[*2]その嫡男則頼が三木合戦の際、羽柴方として三木城攻めに加わっていることなどから、三津田城も三木城攻めの陣城の可能性が指摘されている。[*3]東地区の構造も、織豊勢力の陣城によくみられる縄張りである。藤田河内守は西地区の一画に拠っていたが、三木合戦に際し、織田方に接収されたうえで改修を受け、東地区が新規に築造された可能性が指摘できる。[*4]

＊2　「有馬系図」（『寛永諸家系図伝』）
＊3　多田二〇一五b
＊4　金松二〇一六

横堀F（北西から）

永天寺攻めの陣城

28 奥谷城《おくだにじょう》

指定区分：未指定
所在地：兵庫県三木市吉川町奥谷
遺構：曲輪・土塁・外枡形状虎口
規模：六〇×一四〇m
標高／比高：二〇二m／六〇m

【選地】「城山」と呼ばれる丘陵上に位置する。東側山麓には吉川川《よかわがわ》が南から北に流れる。北西約六〇〇mの位置に永天寺《えいてんじ》がある。

【歴史】一次史料では確認できないが、『兵庫県美嚢郡誌』[*1]には、奥谷城について、「秀吉ノ城址ト傳フ、按ズルニ秀吉ガ別所ノ役ニ永天寺ヲ攻メシ陣所ナラン」と記されている。また、永天寺については、天正七年（一五七九）の羽柴秀吉方による丹生山攻めに際し、兵火にて焼失したと記されている。

一方、『吉川町誌』[*2]によると、奥谷城は藤田右馬大夫の居城と伝わっているとし、永天寺は由緒書によると、天正七年に秀吉軍により寺領が没収され、寺僧は四散したと記されている。

これらのことから、天正七年に秀吉軍が永天寺攻めの陣城として使用した可能性が高いと考えられる。

【遺構】南北に延びる尾根上に展開する主郭Ⅰ・外枡形状

城跡遠景（永天寺から）

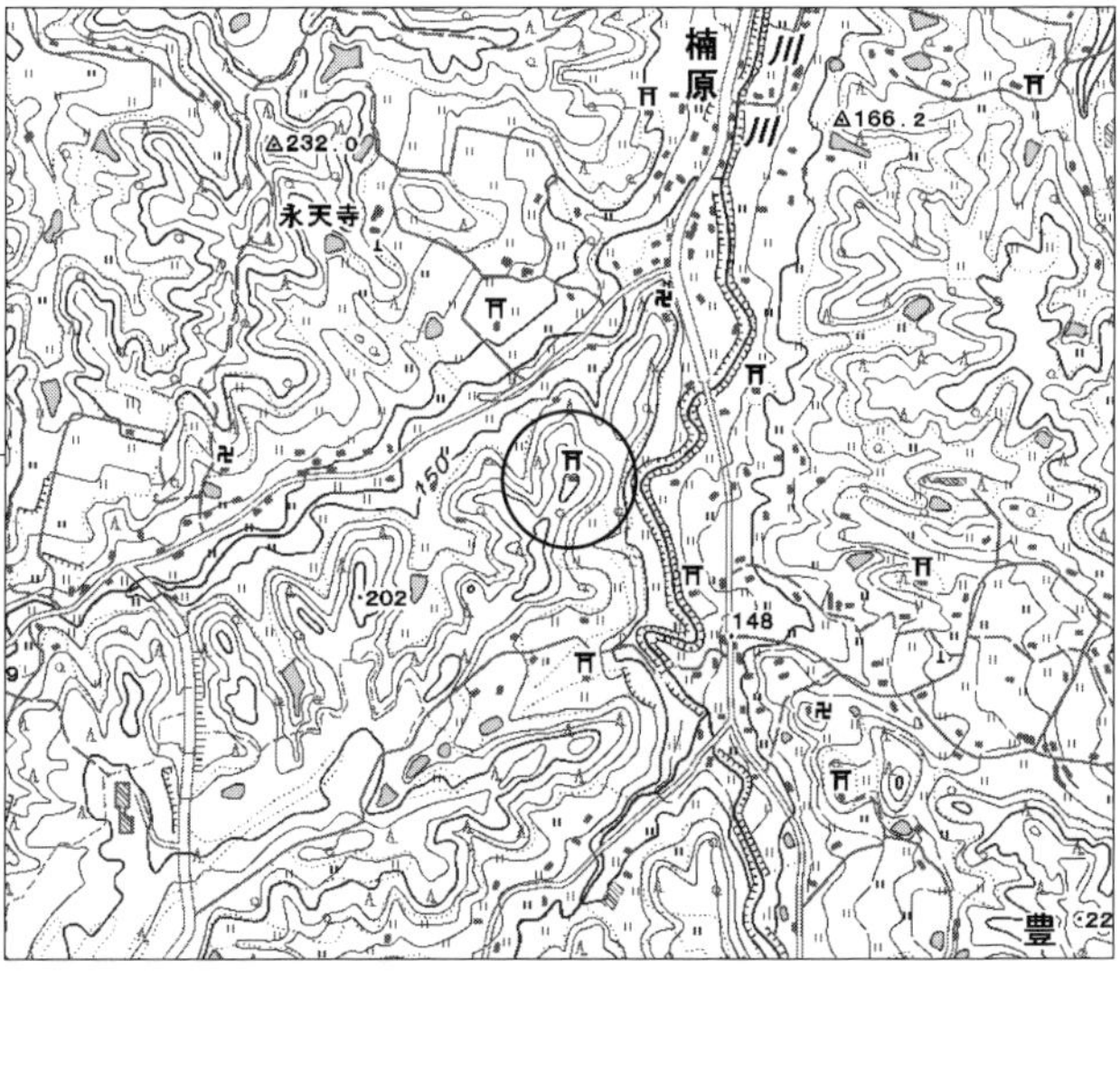

＊1　美嚢郡教育会一九二六
＊2　吉川町誌刊行委員会一九七〇

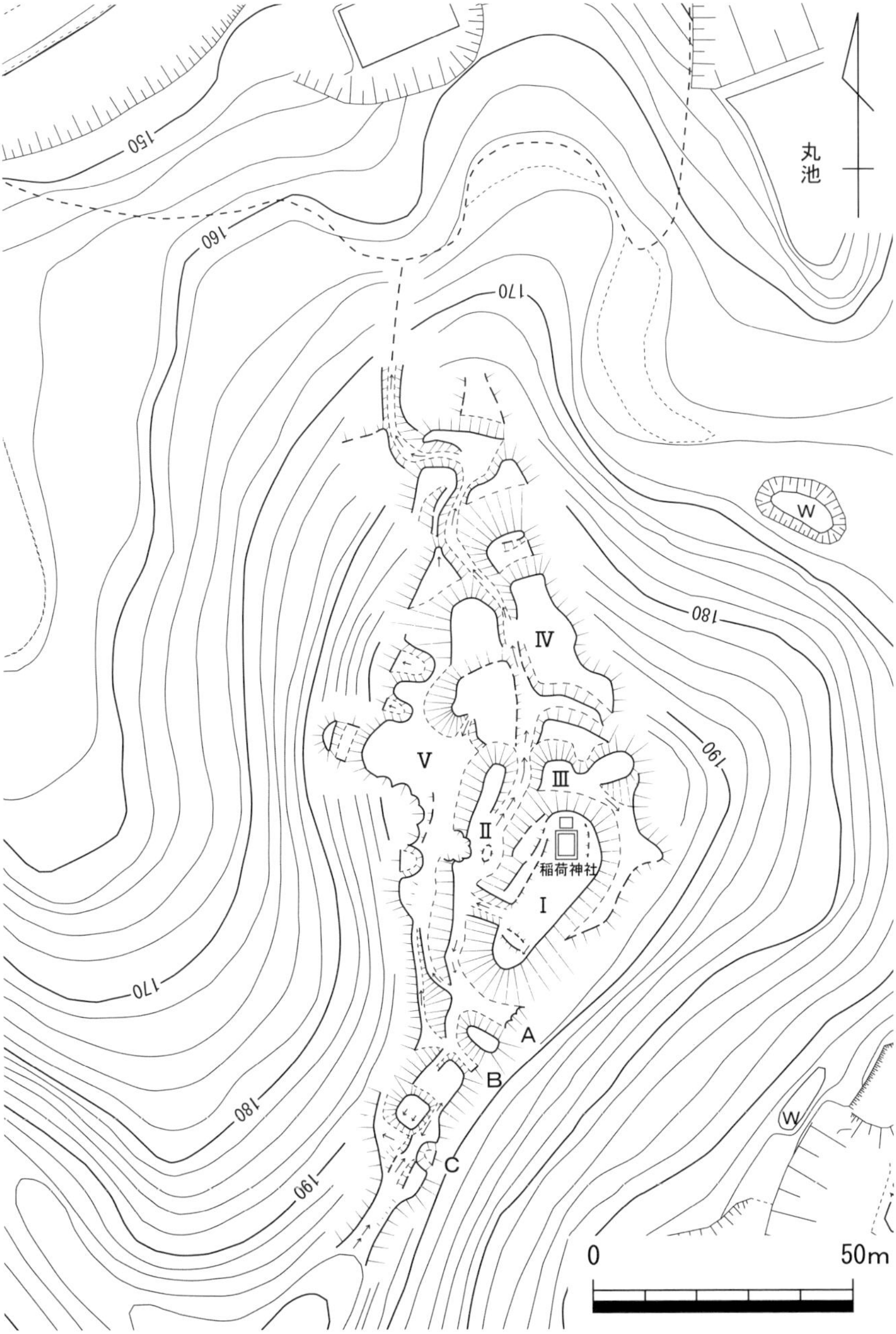

奥谷城縄張り図（金松誠作図）

虎口Ⅱ・Ⅲ郭・曲輪群Ⅳ、Ⅴ郭によって主に構成される。

主郭Ⅰは、一三×三〇mを測る。北端には稲荷神社があり、北東辺と西辺および南端付近に低い土塁が設けられている。南西の竪堀状通路により外枡形状虎口Ⅱに至る。南側の堀切以外の切岸は緩やかになっている。主郭Ⅰを一段下った北側から東側にかけて、帯曲輪状のⅢ郭が配されている。主郭Ⅰの背後である南側は三本の堀切A・B・Cが設けられ、城域を画している。

外枡形状虎口Ⅱは、軍勢の出撃用の空間と考えられる。北西に土塁をめぐらし、土塁と主郭ⅠおよびⅢ郭に挟まれた通路によって曲輪群Ⅳとつながっている。南側も通路となっており、堀切群を経て城外と連絡することができる。

曲輪群Ⅳは、中央に外枡形状虎口Ⅱから続く通路が通っており、その両側に高低差が少ない曲輪群が展開している。軍勢の駐屯地と考えられる。中央通路北端は掘り込まれており、両側の曲輪から敵兵を挟み打ちできるようになっている。曲輪群Ⅳ以北は竪堀状の通路で迂回しながら尾根を下り、東西方向の尾根道と合流し、山麓へ至る。

Ⅴ郭は、堀切A・Bの堀底道および曲輪群Ⅳ南西隅を経由して連絡することができる。軍勢の駐屯地と考えられる。西辺は土砂崩れによって、一部が破壊されている。

【評価】主郭Ⅰとそれに付属する外枡形状虎口Ⅱの本郭部、Ⅲ郭・曲輪群Ⅳ・Ⅴ郭の駐屯地からなる二重構造の陣城とみられる。外枡形状虎口は、織田方の陣城に多用されているものであることから、「秀吉ノ城址」という伝承を裏付けるものといえる。このことから、天正七年、秀吉方による永天寺攻めの陣城として使用されたものと考えられる。なお、藤田右馬大夫の居城を再利用したものかどうかについては、不明である。*3

主郭Ⅰに建つ稲荷神社（南から）

*3　金松二〇一八a

羽柴方の陣城か

29 市野瀬城《いちのせじょう》

指定区分：未指定
所在地：兵庫県三木市吉川町市野瀬
遺構：曲輪・土塁
規模：六五×五〇m
標高／比高：一四六m／一六m

【選地】東吉川小学校の北側、「城山」と呼ばれる小高い丘陵上に位置する。北東約九〇〇mに毘沙門城、南西約一・四kmに永天寺、南南西約一・七五kmに奥谷城が位置する。

【歴史】一次史料では確認できないが、『兵庫県美嚢郡誌』[*1]には、土豪市野瀬《いちのせ》氏の居城との指摘がなされている。また、天文十五年（一五四六）の永天寺類焼にかかる再建について、「当時ノ守護タリシモノ」である市野瀬村の藤田玄門《げんもん》の助けによるものと記されている。

『吉川町誌』[*2]には、市野瀬城について、「渡瀬家系譜」に市野瀬与市《よいち》の名があるとし、永天寺の「重続日域洞上諸祖伝」「永天寺由緒書」によると、永正四年（一五〇七）、市野瀬城主藤田玄門が仲山《ちゅうざん》義閑《ぎかん》を永天寺八世に招いて寺領百石を寄進したこと、天文十五年に永天寺が類焼した際、藤田玄門が仲山に協力して七堂を再建したと記されている。

なお、主郭中央には墓碑があり、戒名を挟んで「天正七年」・「九月十日　市之瀬殿」と刻されていることから、別所長治方と羽柴秀吉方の軍勢による平田大村合戦において、市野瀬氏が参陣し、戦死したようである。

【遺構】東西に延びる尾根上に展開する主郭Ⅰ・Ⅱ郭・緩斜面Ⅲによって構成される。主郭Ⅰの規模は、一八×八mを測る。南辺中央の通路により、Ⅱ郭と連絡することができる。

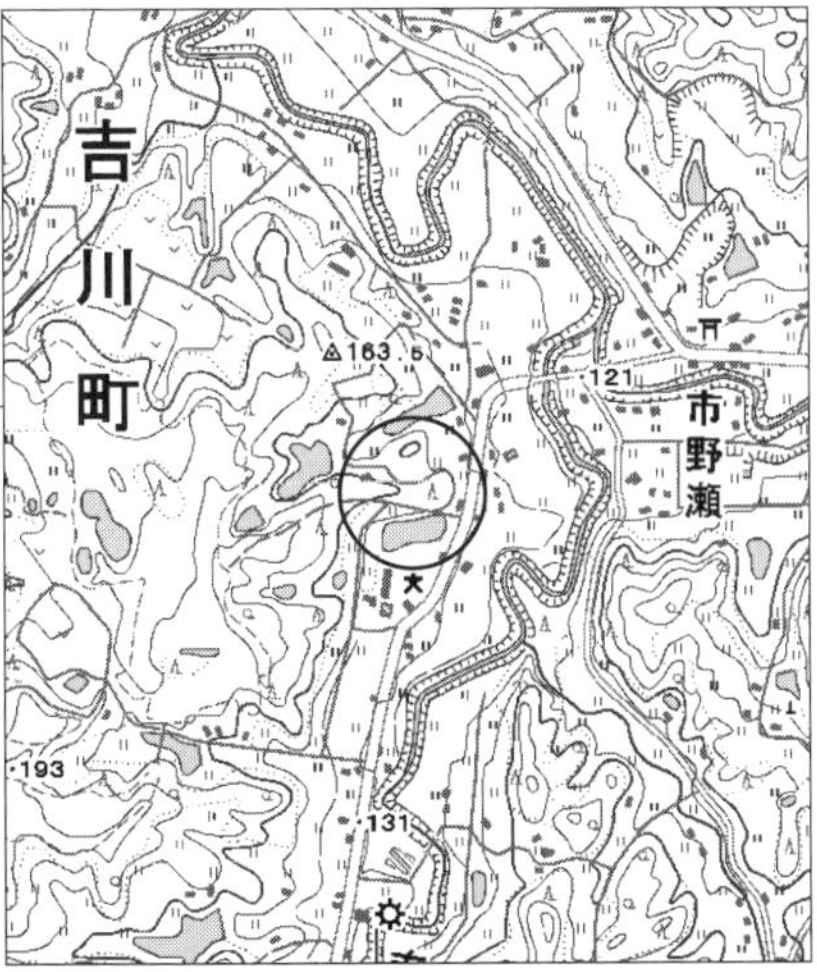

城跡遠景（南西から）

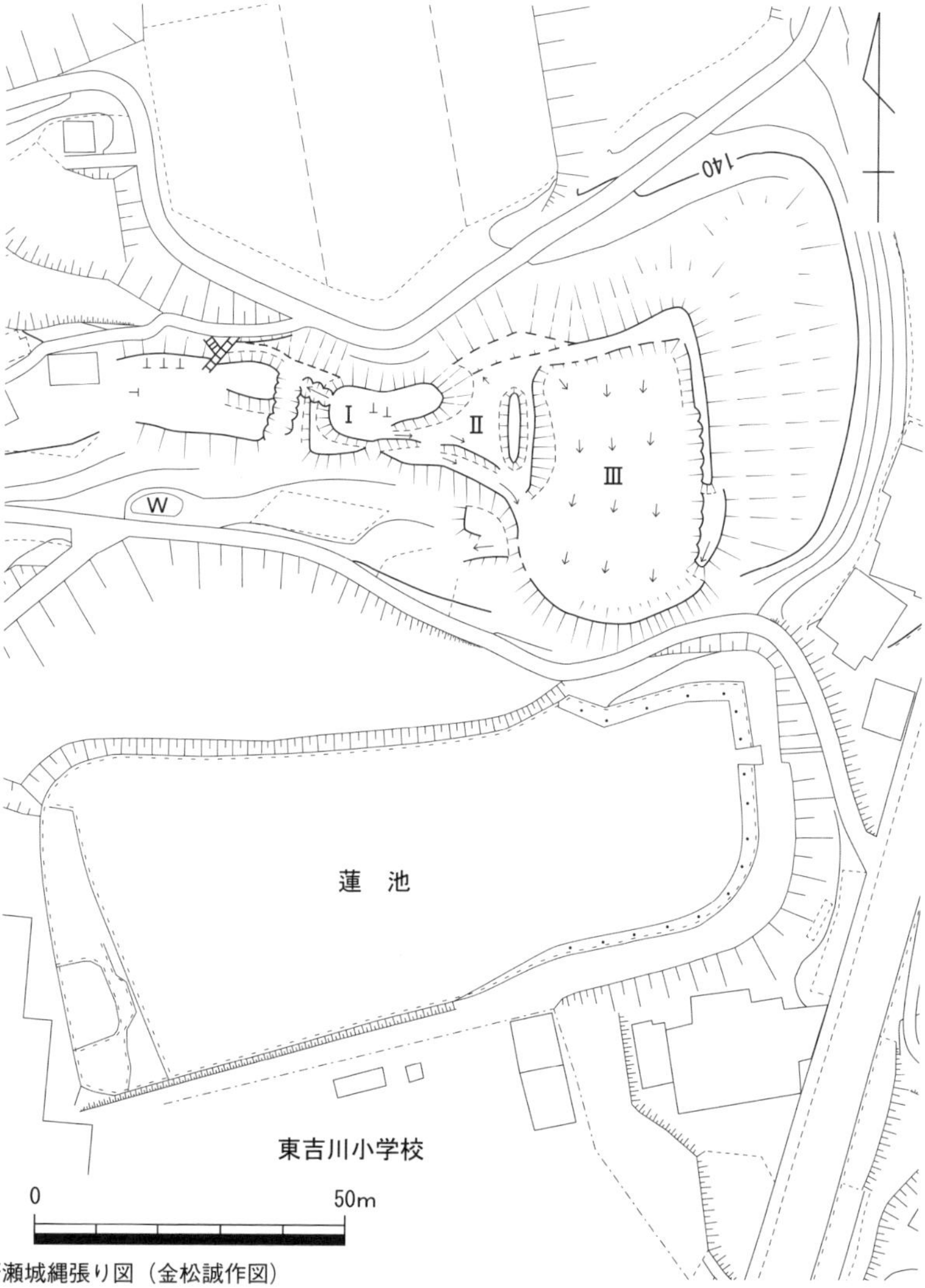

市野瀬城縄張り図（金松誠作図）

主郭Ⅰ（東から）

＊1　美嚢郡教育会一九二六
＊2　吉川町誌刊行委員会一九七〇

主郭Ⅰ西側は後世に設けられたとみられる切り通しが接しており、その西側は墓地となっている。この墓地も曲輪の可能性があるが、現状では不明である。

Ⅱ郭は、東辺やや西側に南北方向の土塁が設けられている。南隅と北隅は土塁が途切れており、緩斜面Ⅲと連絡することができる。

緩斜面Ⅲは、内部が南へ傾斜し、北辺と東辺に土塁状遺構がめぐっている。後世の畑地利用にともなうものかもしれないが、定かではない。

【評価】 伝承によると、おおむね永正から天文年間は藤田玄門が城主とされ、その後、市野瀬氏が城主となり、天正七年（一五七九）の平田大村合戦に参加して戦死したようであるが、実際のところは不明である。

主郭Ⅰは手狭であり、居住には適していないことから、恒常的な居城であった可能性は低く、臨時的な城であったと考えられる。このことから、永正から天正期の長期わたり機能していた可能性は低いとみられる。

「市之瀬殿」墓碑

奥谷城と毘沙門城は、羽柴秀吉方による築城・改修があったとみられ、永天寺が天正七年に羽柴方によって攻められていると伝わっていることから、当城もこの際に市野瀬氏もしくは羽柴方によって臨時的に築城された可能性も否定できない。[*3] 仮に緩斜面Ⅲが当時の遺構であるならば、軍勢の駐屯地と考えられることから、羽柴方の陣城である可能性が高まるといえよう。

＊3　金松二〇一八b

Ⅲ郭東辺土塁（北から）

光秀が構築を命じた「つなぎの城」か

30 有安城《ありやすじょう》

指定区分：未指定
所在地：兵庫県三木市吉川町有安
遺構：曲輪・土塁・外枡形状虎口
規模：六〇×一九〇m
標高／比高：一五〇m／五〇m

【選地】美嚢川と北谷川の合流点を東から望む丘陵上に位置する。西は東條道、北は三田・丹波道、南は淡河道、東は道場道へつながる交通の要衝であった。谷を挟んだ南西約六〇〇mの丘陵端部には渡瀬城《わたせ》があったが、県立吉川高等学校建設にともない、主要部を中心に破壊されたため、その全容は不明である。

城跡遠景（南東から）

【歴史】『播磨鑑』によると、城主は渡瀬城主の渡瀬小次郎と同じとし、「渡瀬小次郎別所ノ幕下也　後太閤秀吉に属順ス」とある。天明八年（一七八八）の幕府の巡検使への申上書にも、渡瀬小次郎の居城と記されている。*1

藤田均の研究によると、渡瀬氏は天正五年（一五七七）十月、羽柴秀吉の中国攻めに際し、秀吉に属したという。翌年に別所長治が織田方から離反し、三木城に籠城すると、

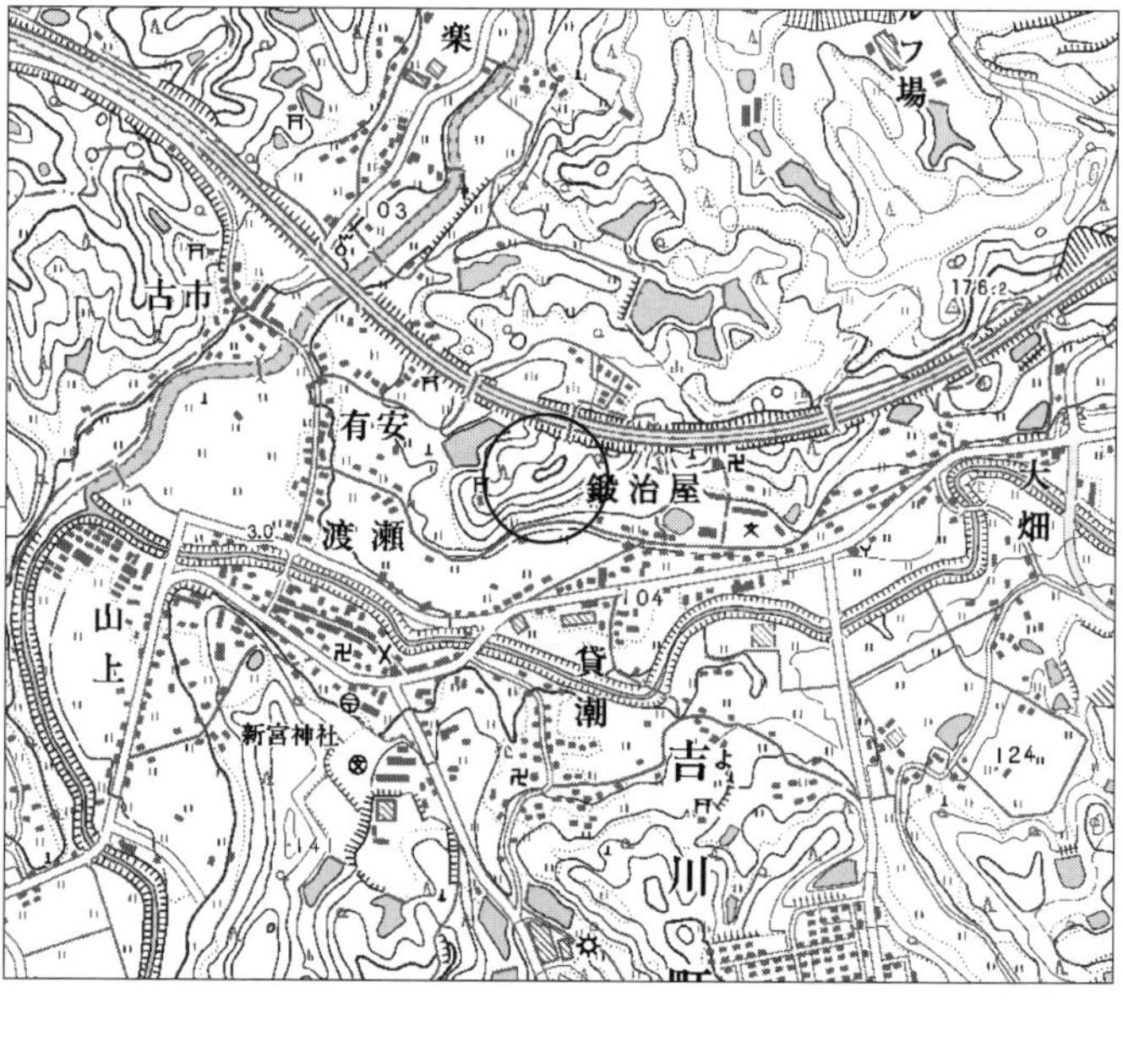

*1　吉川町誌刊行委員会一九七〇

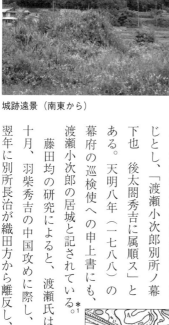

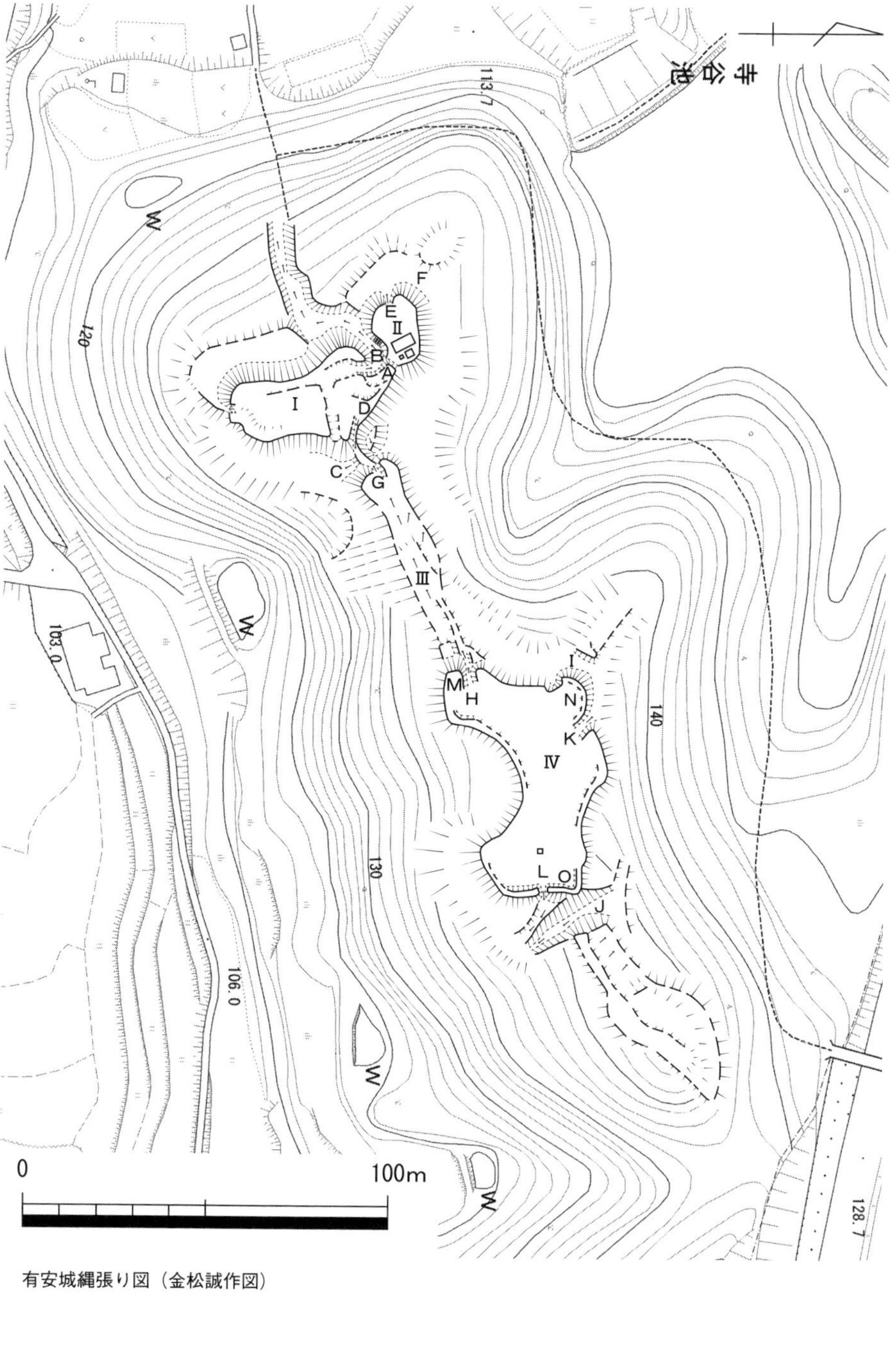

有安城縄張り図（金松誠作図）

上：　主郭Ⅰ（南から）　下：Ⅱ郭（南東から）

当主の渡瀬好光《よしみつ》は羽柴方に与し、弟好勝《よしかつ》は別所方に与して三木城に籠城したとされる。また、弟好勝は討ち死にし、兄好光が渡瀬家を守ったとのことである。*2 ただし、『渡瀬氏系譜』という二次史料を基に考察されているため、真相は定かではない。その後、天正十八年に遠江横須賀《よこすか》城（静岡県掛川市）に三万石で封ぜられ、渡瀬左衛門重詮《しげのり》と名乗ったという。

天正十九年二月十三日、「（伊達政宗）京都聚楽御屋敷へ御着ナサレ候。（中略）聚楽御留守居ハ関白様秀次公相付けられ候。大名衆ハ加藤肥前。中村式部少。田中兵部少。渡瀬小次郎。山内対馬。池田三左衛門ソノ外小大名衆アマタツケオカレ候。*3」とあることから、「渡瀬小次郎」は関白豊臣秀次《ひでつぐ》の重臣として聚楽第に在していたことがわかる。

文禄四年（一五九五）七月、豊臣秀次が謀叛の嫌疑をかけられ自害すると、十三日には「わたぜさえもんのすけ」も連座し、佐竹義宣《さたけよしのぶ》に預けられ、*4 自害したようである。

【遺構】主郭Ⅰ・Ⅱ郭とⅣ郭を中心とし、それらをつなぐⅢ郭で主に構成される。

*2　藤田一九九七

*3　『伊達日記』

*4　『たいかうさまくんきのうち』

主郭Ⅰは、南北軸の楕円形状を呈し、中央北寄りで低い段差がある。北半の塁線上に低い土塁が設けられ、張り出し部Aから虎口Bに対して攻撃できるようになっている。虎口Bは、導線に折れが設けられ、主郭Ⅰへと誘導している。竪堀状に蛇行して山麓へとつながっており、大手道の可能性が高い。なお、Ⅲ郭との間に堀切Cが設けられており、虎口Dを下って堀底の土橋に至りⅢ郭へと登っていくルートとなっている。

Ⅱ郭は、主郭Ⅰに対して北側前面に位置する。祇園社の境内地となっており、周囲は切岸によって守られている。主郭Ⅰと挟み込むかたちで虎口Bを防御している。開口部Eは、下段につながる虎口の可能性がある。北西尾根続きには堀切Fが設けられ、城域を画している。

堀切C（東から）

Ⅲ郭は、東西方向の細長い尾根上に設けられており、削平はほとんどなされておらず、西に向かって緩やかに傾斜している。主郭Ⅰとは虎口G、Ⅳ郭とは虎口Hでつながっている。

Ⅳ郭は、への字状に曲輪が広がり、城内の曲輪で最大の面積となっている。塁線の一部が低い土塁で囲まれ、尾根続きに堀切Ⅰ・Jを配し、城域を画している。虎口は三か所（H・K・L）あり、いずれも張り出し部（M・N・O）が設けられていることから、攻め入る敵兵に対し、横矢を掛けることができる。虎口Kは、三田・丹波道から山道を登って至るコースとなっており、堀切Ⅰを設けることによって、虎口Kへのルートに導いている。虎口Lは、堀切

主郭Ⅰ南側（北から）

Jの南裾からのルートに対して設けられている。

堀切Jの東側尾根続きについては、土塁状の遺構がみられるが、基本的には自然地形のままとなっており、城外と考えられる。

【評価】 木内内則《ただのり》は、Ⅳ郭については技巧性が高いことから、見下ろす位置にある主郭Ⅰ・Ⅱ郭に対する織田方の目付の陣城とし、主郭Ⅰ・Ⅱ郭を在地の城と評価している。[*5] しかし、Ⅱ郭は主郭Ⅰに対する虎口前面の曲輪で、主に軍勢の出撃用の空間と考えられる。同様のものは天正七年四月に三木城攻めのために織田信忠が築いたとされるシクノ谷峯構付城・明石道峯構付城・小林八幡神社付城にもみられる。このことから、主郭Ⅰ・Ⅱ郭も織田方によって構築された可能性が指摘できる。

すなわち、当城は主郭Ⅰ・Ⅱ郭が本郭部、Ⅳ郭が軍勢の駐屯地と考えられ、Ⅲ郭も駐屯地として利用され、主郭ⅠとⅣ郭をつなぐ役割を果たしたとみられる。

具体的な築城目的について、さらに掘り下げてみたい。天正六年（一五七八）十二月十一日、織田信長は羽柴秀吉に加え、佐久間信盛・明智光秀・筒井順慶に対し、播磨へ出陣し、まずは摂津三田城（兵庫県三田市）攻略のため、道場河原（神戸市北区）・三本松（同）の二か所に「足懸り」を築き、秀吉の軍勢を入れ置くこと、「別所居城三木への取出城々」に対し、兵粮・鉄炮・玉薬の搬入および普請等を命じた。[*6]

二十日、光秀は小寺休夢斎に対し、三田城攻めの付城四か所の普請を実施したこと、「油井口へ横《（吉カ）》川谷の由候、つなきの城□□《（普請）》明日申し付け候、佐右・羽藤先ず三木表罷り越され候、其面諸事御忠節此節候」、すなわち明日、吉川谷につなぎの城を築くことを伝えるとともに、信盛と秀吉が先に三木方面へ向かうので、諸事忠節を尽くすよう要請している。[*7] 光秀は三木城への進軍

B付近の城道（南西から）

*5　木内二〇一六

*6　『信長公記』

*7　十二月二十日付「小寺休夢斎宛明智光秀書状」『中島寛一郎氏所蔵文書』明・八三

に際し、丹波国多紀郡油井の入口に当たる播磨国三木郡吉川の谷につなぎの城を築いたといえる。この城を経由して、『信長公記』が記すとおり、織田方の軍勢が兵粮・鉄炮・玉薬の搬入及び普請等のために三木方面に向かったといえよう。この頃には、丹波・三田方面から三木への「つなぎの城」が複数築かれていたことがわかる。

高橋成計は、この城を中尾城《なかお》（兵庫県三田市）に比定しているが、[*8] 中尾城は摂津国有馬郡に所在していること、発掘調査成果によると十六世紀前半の恒常的に使用された城郭と評価されていることから、[*9] 選択肢からは除外すべきであろう。むしろ、丹波方面からのルート沿いの吉川谷に位置するとともに、構造的に織豊系陣城の可能性が高い有安城こそが、「つなぎの城」の候補として有力視すべきであろう。

前述のとおり、城主と伝わる渡瀬小次郎は豊臣秀次の家臣となっており、三木合戦時には織田方に与していた可能性が高い。そして、渡瀬氏の勢力下にある有安の地を「つなぎの城」の設置箇所として織田方に提供したと考えられよう。

なお、渡瀬城については、遺構の全容が不明なため検討は困難であるが、歴代渡瀬氏の居城であったと考えたい。

＊8　高橋二〇一九
＊9　山上二〇〇〇

三木城への補給路の一つ

31 淡《おう》河《ご》城《じょう》

指定区分：未指定
所在地：神戸市北区淡河町淡河
遺構：曲輪・土塁・堀
規模：
標高／比高：一五二m／二〇m

【選地】淡河川と浦川の合流点南東の河岸段丘端部に位置する。北・東は浦川、西は谷となっており、南は丹上山へ続く台地となっている。淡河城北麓には、三木と有馬をつなぐ有馬道が淡河川と浦川に挟まれて通過している。現在、淡河城跡市民公園として整備されており、道の駅淡河から遊歩道でつながっている。

道の駅淡河から城跡を望む（北東から）

【歴史】暦応二年（一三三九）八月二十九日、南朝方の金谷経氏が籠もる丹上山攻略の際、北朝方の赤松則祐軍によって「淡河・岩峯・三田城」が破却されている。[*1] これが淡河城の史料的初見である。ただし、これが現在の淡河城と同一であるかどうかは不明である。

戦国期は淡河氏がこの地を治めており、別所氏に与していた。天文二十三年九月に三好長逸等の軍勢によって落城

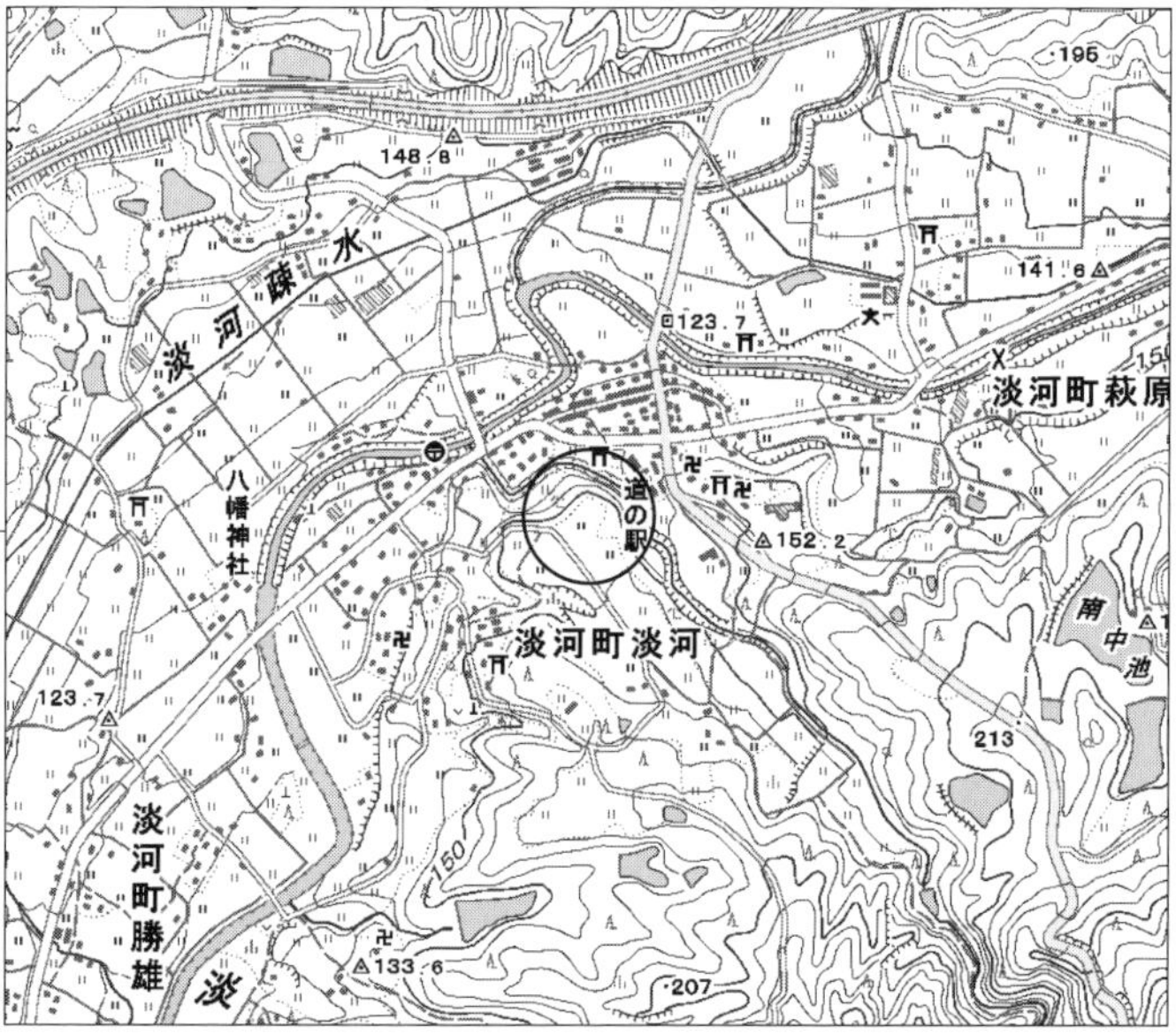

＊1　暦応二年十月九日付「島津忠兼軍忠状」『越前島津家文書』兵中九・七四頁

した別所方の七城[*2]の一つと考えられている。[*3]
三木合戦当時の淡河城主は淡河弾正であり、[*4]別所長治に味方し、毛利方による花熊から三木城への兵糧搬入の補給路となっていた。[*5]このことから、淡河城は織田方の攻撃対象となり、天正七年（一五七九）四月末、織田信長の命を受けた越前衆・丹羽長秀により、付城が構築されている。[*6]
五月十九日、長治は花熊城に詰めていた小早川隆景の家臣乃美宗勝《のみむねかつ》に対して援軍を要請するとともに、淡河城からの使者の報告として羽柴秀吉が一両日以前に付城を二・三か所構築したこと、丹生山も注視するよう申し伝えている。[*7]
五月二十五日、秀吉軍により丹生山の海蔵寺取出《かいぞうじとりで》が夜中に乗っ取られ、翌日には淡河城も明け渡した。[*8]これにより、淡河城は織田方が接収したとみられ、三木城は花熊からの兵糧補給ルートが閉ざされた。
六月二十八日、秀吉により淡河市庭に制札が交付され、市の開催日を毎月五・十・

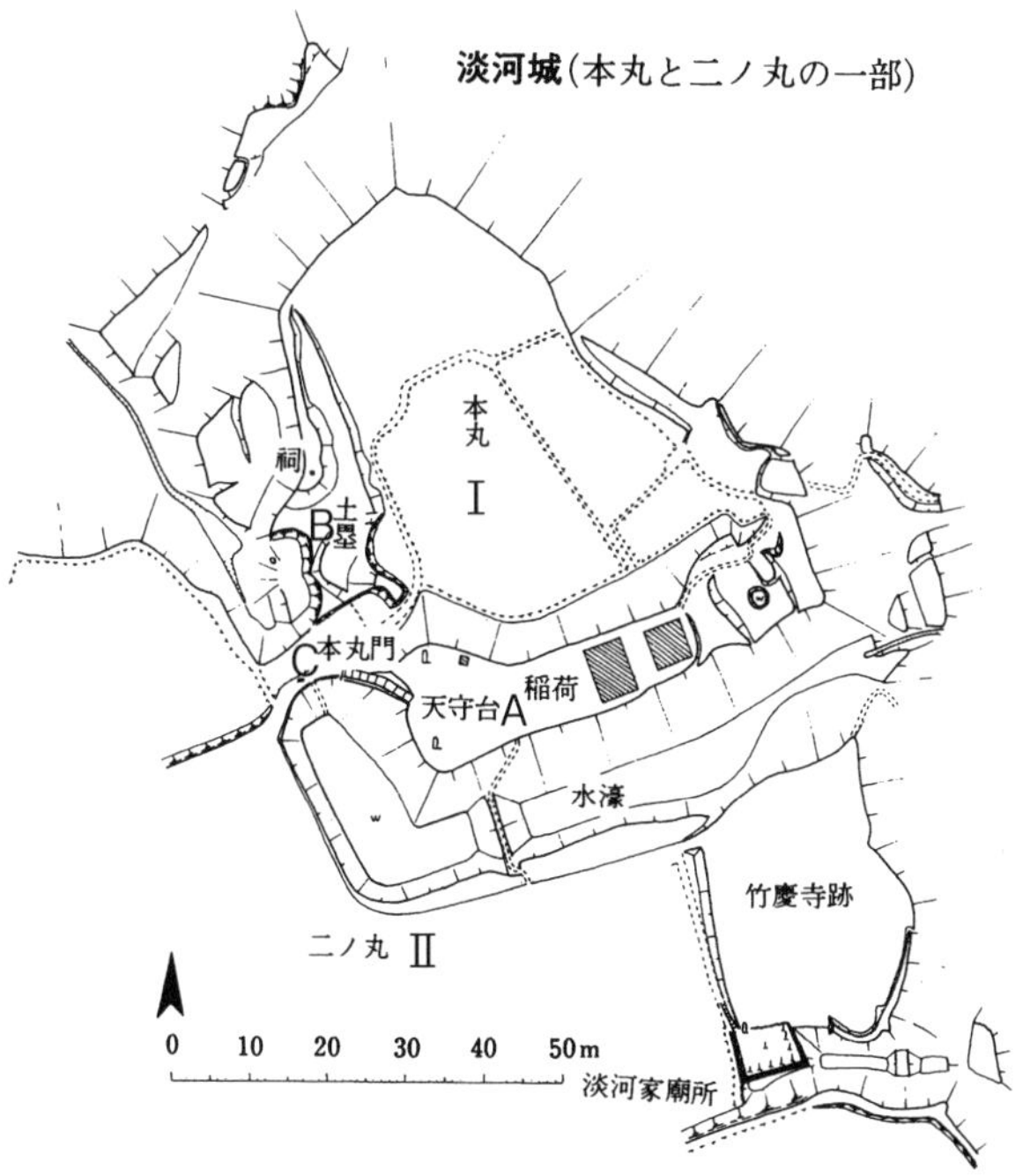

淡河城測量図　兵庫県教育委員会 1982 より転載

*2 『細川両家記』
*3 宮田二〇一五
*4 『別所長治記』
*5 『播州御征伐之事』
*6 『信長公記』
*7 五月十九日付「乃美宗勝宛別所長治書状」『乃美文書』戦瀬・六一一
*8 『信長公記』

土塁A上面西半部（北東から）

十五・二十・二十五・三十日とすること、楽市楽座とすることなどが定められている。*9

天正八年十月二十九日、播磨国主となった秀吉により、制札が改めて交付され、淡河に住む武家奉公人が引き続き居住すること、淡河町人がこれまで通り商売することがそれぞれ認められた。*10

この間の淡河城主は定かではないが、天正十年八月二十八日、有馬則頼が「淡川谷」三二六〇石を秀吉より宛行われたことにより、城主となったとみられる。*11 天正十三年九月には、則頼は三木郡内に三二〇〇石（淡河谷か）、河内国内で三〇〇石、加増分として播磨神東郡中田原村一〇五〇石、合わせて四五五〇石が宛行われている。*12 慶長五年（一六〇〇）の関ヶ原合戦で東軍に味方した則頼は、その翌年に二万石に加増され摂津三田城へと移った。*13 これにより、淡河城は廃城となったようである。

【遺構】 伝「本丸」（Ⅰ）と伝「二ノ丸」（Ⅱ）で構成される。本丸の規模は、約五五×約七〇mを測る。南東隅には二階建ての模擬櫓が建っている。北辺・東辺は浦川に接して断崖となっており、段丘続きの西辺と南辺にはL字状に幅約一五m・深さ約三〜五mの堀がめぐり、現況では部分的に滞水している。その内側には土塁が設けられている。南辺の土塁Aは、上幅約一〇m・高さ約三mを測り、稲荷社が祀られている。西端は平坦面が広がっており、「天守台」と伝わっている。本丸南西隅は西辺土塁Bの南端が開口し、堀には土橋が設けられ、二ノ丸へと通じる「本丸門」と

*9　天正七年六月二十八日付「淡河市庭宛羽柴秀吉制札」『歳田神社文書』秀・一九九

*10　天正八年十月二十九日付「（淡河町宛）羽柴秀吉制札」『歳田神社文書』秀・二八五

*11　天正十年八月二十八日付「有馬則頼宛羽柴秀吉領知宛行状」『有馬文書』秀・四七七

*12　天正十三年九月十六日付「有馬則頼宛豊臣秀吉領知宛行状」『第七回西部大古本市』秀・一六三〇

*13　『寛政重修諸家譜』

南辺堀（南西から）

伝わる虎口Cを形成している。枡形状を呈すが、後世の土取りよって削られた所産である可能性がある。

なお、本丸内は四次にわたり発掘調査が実施され、十六世紀後半の遺物が出土しているほか、整地層や土坑・溝等の遺構が検出されている。[*14]

二ノ丸は、本丸堀の外側に位置する。L字状を呈し、現況は水田となっている。南東隅の一段高い箇所は竹慶寺《ちくけいじ》跡であり、その南西隅は淡河家墓所となっている。竹慶寺跡南辺は幅約七mの空堀で区画されており、往時は二ノ丸を取り囲んでいたようである。

城域はさらに台地続きに「西の丸」が広がっていたとされるが、ほ場整備によりその痕跡をとどめていないため、詳細は不明である。

【評価】近世初頭まで存続したが、石垣は確認できず、土造りの城であった。大規模な土塁や堀が設けられていることから、豊臣期の有馬則頼城主期において、改修を受けたものと考えられる。[*15]

＊14　黒田二〇〇七

＊15　多田二〇一五a

竹慶寺跡（北西から）

有馬氏が構築した城か

32 天《てん》正《しょう》寺《じ》城《じょう》

指定区分：未指定
所在地：神戸市北区淡河町淡河
遺構：曲輪・堀切・畝状空堀群
規模：一〇〇×一六〇m
標高／比高：二三二m／八〇m

【選地】淡河城の北西約九〇〇mの尾根端部に位置し、淡河城を見下ろすことができる。山頂には愛宕神社が祀られている。山陽自動車道北側の南東山麓に入口があり、道が整備されている。

【歴史】伝承によると、永禄四年（一五六一）に有馬則頼が城主となったとされるが、定かではない。*1

天正七年（一五七九）四月末頃、織田信長が越前衆・丹羽長秀に対し、淡河城へ向かい付城を構築するよう命じた。*2 羽柴秀吉は、五月中頃に付城を二・三か所構築したようである。*3

当時、山麓には曹洞宗天正寺《てんしょうじ》があったと伝わる。大永元年（一五二一）に開基して、宝台山梅林寺《ほうだいさんばいりんじ》と号していたが、その後兵火により一時廃絶状態となったところ、天正五年に有馬玄蕃が再興し、梅林山天正寺と改称したという。有馬家の朱印地として有馬重則・則頼を祀っていたが、明治

淡河川越しに城跡を望む（南から）

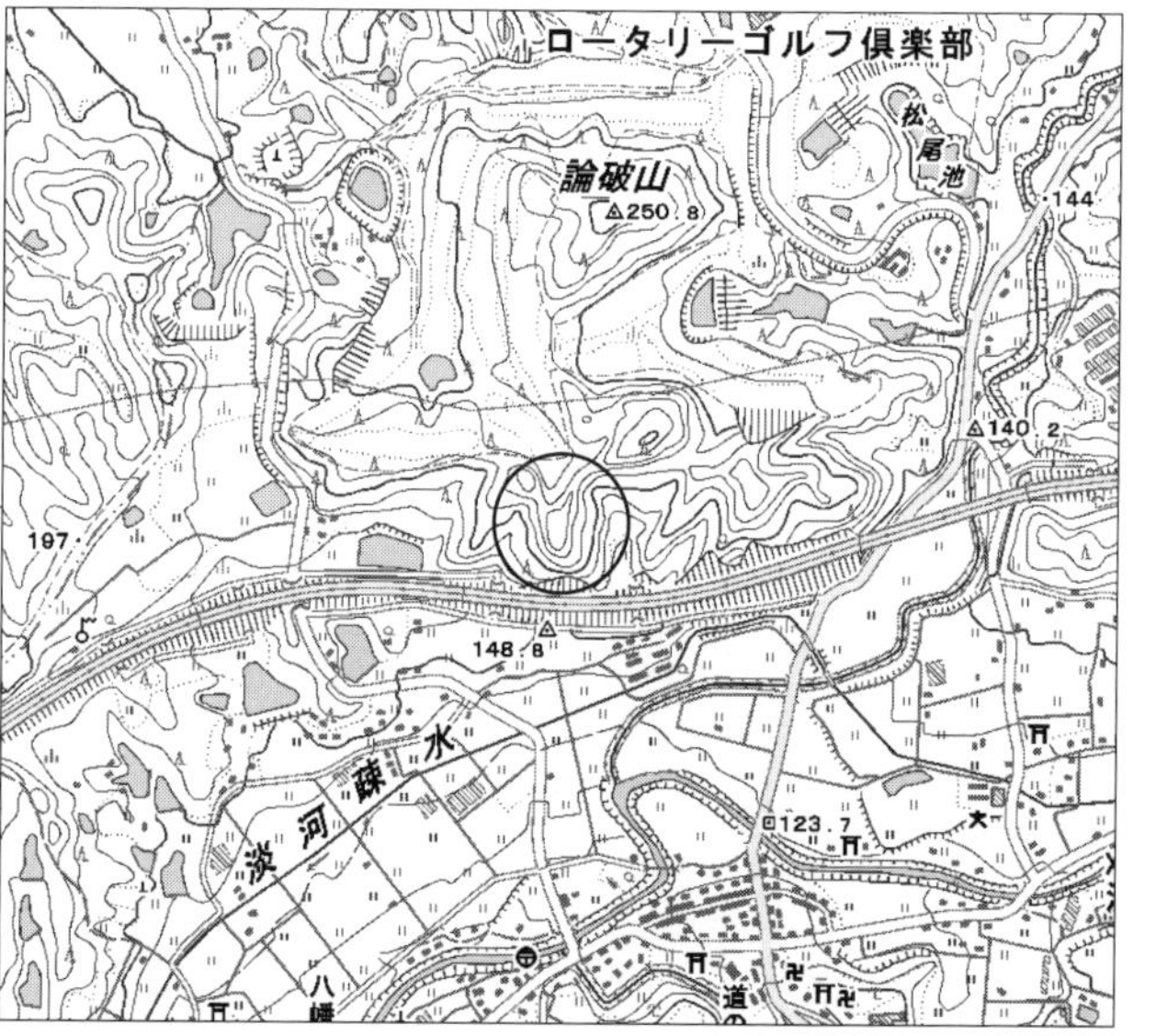

*1　兵庫県教育委員会一九八二
*2　『信長公記』
*3　五月十九日付「乃美宗勝宛別所長治書状」『乃美文書』戦瀬・六一一

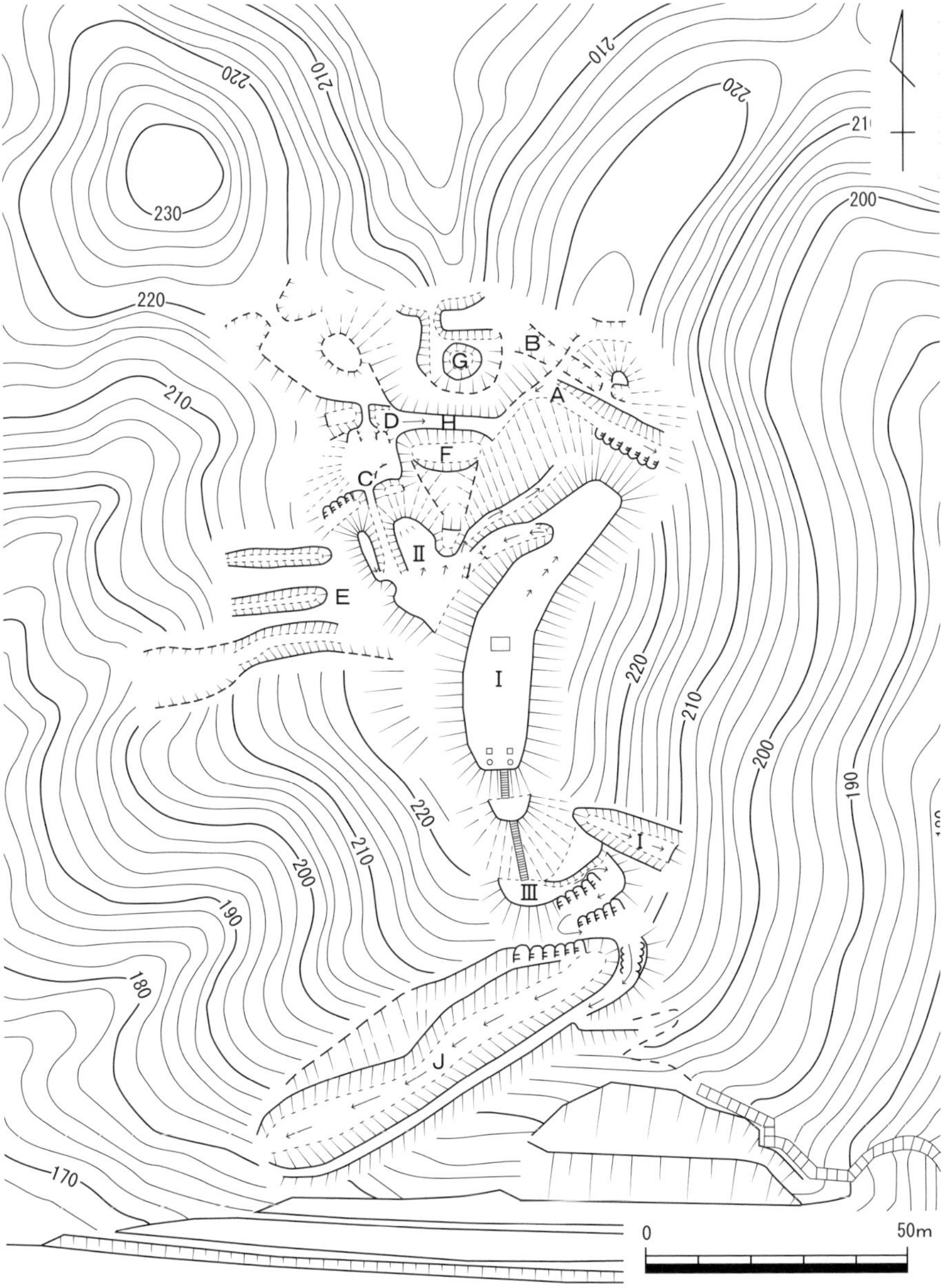

天正寺城縄張り図（金松誠作図）

上：主郭Ⅰ（南から）　下：天正寺城から淡河城を望む

九年（一八七六）に淡河町長松寺《ちょうしょうじ》に併合され、明治二十五年に宮崎県那珂郡住吉村に寺号を移転し、同地にて有馬伯爵家の菩提寺となった。廃寺跡は、その後民有地になったとのことである。*4

【遺構】主郭Ⅰ・Ⅱ郭等で構成される。主郭Ⅰは、くの字状に南北に細長く延びる。南半部が神社境内となっている。北東側がやや低くなっており、北西中央付近でスロープを下り、帯曲輪を経由してⅡ郭に至る。北東尾根続きは先端部の岩盤をわずかに掘削した堀切Aで城域を画す。さらに、尾根続きにも不明瞭ながら土橋を伴う堀切Bが確認できる。

Ⅱ郭は、北西側に切り通しの通路が設けられ、土橋を伴う堀切C・Dで尾根続きを画する。西側斜面には三条からなる畝状空堀群Eを配し、防御性を高めている。なお、堀切C・D間は小空間となっているが、西側の切岸は緩やかとなっている。

谷部F・Gは貯水池の役割を果たしていたとみられる。谷部Fを塞ぐ堤Hにより、堀切C・D間の小空間と堀切Aが連絡可能となっている。

堀切A（北西から）

*4　美嚢郡教育会一九二六

なお、主郭Ⅰ南側法面には小規模な腰曲輪が配され、さらにその一段下にも二段からなる東西方向のⅢ郭が配されている。その北東隅には竪堀Ⅰが設けられている。Ⅲ郭南側には、南西方向に下る谷を利用した竪堀状遺構Ｊが設けられており、山麓の山陽自動車道側道まで延びるが、この付近では自然の谷地形と見分けが付かないため、図化していない。

【評価】 宮田逸民は、縄張り的に中世以来の淡河氏の城として存在していたとし、それを織田方が乗っ取って転用したものとするが[*5]、定かではない。畝状空堀群が形成されていることから、直系の織豊系城郭とは言い難く、播磨の在地勢力が築城に関与した可能性がある。年次には疑問が残るものの、永禄四年に有馬則頼が城主になったと伝わること、天正五年に天正寺が有馬氏によって再興されたと伝わること、さらに則頼が三木合戦の際に織田方に与していたことから、淡河城攻めに際し、有馬氏が天正寺城の構築に関わっていた可能性が有力視されよう。構造に類似性がみられる三津田城も則頼の父重則が城主と伝わっていることも[*6]、決して偶然ではないだろう。

なお、その他淡河城攻めの付城として、淡河城西付城が現存している。また、埋蔵文化財包蔵地として淡河城南付城が知られているが、明確な城郭遺構は認められない。介護老人保健施設うらには、かつて曲輪・土塁等があったとされるが、前身の淡河スポーツ研究センターの建設によって消滅している[*7]。

＊5　宮田二〇一五

＊6　「有馬系図」『寛永諸家系図伝』

＊7　兵庫県教育委員会一九八二・宮田二〇一五

畝状空堀群Ｅ北端（西から）

淡河城攻めの付城

33 淡河城西付城《おうごじょうにしつけじろ》

指定区分：未指定
所在地：神戸市北区淡河町淡河
遺構：曲輪・土塁・横堀
規模：七〇×五〇m
標高／比高：一八〇m／四〇m

【選地】淡河城の南南西約四五〇mの丘陵端部に位置する。淡河城とは台地続きであり、標高は約三〇m高いが、谷を挟んだほぼ同標高の尾根により、淡河城方面への見通しは利かない。

【歴史】有馬則氏《のりうじ》が城主と伝わる。*1 天正寺城と同様、天正七年（一五七九）五月頃に織田方によって築かれた淡河城攻めの付城とされる。

主郭Ⅰ空堀Ａ（南西から）

【遺構】中央に位置する主郭Ⅰとその北西側のⅡ郭、主郭Ⅰ南東側のⅢ郭等で構成される。

主郭Ⅰは、一辺約二〇mの方形を呈し、北西・南東を除いて高さ約一mの土塁がめぐり、東辺外側には空堀Ａが配されている。北西隅には虎口Ｂがあり、一段下の帯曲輪に通じる。

Ⅱ郭は、Ⅲ郭南辺から続く高さ約五〇㎝の土塁が西辺に延びる。西辺土塁外側には堀切Ｃが配されている。西辺土塁は中央部が途切れて虎口Ｄとなっており、堀切土橋を経由して城外へと至る。

Ⅲ郭は、尾根を一部分断するかたちで南北方向の深さ約一mの空堀Ｅが設けられている。北辺の縁辺部は削平不明瞭と

Ⅲ郭南辺土塁（南東から）

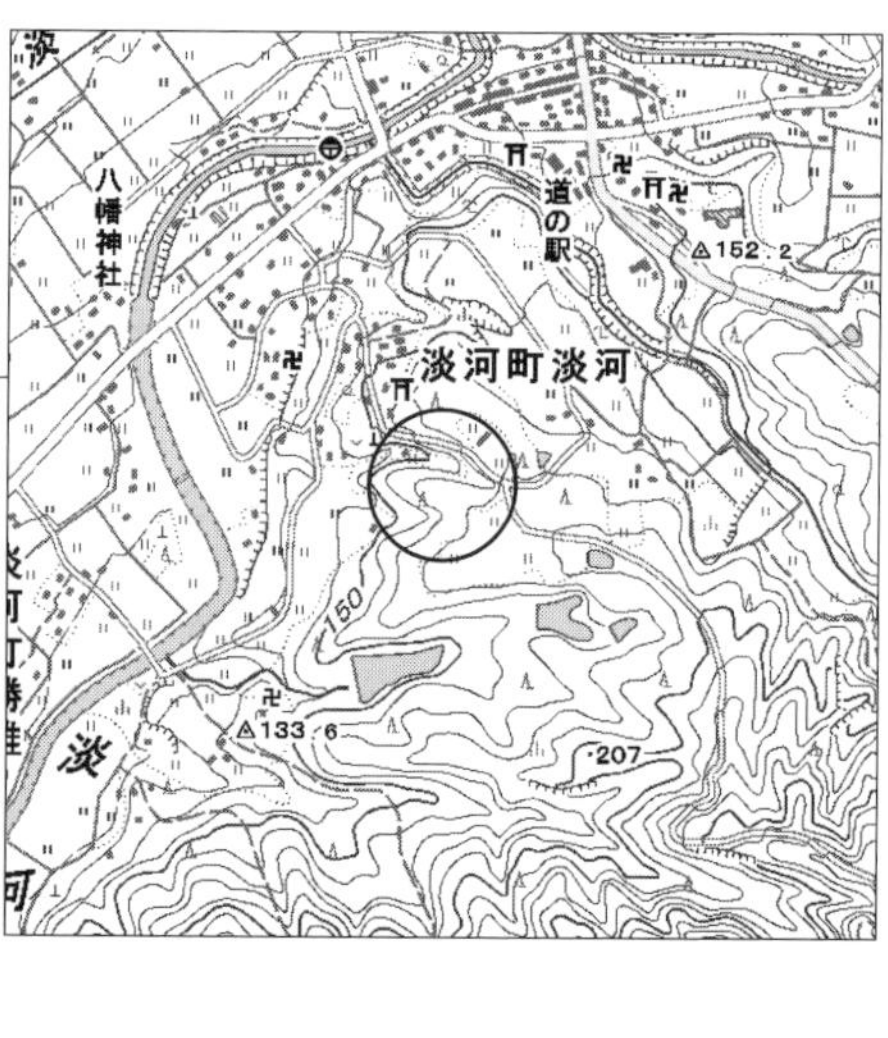

なっており、ほぼ自然地形と考えられる。Ⅲ郭東側尾根続きは台地となっており、遺構が広がっていた可能性もあるが、ほ場整備により地形が改変されたため、詳細は明らかにならない。

【評価】城外からは虎口Dから Ⅱ郭に入り、主郭Ⅰの北西の土塁が途切れた箇所から主郭Ⅰに入るようになっていたとみられる。Ⅱ郭は、二折れ一空間を呈する外枡形状の虎口空間であったといえる。すなわち、主郭Ⅰ・Ⅱ郭が本郭部、Ⅲ郭以東を軍勢の駐屯地とする二重構造の付城と考えられる。城主が織田方の有馬則頼の一族とみられる則氏と伝わっていることからも、文献史料にみられる天正七年五月頃に淡河城攻めの際に築かれた織田方の付城と判断してよかろう。

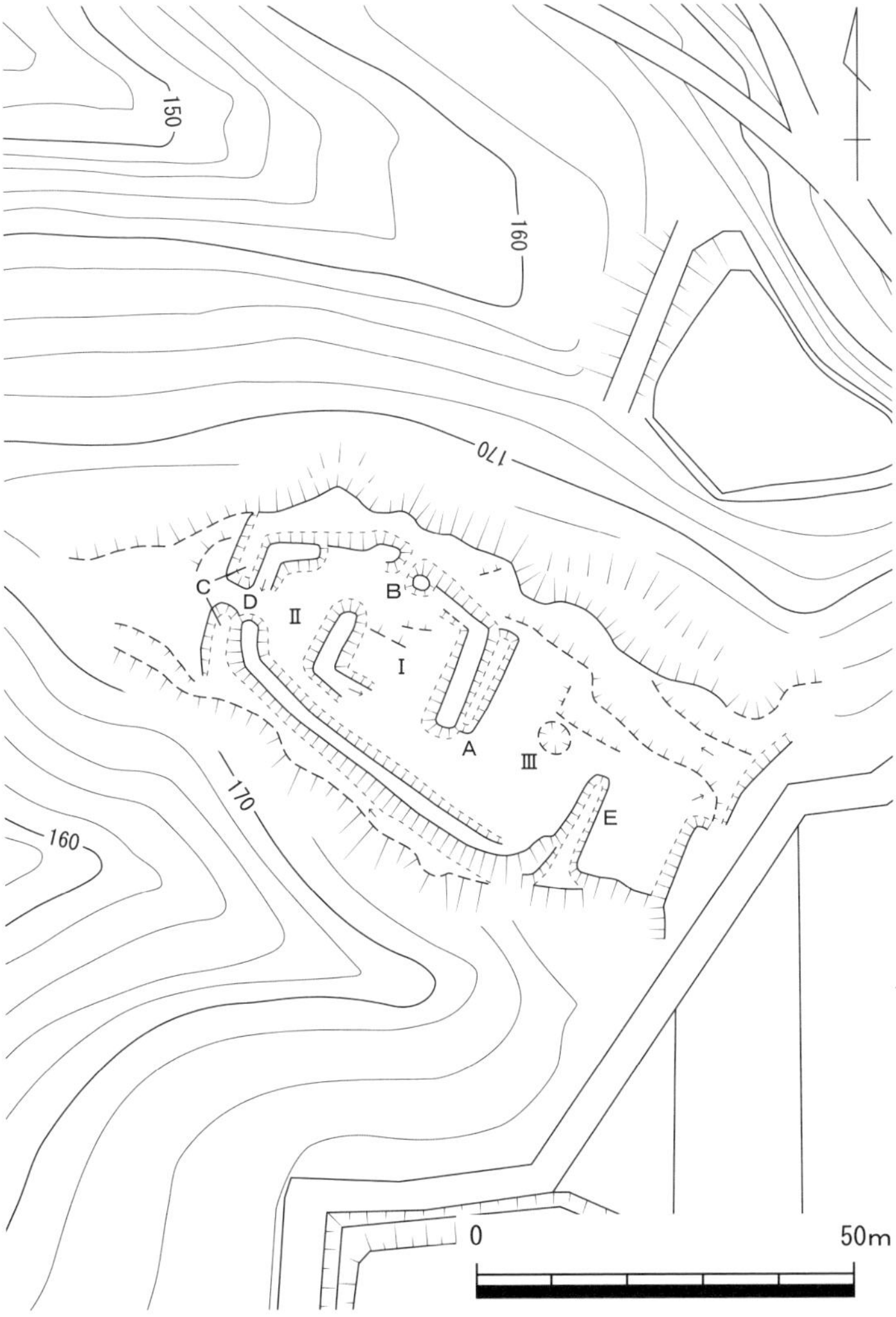

淡河城西付城縄張り図（金松誠作図）

＊1　兵庫県教育委員会一九八二

「嘉古口の附城」か

34 野《の》村《むら》城《じょう》

指定区分：未指定
所在地：兵庫県加古川市八幡町野村
遺構：曲輪・土塁・空堀
規模：一二〇×九〇m
標高／比高：五五m／三〇m

【選地】加古川市と三木市の境界付近の南から続く台地西端に位置する。北側約一〇〇mに三木と姫路をつなぐ姫路道が通る。加古川方面への眺望が良い。

【歴史】『加古郡誌』*1には近世の地誌類が引用されており、それによると城主は、『播州古城記』では「宮部吉祥坊」、『播州古城軍記』では「宮部善祥房」とし、いずれも三木合戦において羽柴秀吉に従ったとする。一方、『播州古城蹟集録』では城主は不明としながらも、別所長治幕下であったとする。なお、宮部善祥坊継潤は近江出身の秀吉家臣であり、『播磨鑑』によると三木城攻めの織田方の付城である這田村法界寺山ノ上付城の城主であったとされている。

横堀B（北から）

【遺構】主郭Ⅰ・Ⅱ郭・Ⅲ郭・Ⅳ郭で構成される。主郭Ⅰ

＊1　加古郡役所一九一三

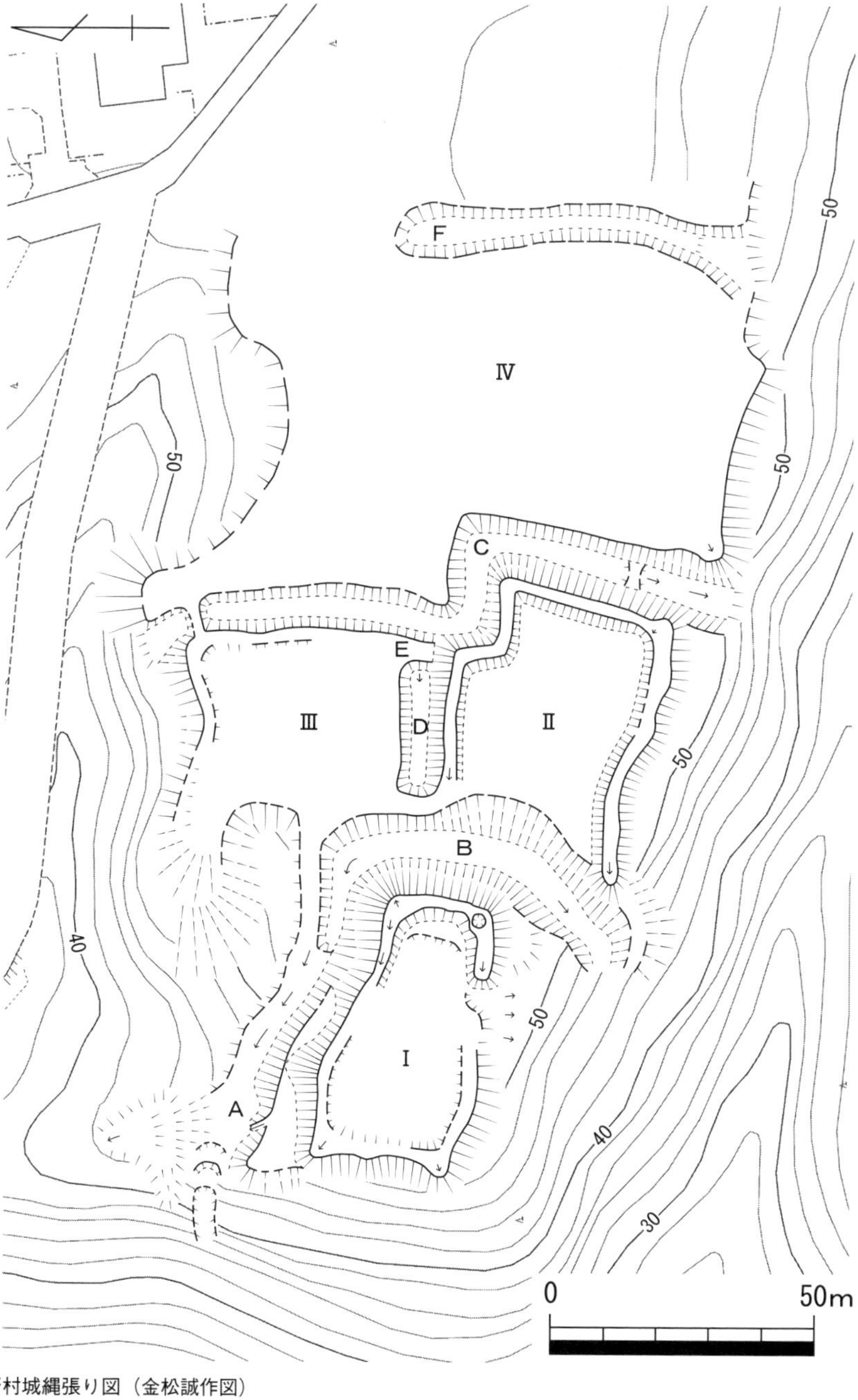

野村城縄張り図（金松誠作図）

上：堀切Ａ（東から）　下：Ⅱ郭横堀Ｃ（北から）

は西端に位置し、規模は約五〇×約三〇mを測る。周囲に土塁が設けられており、東半部の高さは約一m、西半部の高さは約〇・三〜〇・五mを測る。北西隅から北へ延びる尾根続きは堀切Aによって遮断され、堀底が主郭Ⅰ北側の帯曲輪とつながり、Ⅲ郭へと通じる。主郭Ⅰ東側には最大で幅約二〇m・深さ約五mの横堀Bが設けられ、Ⅱ郭・Ⅲ郭と画している。

Ⅱ郭は、約五〇×約四〇mを測る。西辺を除く三辺に高さ約〇・五〜一・三mの土塁がめぐり、その東辺・北辺の外側には横堀C・Dがめぐる。横堀Dの東端は閉塞土塁Eが設けられ、横堀Cからの敵兵の侵入を防いでいる。Ⅱ郭北西隅は開口しており、Ⅲ郭と通じる。北東隅は内側に屈曲しており、横堀Cを南進する敵兵に対し、横矢が掛かる構造となっている。

Ⅲ郭は、東辺にⅡ郭から延びる横堀Cが配され、その北端付近の土橋により東側台地続きのⅣ郭と通じる。曲輪内部の削平は不十分であり、横堀CもⅡ郭側と比べ浅くなっている。

Ⅳ郭は、自然地形とみられ、東辺には浅い横堀Fが設けられ、城域を画している。

横堀Ｄ（西から）

【評価】主郭Ⅰが本郭部、Ⅱ郭・Ⅲ郭・Ⅳ郭を駐屯地とする二重構造の陣城と考えられる。Ⅳ郭以東の尾根続きも駐屯地として機能した可能性がある。

織田方の宮部善祥坊が城主と伝わっていること、天保十二年（一八四一）に描かれた「播州三木城地図」に当城が「糟屋城跡」とされ、織田方の糟屋《かすや》氏と関連するとみられることからも、三木合戦時に織田方の陣城として機能していたと考えられる。[*2] 多田暢久は主郭Ⅰのみは別所幕下の在地土豪の城であった可能性があるとし、三木合戦時に織田方によってⅡ郭・Ⅲ郭が設けられた可能性を指摘している。[*3]

立地的には三木城を直接包囲するものではなく、加古川方面からのつなぎの城として機能したと考えられる。

天正六年（一五七八）七月、神吉・志方両城を落とした織田軍が三木城攻めに向かっていることから、このときかそれ以降に築かれたとみられる。

なお、「山内系図」[*4]によると、天正六年八月十五日夜に別所方の石野氏満が三木城から出陣して「嘉古口の附城」を攻め、駆け付けた山内一豊と一戦に及んだという。この記述が史実であるならば、当城が「嘉古口の附城」に該当するかもしれない。

＊2　多田一九九一・二〇一五c

＊3　多田二〇一五c

＊4　『寛永諸家系図伝』

織田軍の総攻撃を受けた城

35 神《かん》吉《き》城《じょう》

指定区分：未指定
所在地：兵庫県加古川市東神吉町神吉
遺構：曲輪・堀
規模：三〇〇×三〇〇m
標高／比高：一三m／三m

【選地】加古川と法華山谷川《ほっけさんたにがわ》に挟まれた東西方向に細長く延びる段丘上に位置する。北北西約二・六kmに志方《しかた》城が位置する。

【歴史】築城時期は不明である。城主は、在地の土豪である神吉《かんき》氏と伝わる。三木合戦では城主の神吉民部少輔は別所長治等とともに毛利方に味方した。

主郭Ⅰ西辺の段差（南から）

神吉城の攻防戦の詳細について、以下に記す。

天正六年（一五七八）五月一日、織田信忠・織田信雄・織田信包・織田信孝のほか細川藤孝・佐久間信盛からなる尾張・美濃・伊勢の三か国の軍勢が播磨に出陣した。六日、明石郡大久保（兵庫県明石市）に陣を据え、先陣が別所方の神吉民部少輔の神吉城、櫛橋政伊《くしはしまさただ》の志方城、梶原景秀《かじわらかげひで》の高砂《たかさご》城へ差し向かい、加古川近辺に野陣を張った。*1

『信長公記』によると、六月二十七日、織田軍は神吉城に取り詰め、北から東の山にかけて、織田信忠・織田信孝・

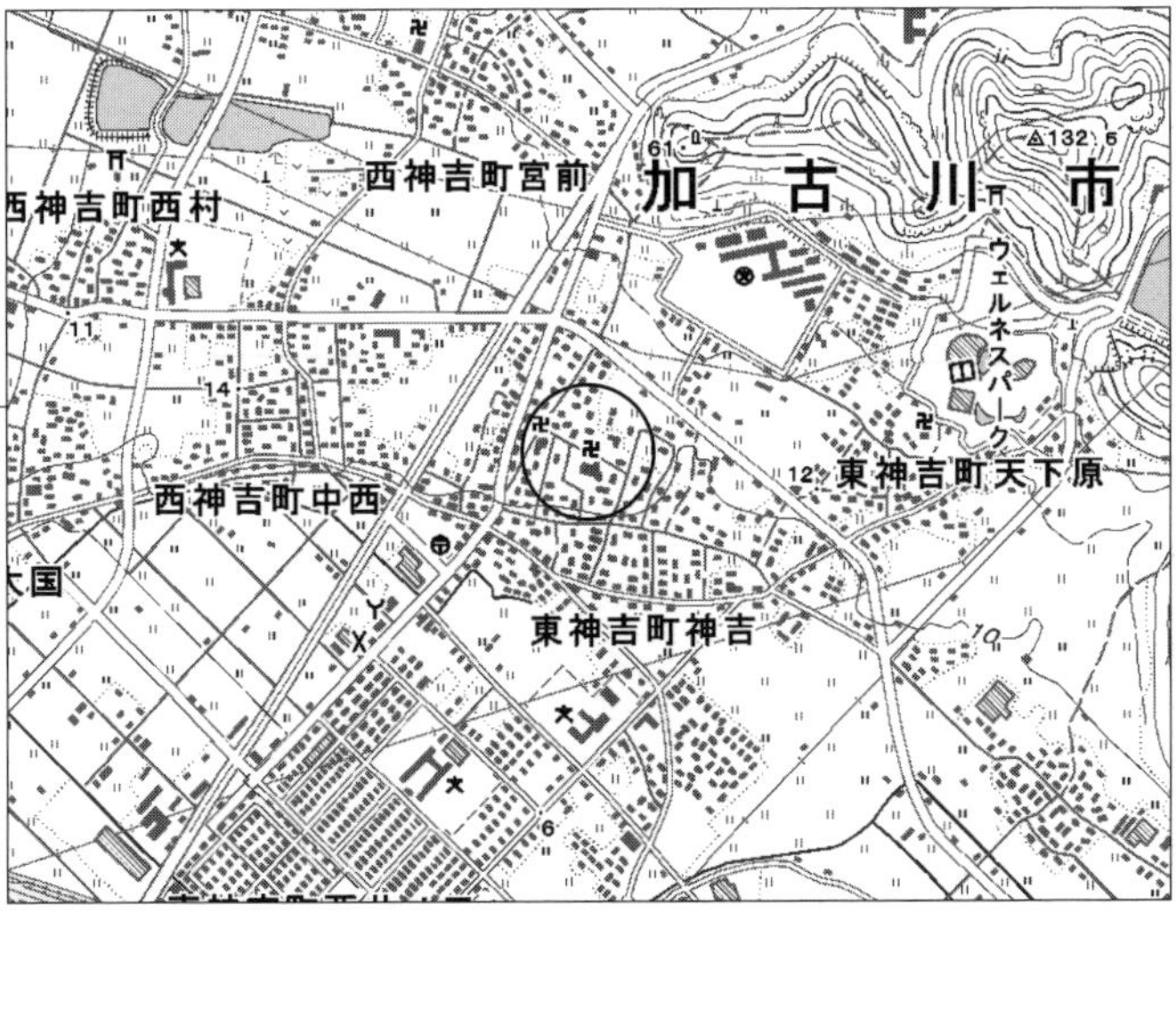

*1　『信長公記』

林《はやし》秀貞《ひでさだ》・細川藤孝・佐久間信盛が陣取った。このほか、滝川一益・稲葉一鉄・蜂屋頼隆・筒井順慶・武藤舜秀《むとうきよひで》・明智光秀・氏家直通《うじいえなおみち》・荒木村重等は神吉城を激しく攻め寄せ、「外構」を即座に攻め破り、「生《はだ》か城」にした。「本城の堀」へ次々と飛び入り、「塀」を突き崩して数時間攻めた。信孝は足軽と先を争い戦ったが、苦戦を強いられ数人の死傷者を出した。一挙に攻略するのは困難となったことから、この日は攻撃の手を緩めて、翌日には竹束を持って「本城塀際」まで詰め寄せ、埋め草で堀を埋め、築山を築いて攻め立てた。

そして、神吉城の南側が手薄であったことから、織田信包が陣を寄せた。続いて、丹羽長秀・若狭衆が神吉城の「東口」に攻め入り、まず一番に城楼《せいろう》を高々と二つ組み上げ「大鉄炮」を撃ち入れて、堀を埋めて築山を築いて攻め入った。滝川一益は、南から東にかけての攻め口を

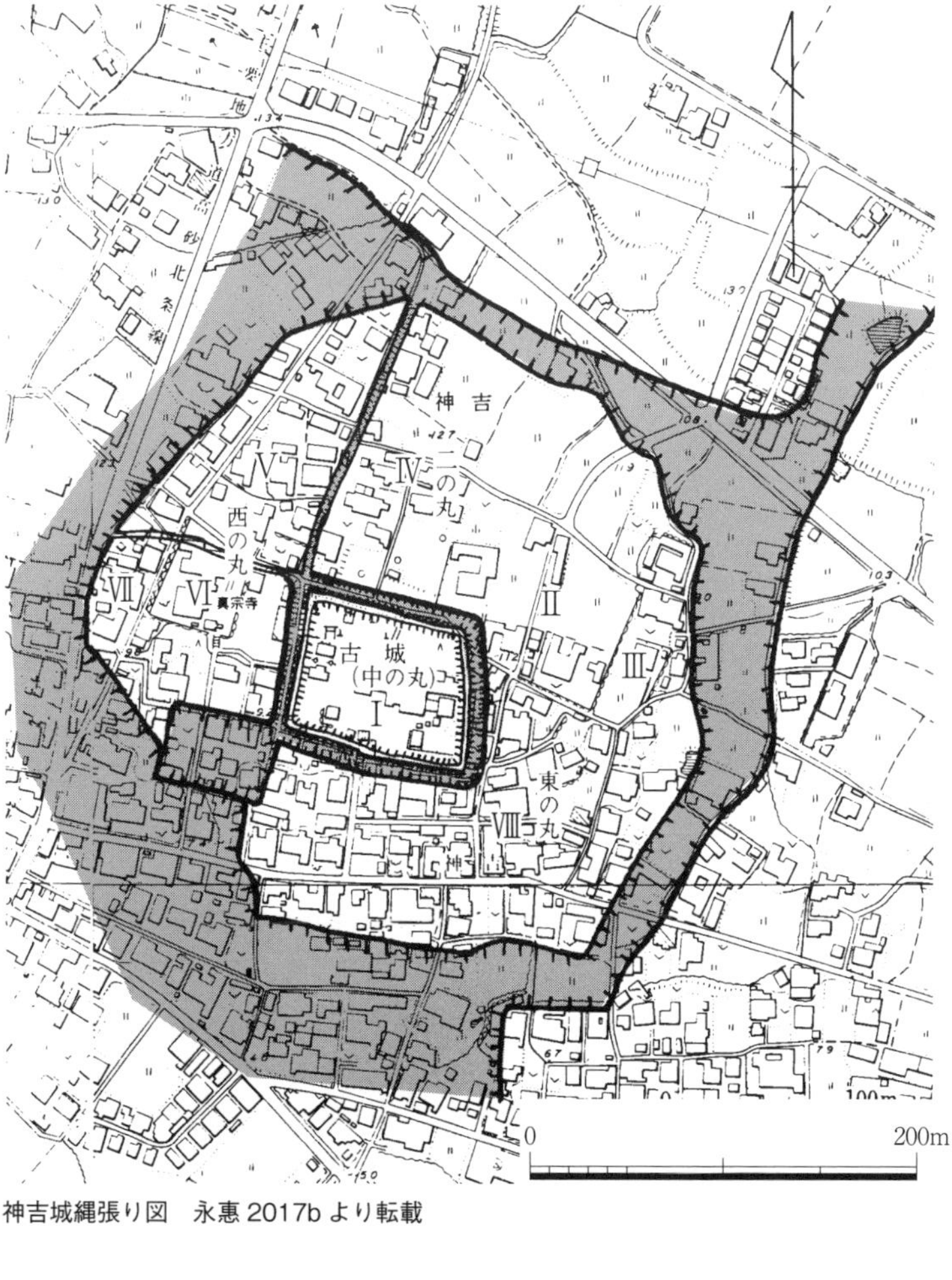

神吉城縄張り図　永恵 2017b より転載

担当した。坑夫にトンネルを掘らせ、城楼を組み上げ、「大鉄炮」をもって「塀・矢倉」を撃ち崩し、さらに「矢倉」へ火を付けて焼き落とした。このほかの諸勢もそれぞれ城楼・築山を築き、日夜攻め立てた。城内からは種々和睦の申し入れがあったが、信長の検使からの命令もあり、これを受け入れなかった。

なお、大坂本願寺顕如が紀州惣門徒中に送った書状によると、六月二十六日に神吉城の軍勢が織田方の城攻めに反撃して、約三千人を討ち取ったとし、手負いは数を知れずとある。しかしながら、織田方の軍勢は取り詰めを続けているとしている。[*2] 織田信忠・滝川一益・美濃三人衆（稲葉一鉄・氏家直昌《なおまさ》・安藤守就《あんどうもりなり》）・明智光秀・丹羽長秀が神吉城を攻めるも、多くの負傷者を出し、一益も負傷していることから、[*3] 織田方が苦戦していたことは間違いない。

七月十五日夜に滝川一益・丹羽長秀の軍勢が「東の丸」に乗り入り、十六日に「中の丸」へ攻め込み、神吉民部少輔を討ち取った。そして、「天主」に火をかけ、焼き落とし、神吉方の過半の兵を焼死させた。一方、「西の丸」に籠もる神吉藤大夫は、荒木村重・佐久間信盛に詫言を入れて赦免され、志方城へ退いた。これにより、神吉城が落城した。この勢いで織田方は志方城へ総勢で攻め、降参させている。[*4]

天正八年四月、羽柴秀吉は播磨平定にあたって、九城の城破りを命じ、その一つとして神吉城は副田甚兵衛によって破却された。[*5]

【遺構】方形を呈す常楽寺《じょうらくじ》の敷地が主郭Ⅰである。周囲より一段高くなっており、「奈幸子《なこし》城絵図」によると、周囲には堀がめぐっていたとする。

主郭Ⅰ北東側に同程度の規模の方形のⅡ郭があり、西辺を除き周囲より一段高くなっている。その東側一段下にⅢ郭がある。その東辺は堀がめぐり、城域を画していたと考えられる。

中の丸跡と伝わる常楽寺

＊2　七月七日付「紀州惣門徒中宛本願寺顕如書状」『念誓寺文書』姫八・一五四〇

＊3　『家忠日記』天正六年七月七日条

＊4　『信長公記』

＊5　四月二十六日付「国中城わるべき覚」『一柳文書』秀・二三五

Ⅳ郭は、主郭Ⅰ北側・Ⅱ郭西・北側に位置する。標高一三ｍであり、城内の最高所となっている。広い空間となっており、絵図によると西辺は主郭Ⅰ西辺から北に延びる堀、北辺は県道平荘魚橋線の南側で堀がめぐっていたと考えられる。

Ⅴ郭は、Ⅳ郭の堀を隔てた西側に位置する。北辺から西辺にかけて一段下がっており、城域を画している。南辺は絵図によると、主郭Ⅰ北辺から西方向に堀が延びている。

Ⅵ郭は、主郭Ⅰ西辺およびⅤ郭南辺に隣接している真宗寺の敷地である。西辺と南辺は一段高くなっており、その一段下にⅦ郭が位置する。絵図によると、主郭Ⅰ北辺堀が西方向に延び、Ⅶ郭北西端の南北に延びる道の西側で南側に折れ、道に沿って南へと続いていく。絵図には南東側に方形の池が描かれている。

Ⅷ郭は、主郭Ⅰ・Ⅱ郭・Ⅲ郭の南側に位置する。南側へ緩やかに傾斜しており、東辺は堀、南辺は切岸もしくは堀によって城域が画されていたようである。[*6]

【評価】『信長公記』に記される「本城」は、主郭Ⅰ～Ⅷ郭と考えられる。周囲の堀や切岸が「本城の堀」とみられ、織田軍の攻撃を防ぐうえで重要な役割を果たした。

「中の丸」は主郭Ⅰ、「西の丸」はⅤ～Ⅶ郭に該当するものとみられる。「東の丸」は、Ⅱ郭・Ⅲ郭やⅧ郭東半部に該当するとみられるが判然としない。なお、「本城」には「矢倉」、「中の丸」には「天主」があったとされるが、高層建築物があったかどうかは不明である。「本城の堀」のさらに外側を囲んでいたとされる「外構」についても、遺構としては確認されていない。絵図に描かれる神吉城西側の田畑・集落を囲い込む水路がそれに該当するかもしれない。

以上のように、神吉城は宅地化により不明な点が多い。実態の解明は、今後の発掘調査の進展に委ねることにしたい。

＊6　兵庫県教育委員会一九八二・加古川市史編さん専門委員一九九四・永惠二〇一七b

神吉民部少輔頼定の墓

毛利方の救援拠点

36 志《し》方《かた》城《じょう》

指定区分：未指定
所在地：兵庫県加古川市志方町志方
遺構：曲輪・堀
規模：三五〇×二八〇m
標高／比高：二〇m／七m

【選地】東側に法華寺山谷川、西側に法華寺山谷川に合流する小河川に挟まれた南北に延びる段丘上に位置する。南南東約二・六kmに神吉城が位置する。東西に延びる姫路道が南接している。

【歴史】築城時期は不明である。城主は、在地の土豪である櫛橋氏と伝わる。三木合戦時は、櫛橋左京亮政伊が城主とされ*1、別所長治等とともに毛利方に味方した。黒田孝高の妻光の実家でもあった。

天正六年（一五七八）五月一日には、織田信忠・信雄・信包・信孝のほか細川藤孝・佐久間信盛からなる尾張・美濃・伊勢の三か国の軍勢が播磨に出陣した。六日、明石郡大久保（兵庫県明石市）に陣を据え、先陣が別所方の神吉民部少輔の神吉城・櫛橋政伊の志方城・梶原景秀の高砂城へ差し向かい、加古川近辺に野陣を張っている*2。

主郭Ⅰ・Ⅱ郭東辺接続部（東から）

＊1　『別所長治記』
＊2　『信長公記』

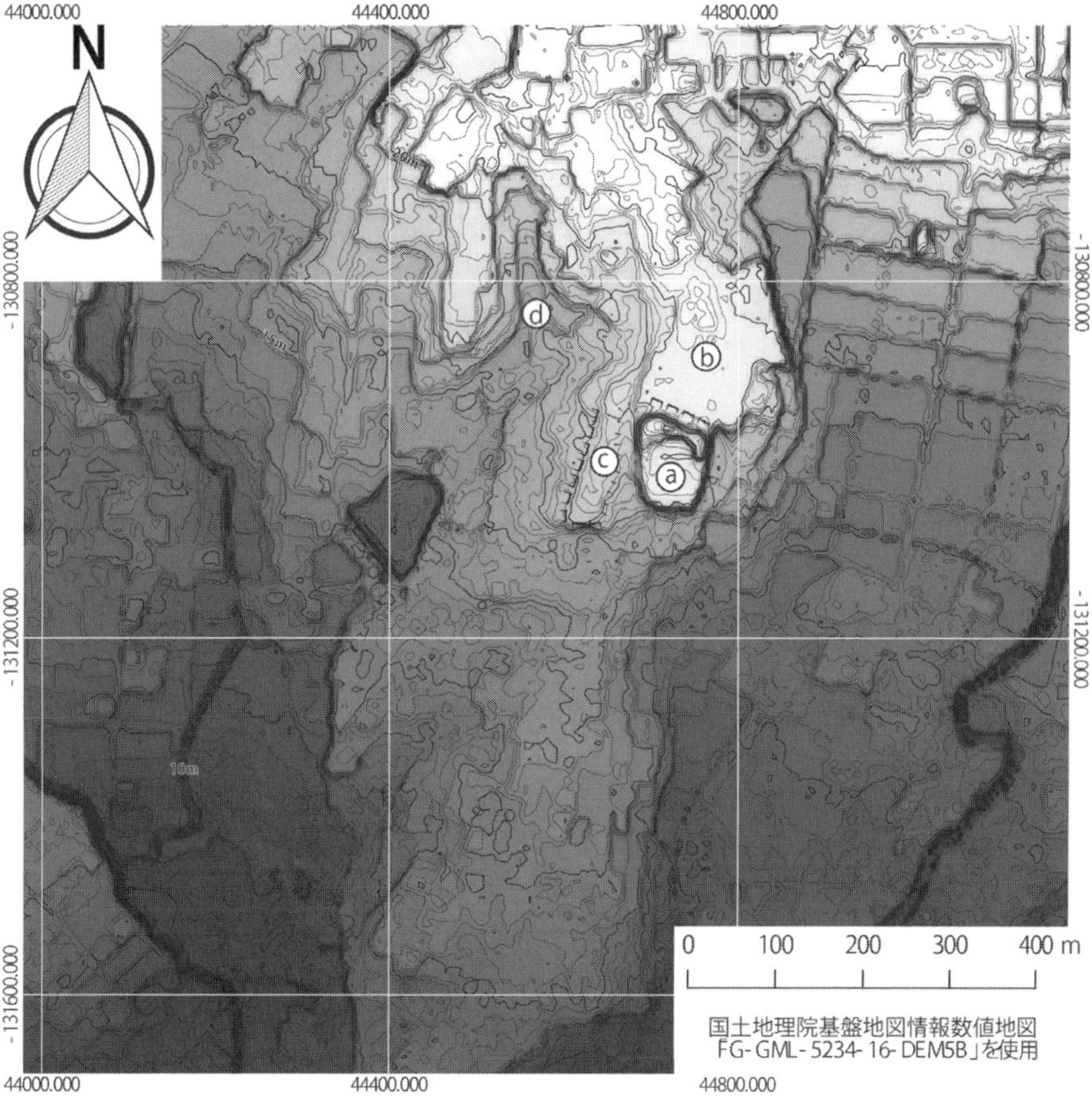

志方城微地形図（永恵 2017a より転載）

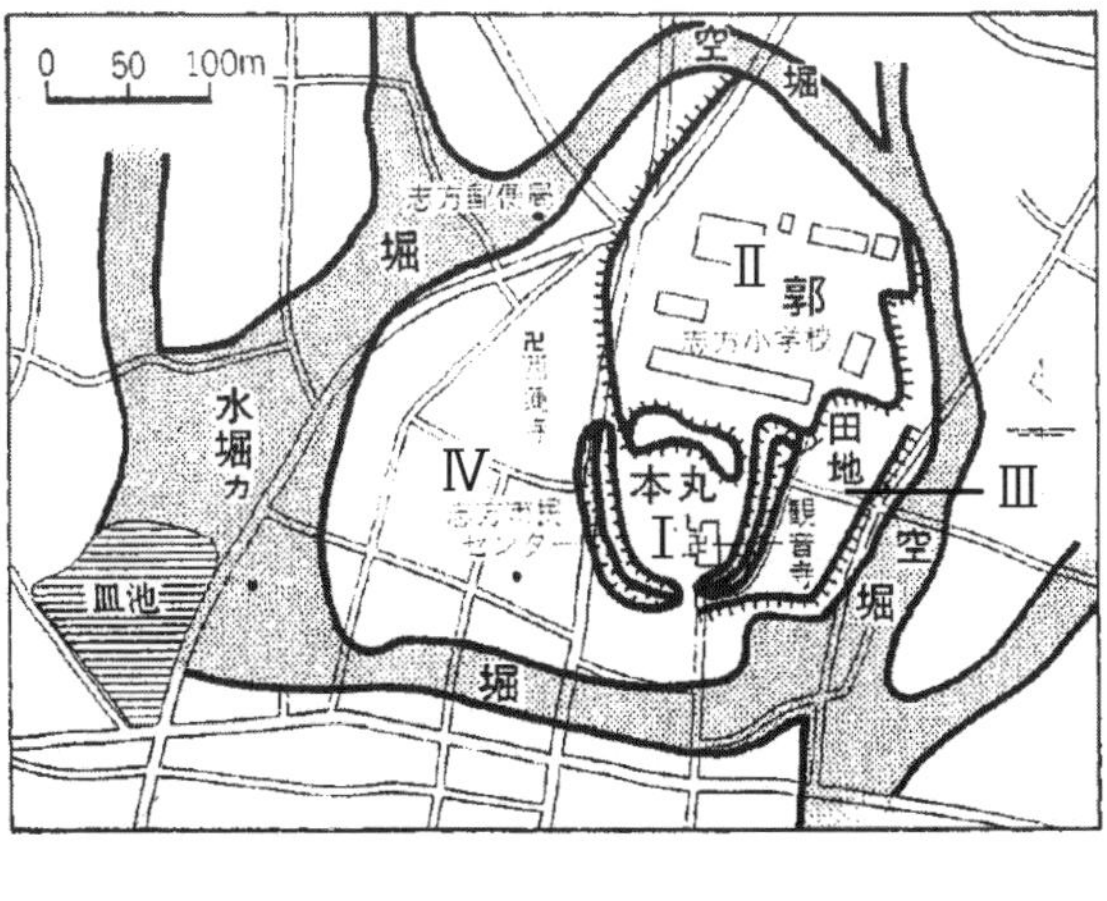

志方城縄張り図
（加古川市史編さん専門委員
1994 より転載一部改変）

上：主郭Ⅰ北辺土塁（南西から）
下：本丸跡と伝わる観音寺（南から）

六月二十七日、志方城に対し、織田信雄が陣取り、この他丹羽長秀・若狭衆が西の山に陣を張った。七月十六日、織田軍は神吉城を攻め落とし、城主神吉民部少輔を討ち取った。その際、「西の丸」に籠もる神吉藤大夫は、荒木村重・佐久間信盛に詫言を入れて赦免され、志方城へ退いた。ついで、織田方は志方城へ総勢で攻め、櫛橋政伊を降参させている。秀吉は、人質とともに志方城を受け取ったという。[3] ただし、十六日時点で秀吉は但馬竹田城（兵庫県朝来市）に在しているので、実際には他の部将が受け取ったのであろう。

十一月十四日、小早川隆景は毛利輝元の家臣粟屋元種《あわやもとたね》に対し、志方の櫛橋政伊・三木の別所長治等へ申し合わせてことごとく味方になっていることを報告している。[4] 七月の志方落城で織田方に降った政伊が、再び毛利方に与したようである。天正七年十月段階でも政伊は志方城に籠もり、織田方と対峙している。[5]

しかし、毛利方の播磨国衆は次第に劣勢に立たされた結果、天正八年正月十日に志方城は御《ご》

主郭Ⅰ北辺土塁南東端（南西から）

＊3　『信長公記』

＊4　十一月十四日付「粟屋元種宛小早川隆景書状案」『毛利家文書』戦瀬・五九八

＊5　十月二十八日付「小寺休夢斎宛羽柴秀吉書状」（『豊太閤真蹟集』）秀・二〇五

＊6　正月十四日付「赤佐左衛門尉宛羽柴秀吉書状」『反町文書』秀・二一一

着《ちゃく》城（兵庫県姫路市）とともに開城している。[*6]

【遺構】観音寺《かんのんじ》境内が本丸跡と伝わる（主郭Ⅰ）。北半部は墓地となり、北辺には高さ約二mの鎹状の土塁がコンクリート擁壁で改変を受けながらも残っている。周囲には現況から推察して、堀がめぐっていたとみられる。

Ⅱ郭は、主郭Ⅰ北側に隣接する志方小学校とその北側の宅地に該当する。主郭Ⅰ・Ⅱ郭は丘状になっており、地形的に周囲より高くなっている。

主郭Ⅰ・Ⅱ郭の東側一段下にⅢ郭、主郭Ⅰ南側と西側およびⅡ郭西側の一段下にⅣ郭が位置する。Ⅳ郭は、西側にかけて緩やかに傾斜している。現況からは、Ⅱ～Ⅳ郭の周囲に堀がめぐり城域を画していたと考えられる。[*7]

城跡遠景（北東から）

【評価】神吉城同様、段丘上に曲輪群を配置し、その周囲の一段下に堀をめぐらしている構造であったと判断できる。姫路道に接していることから、三木合戦時においては織田・毛利双方にとって戦略上押さえる必要があったといえる。当城は、御着城とともに毛利方による西方面における三木城の救援拠点の一つとして機能していたといえよう。

＊7　兵庫県教育委員会一九八二・加古川市史編さん専門委員一九九四・永惠二〇一七a

Ⅲ郭（南から）

播磨屈指の大規模平城

37 御《ご》着《ちゃく》城《じょう》

指定区分：未指定
所在地：兵庫県姫路市御国野町御着
遺構：曲輪・堀・土塁・塼列建物
規模：四五〇×四二〇m
標高／比高：一二m／二m

礎石建物跡　画像提供：姫路市埋蔵文化財センター

【選地】天川《あまかわ》東岸の河岸段丘上に位置する。近世山陽道が城内を東西に貫通し、その北約一kmには東西に延びる姫路道（近世有馬街道）が位置するなど交通の要衝であった。現況は、「本丸」は茶臼山《ちゃうすやま》と呼ばれており、国道2号線を挟んで北側には御着城跡公園のほか、享和二年（一八〇二）に福岡藩主の黒田斉清《なりきよ》が建立し、黒田孝高の祖父重隆《しげたか》・孝高の母（明石氏女）を祀る黒田家廟所が位置する。南側には小寺政隆・則職・政職と天正年間の戦いで亡くなった人々を祀る小寺大明神が位置する。「二ノ丸」は御着城跡グラウンドとして整備されている。

【歴史】城主は、播磨守護赤松氏に仕えた有力国人の小寺氏である。長享二年（一四八八）九月に反銭奉行として小寺則《のり》職《もと》・薬師寺貴能《やくしじたかよし》の名がみられ、[*1] 明応四年（一四九五）十二月には御着に納所《なっしょ》が置かれている。[*2]

永禄十二年（一五六九）八月、毛利元就の要請を受けた織

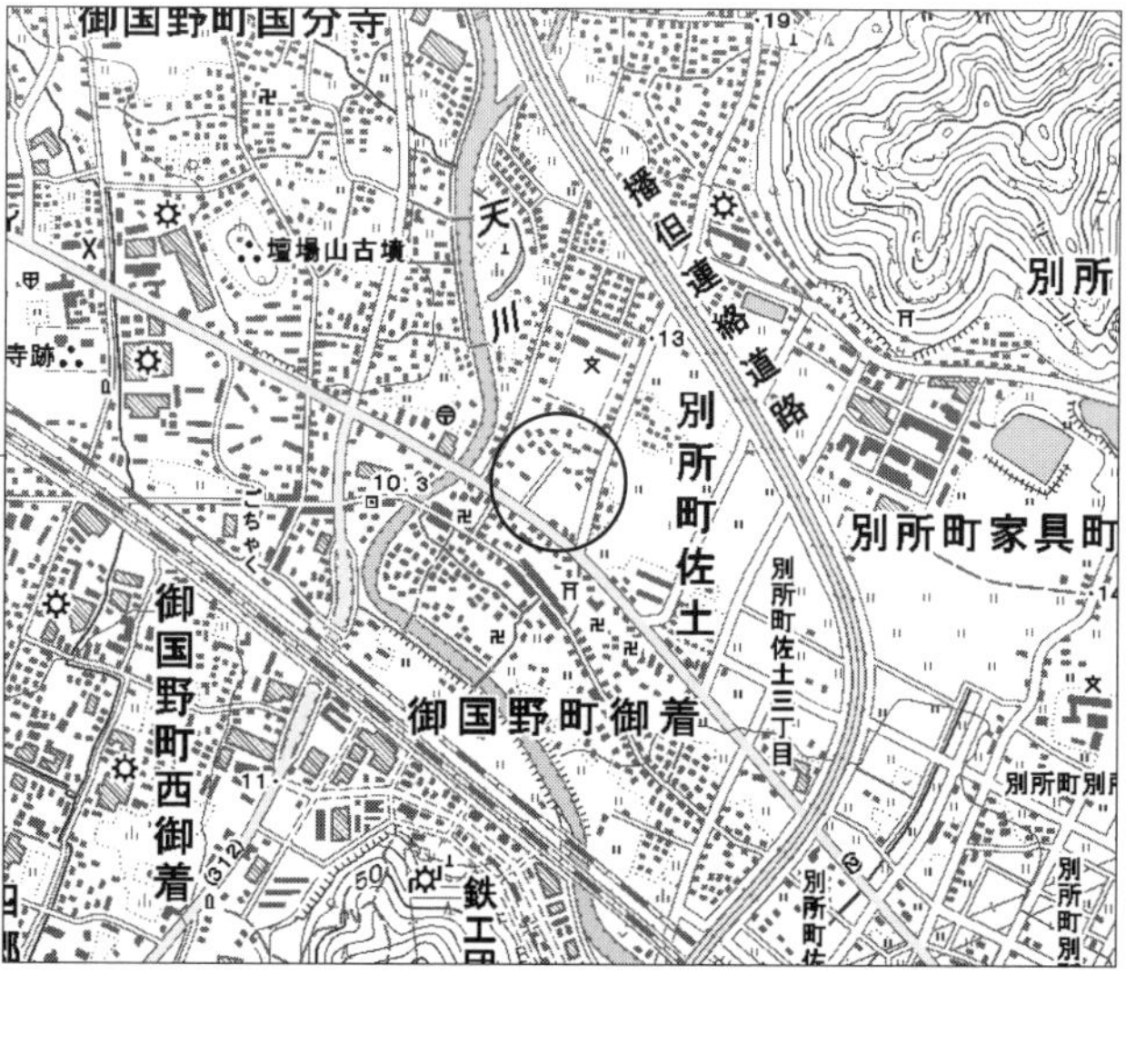

＊1　『蔭凉軒日録』
＊2　明応四年十二月六日付「播磨国蔭山庄多田・山田村名主等申状案」『九条家文書』姫八・一〇六一

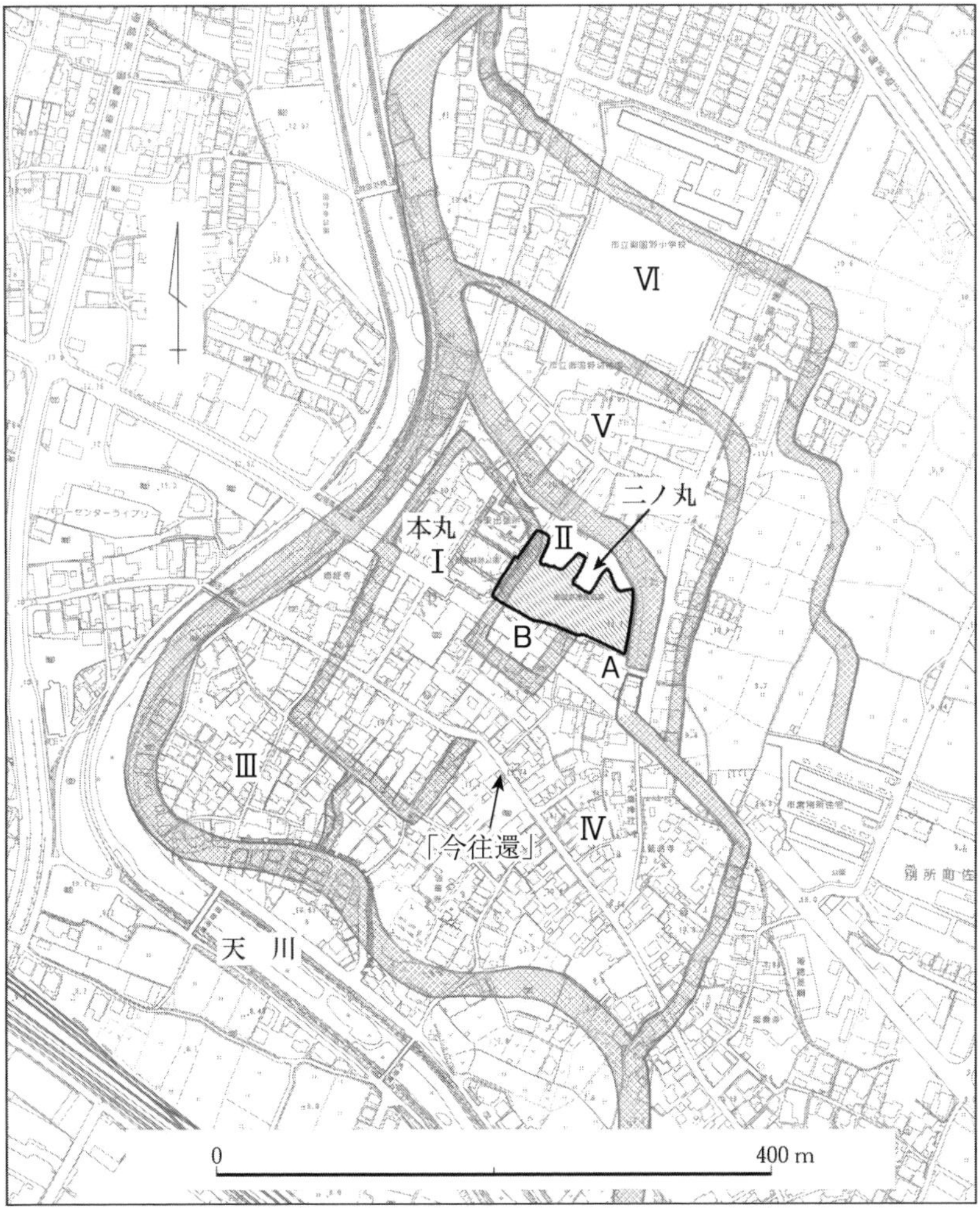

御着城縄張り推定図（姫路市史編集専門委員会 2010）　図面提供：姫路市埋蔵文化財センター

塼列建物跡　画像提供：姫路市埋蔵文化財センター

田信長は、将軍足利義昭の命により、但馬・播磨へ派兵した。播磨へは木下助右衛門尉・木下定利・福嶋や池田勝正《いけだかつまさ》のほか、別所氏も加わり、約二万の軍勢で合戦に及び、増井《ますい》・地《じ》蔵院《ぞういん》両城（兵庫県姫路市）、大塩《おおしお》（同姫路市）・高砂（同高砂市）・庄山《しょうやま》（同姫路市）の各城を攻め落としている。播磨守護赤松義祐《よしすけ》の置塩《おじお》城（同姫路市）・小寺政職の御着城のほか曽根《そね》城（同高砂市）も降伏間近となった。*3 しかし、九日の青山（同姫路市）における合戦で小寺政職は、龍野の赤松政秀《まさひで》を破り、*4 備前の浦上宗景《むねかげ》が義祐支援のため播磨へ派兵すると、織田軍はやむなく撤収した。*5

黒田孝高の主君である小寺政職は、その後織田方となり、三木合戦序盤戦においても織田方の立場にあった。しかし、天正六年（一五七八）十月に荒木村重が信長に対して反旗を翻したのをきっかけとして、政職も毛利方に味方した。

天正七年十月段階でも政職は御着城に籠もり、織田方と対峙している。*6

しかし、毛利方の播磨国衆は次第に劣勢に立たされた結果、天正八年正月十日に御着城は志方とともに開城している。*7

四月、秀吉は播磨平定にあたって、九城の城破りを命じ、その一つとして御着城は蜂須賀正勝《はちすかまさかつ》によって破却された。*8

【遺構】 西辺と南辺は、天川が天然の外堀となっている。宝暦五年（一七五五）に作製された「播

*3　八月十九日付「毛利元就他宛朝山日乗書状写」『益田家什書』姫八・一四六五

*4　八月二十二日付「芥田家久宛小寺政職感状」『芥田家文書』姫八・一四六六

*5　□月二十三日付「某宛浦上宗景書状写」池田家古判手鑑古文書写『岡山県古文書集』第四輯

*6　十月二十八日付「小寺休夢斎宛羽柴秀吉書状」（『豊太閤真蹟集』秀・二〇五

*7　正月十四日付「赤佐左衛門尉宛羽柴秀吉書状」『反町文書』秀・二一一

*8　四月二十六日付「国中城わるべき覚」『一柳文書』秀・二三五

州飾東郡府東御野庄御着茶臼山城地絵図」によると、堀に囲まれた「本丸」（Ⅰ）および北側が旧流路とみられる低湿地の堀で画された「二ノ丸」（Ⅱ）が中心部とみられる。「本丸」と天川の間がⅢ郭、本丸東側がⅣ郭となる。絵図には、さらに北側と東側には堀が描かれており、Ⅴ郭・Ⅵ郭が形成されていたようである。

「二ノ丸」南東隅の南北方向の堀の開口部に「門」と記されていることから、ここが虎口Aと考えられる。この虎口には、「二ノ丸」の張出部Bから正面方向に攻撃することができる。

なお、「本丸」南側の「今往還」沿いの北側に「家中」、その東側のⅣ郭の「今往還」沿いの両側に「町屋」、Ⅴ郭北西隅に「蔵」、Ⅵ郭北西側に「馬屋」が記されているが、これらが城の時代まで遡るかは不明である。城の存続時の山陽道は、本丸南辺の堀外側に東西方向に延びていたようである。

考古学的成果としては、主に「二ノ丸」において、昭和五十二（一九七七）～五十四年度にかけて姫路市教育委員会により発掘調査が実施されている。[*9] その結果、1期（十四世紀後半～十五世紀中頃）・2期（十五世紀中頃～十六世紀中頃）・3期（十六世紀後半頃）に分かれることが判明している。

1期は、十四世紀後半頃の埋甕が出土したほか、十五世紀前半頃には掘立柱建物や柵をめぐらせた小規模な居館が成立していた。

2期は、十五世紀末以降には逆コの字状の小型の堀が掘られ、その内側に複数の掘立柱建物が存在するなど、居館

＊9　姫路市教育委員会一九八一

本丸

二の丸

黒田家廟所

の内部が整備されている様相が読み取れる。

３期は、十六世紀中頃以降には西辺に大型堀（幅一〇・五m、深さ三・五m以上）やそれに平行する中型堀（幅四m、深さ一・八m）がめぐる。東辺には版築で構築された土塁（高さ一・五m）が設けられ、再三の増築により当初の土塁基底部幅五・五mから一〇mと大型化している。部分的な石垣のほか、塼列建物（蔵か）・礎石建物・石組溝・井戸・石組土坑等が検出されている。この時期は、遺物量も増加していることから、御着城の最盛期と考えられる。

遺物の大多数は日用雑器で占められ、その多くは備前焼等の国産陶器である。高級品である中国製の青磁・白磁・青花・天目茶碗のほか、短刀や槍、鉄砲玉等の戦いに関連する遺物も出土している。また、軒丸瓦・軒平瓦等の瓦類が出土していることから、一部の建物の屋根には瓦が葺かれていたことがわかる。[*10]

【評価】十四世紀後半から天正八年までの約二〇〇年間、小寺氏の拠点として徐々に整備されていき、最終段階には大型の堀や土塁、瓦葺き礎石建物や塼列建物のほか部分的に石垣を設けるなど、総構えを備える播磨屈指の大規模平城として整備された。播磨国人による平城の最高到達点を示す事例といえる。

小寺大明神

＊10　姫路市史編集専門委員会二〇一〇、姫路市埋蔵文化財センター二〇一四a・b

播磨守護赤松氏の居城

38 置《お》塩《じお》城《じょう》

【選地】夢前川《ゆめさきがわ》東岸の城山に位置する。山頂部からは視界が南北に開き、特に南方は姫路市の中心街から播磨灘・淡路島・四国まで見渡すことができる。西麓に登山口があり、駐車場も備わっている。山頂まで約五〇分で到着する。

Ｉ－１郭塼列建物　置塩城跡の写真はすべて姫路市埋蔵文化財センターの提供

指定区分：国指定史跡
所在地：兵庫県姫路市夢前町宮置・糸田
遺構：曲輪・土塁・石垣・塼列建物
規模：六〇〇×四〇〇m
標高／比高：三七〇m／三一〇m

【歴史】播磨守護赤松氏の居城である。築城時期については定かではないが、十六世紀初頭に赤松義村《よしむら》が守護所を坂本（兵庫県姫路市）から置塩の麓（岡前遺跡）に移して、天文年間（一五三二～一五五五）前半に義村嫡男の晴政《はるまさ》によって当城が築かれたと考えられている。[*1] 松平文庫『赤松傳記』に「天文七年、小鹽山に屋形御座の時」とあり、天文七年（一五三八）に初めて置塩城が史料に登場する。このとき、出雲の尼子《あまご》詮久《あきひさ》が播磨へ侵攻し、播磨国衆の一部がこれに味方したため、晴政は置塩城への籠城では堪えきれないと判断し、留

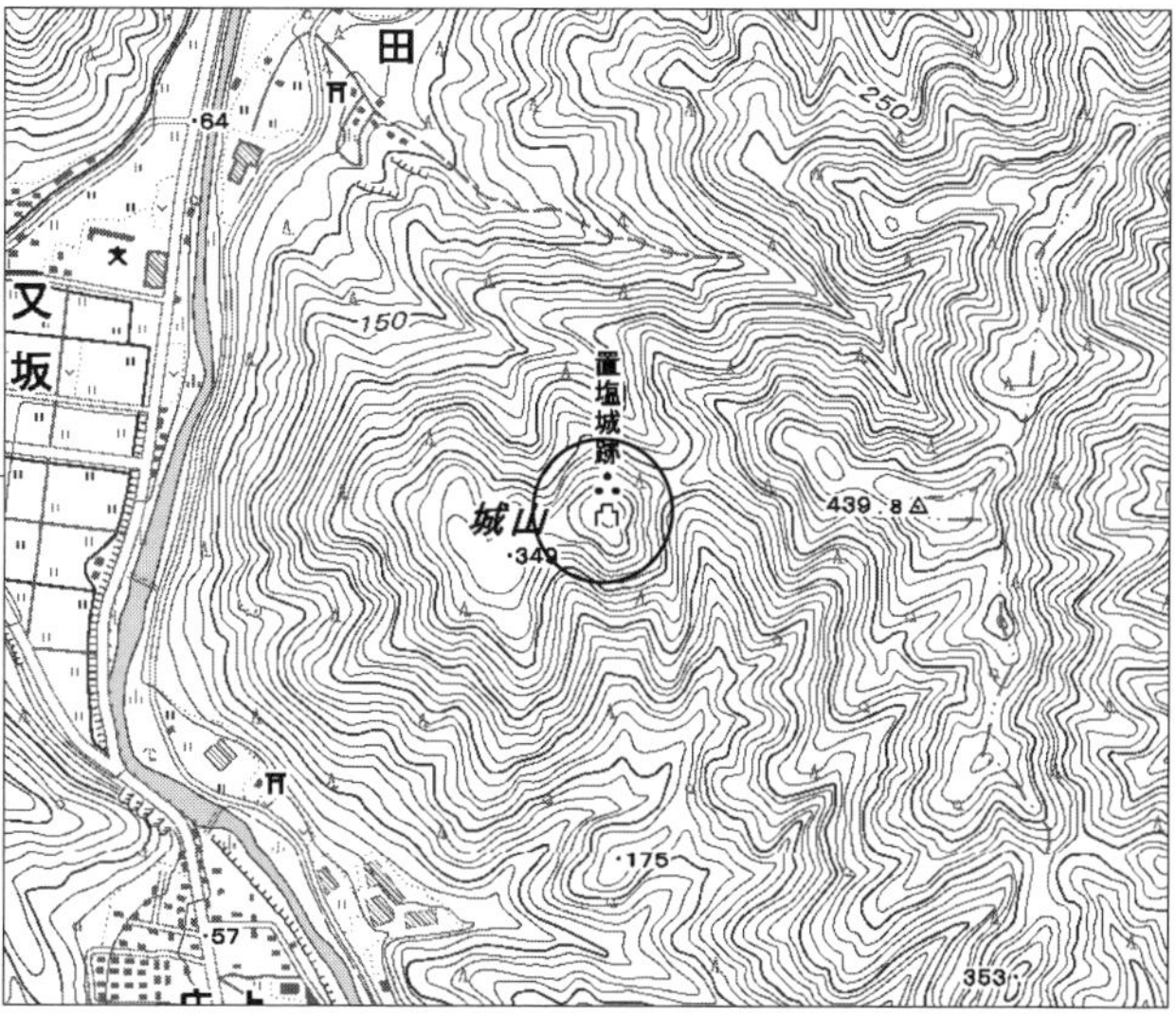

＊1　依藤二〇〇六

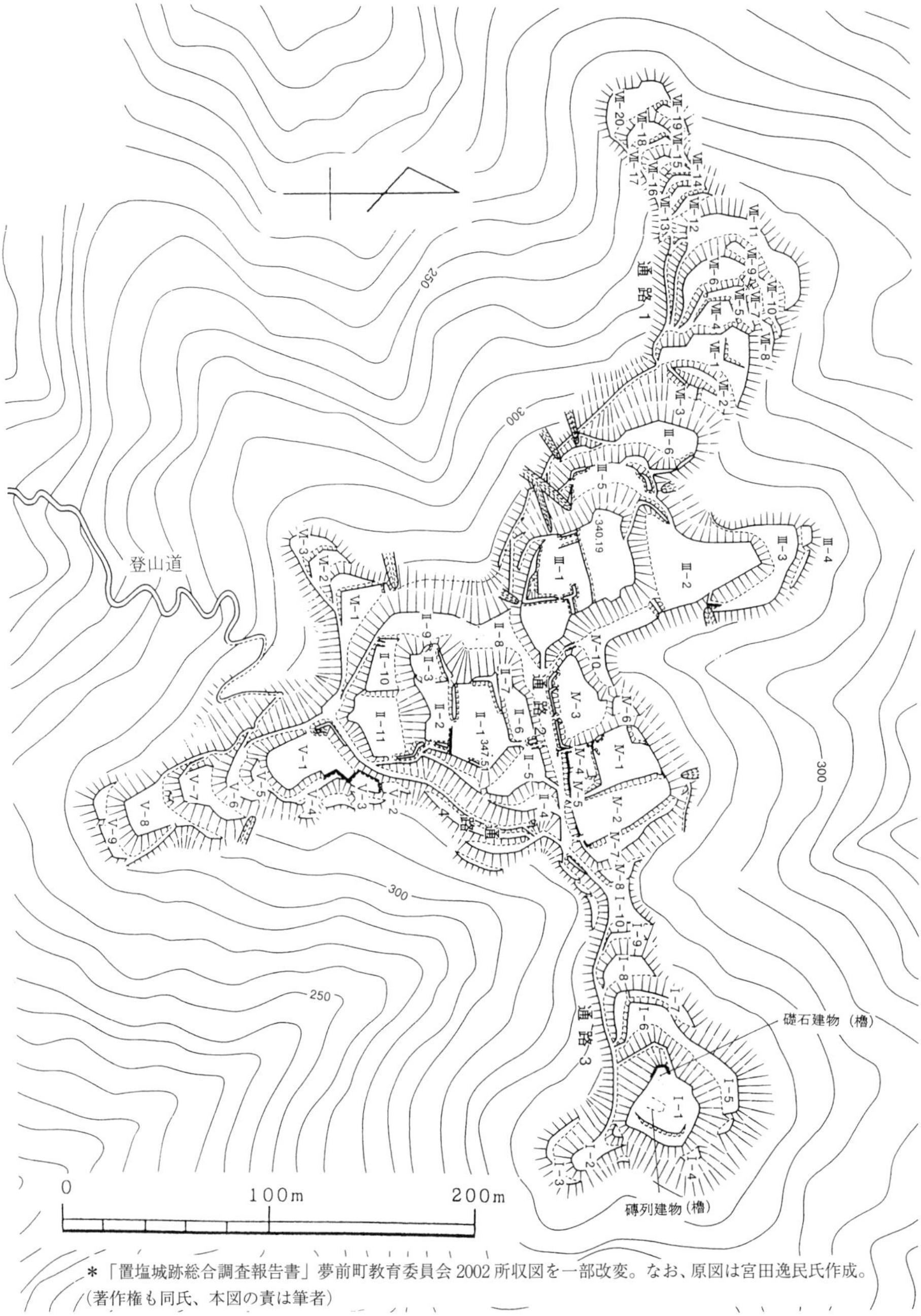

＊「置塩城跡総合調査報告書」夢前町教育委員会 2002 所収図を一部改変。なお、原図は宮田逸民氏作成。（著作権も同氏、本図の責は筆者）

置塩城縄張図　山上 2014 より転載

守居を残して高砂の梶原駿河守の館へ移っている。十一月四日には尼子軍により置塩城が攻撃を受けたが、留守居衆がこれを防いでいる。＊2

しかし、尼子に味方した国衆によって、晴政は本拠に戻ることは叶わず、天文八年には別所村治を頼り三木城に入った。だが、村治が尼子方に内通したとの噂が立ったことから、晴政は身の危険を感じ、十二月二十五日に三木城から摂津滝山《たきやま》（神戸市中央区）へ退き、天文九年正月に和泉堺（大阪府堺市）へ亡命している。＊3 その後、晴政は尼子に味方した小寺則職・明石祐行《あかしすけゆき》が自らに忠誠を誓ったことを受け、十二月一日に摂津兵庫（神戸市兵庫区）へと移り、天文十年正月二十八日に英賀《あが》へ帰国した。＊4 晴政は、同年末頃にようやく置塩城に戻ったようである。

天文二十二年六月十七日、晴政は安養禅寺《あんようぜんじ》（兵庫県姫路市）で父義村の三十三回忌法要を営んだ。これに際して仁如集堯《にんじょしゅうぎょう》が書いた法語に「（前略）播磨国飾西郡置塩山城居住、大功徳主源朝臣晴政」＊5 とあることから、晴政が置塩城に居住していたことがわかる。

永禄元年（一五五八）八月七日、嫡男義祐によるクーデターにより「置塩不慮」に陥り、「南条構」に敵が取り詰めたが、小南与三郎の奮戦により、翌日、晴政は娘婿の赤松政秀《まさひで》を頼り龍野（兵庫県たつの市）に逃れた。＊6

永禄十二年八月、毛利元就の要請を受けた織田信長は、将軍足利義昭の命により、但馬・播磨へ派兵した。播磨へは木下助右衛門尉・木下定利・福嶋や池田勝正のほか、別所氏も加わり、約二万の軍勢で合戦に及び、増井・地蔵院両城、大塩・高砂・庄山の各城を攻め落としている。置塩城や小寺政職の御着城のほか曽根城も降伏間近となった。＊7 しかし、播磨国衆の反撃により、置塩城等は持ちこたえ、まもなく織田軍は撤退している。

元亀三年（一五七二）十月、足利義昭と織田信長の調停により、毛利・浦上・宇喜多氏が和睦した。

＊2　十一月四日付「白国与次郎宛櫛橋村貞・小寺祐職連署書状」『白国文書』姫八・一三三六

＊3　神宮文庫『得平記』

＊4　神宮文庫『得平記』

＊5　「祥光院殿三十三回忌陞座拙語」『鏤氷集』姫八・一四二三

＊6　八月七日付「小南与三郎宛赤松晴政感状」『小南文書』東京大学史料編纂所謄写本『阿波国古文書』、「赤松系図」『上月文書』姫八・一四二九

＊7　八月十九日付「毛利元就他宛朝山日乗書状写」『益田家什書』姫八・一四六五

Ⅰ－１郭西櫓台

これにともない、浦上氏の主君である赤松義祐の跡を継いだ則《のり》房《ふさ》も、信長と和睦したとみられる。以後、則房は一貫して織田方の立場を取ることとなる。

天正三年（一五七五）五月五日、置塩城は夜討ちを受けた。この戦いでは、敵兵が「屋上」「屋祢」「屏」に取り登っていたところ、「外丸」より上月秀盛《こうづきひでもり》・芥田某が懸け入り、これを撃退した。[*8]また、六日に白国次大夫が在所より懸け来て「剥口」において恒屋《つねや》肥前守を討ち取っている。[*9]この夜討ちを仕掛けたのは、宍粟郡の宇野《うの》氏か備前岡山の宇喜多氏の可能性が高いと指摘されている。[*10]

秀吉の播磨攻めの最中にあった天正七年正月二十八日、信長は則房に対し、「置塩表」で毛利安芸衆と合戦に及び、数人を討ち取ったことを賞している。合わせて、置塩城は西国に対する処置のために残しているところであり、より一層しっかり対処するように頼んでいる。[*11]しかし、これについては偽文書の可能性が指摘されている。[*12]

天正八年四月、秀吉は播磨平定にあたって、九城の城破りを命じ、その筆頭として「置塩之御城」は小野木《おのぎ》清次《きよつぐ》・山崎四郎右衛門尉によって破却された。[*13]

【遺構】　城山山頂の東側頂部（標高三七〇ｍ）のⅠ—１郭を中心とする曲輪群、鞍部を挟んで西側頂部（標高三四七ｍ）のⅡ—１郭を中心とする曲輪群（Ⅱ・Ⅲ・Ⅳ・Ⅴ—１郭）、Ⅴ・Ⅵ・Ⅶ郭で構成される尾根先端の曲輪群に大別され、七〇以上の曲輪が展開する。[*14]

Ⅰ－１郭石垣

＊8　五月十三日付「上月秀盛宛赤松則房感状」『上月文書』姫八・一四八六、五月十三日付「芥田某宛赤松則房感状」『芥田家文書』姫八・一四八七

＊9　五月十三日付「白国次大夫宛赤松則房感状」『白国文書』姫八・一四八八

＊10　依藤二〇〇六

＊11　正月二十八日付「赤松則房宛織田信長印判状写」（『武家事紀』姫八・一五五二

平成十三〜十七年度にかけて夢前町教育委員会により発掘調査が実施された。*15

Ⅰ―1郭は主郭とみられ、中央南側に南北方向の塼列建物が検出されている。これは天守に近いシンボル的建物と推測されている。南西隅は櫓台とみられ、法面に石垣が築かれ、上面においては礎石建物跡が検出されている。城内の中心的曲輪の一つと考えられる。

Ⅱ―1郭を中心とする曲輪群は、大規模な曲輪が城道によってつながれている。方形を意識し、周囲に築地とみられる土塁がめぐる曲輪群が目立つ。特にⅡ―1・Ⅲ―1・Ⅳ―2郭では、庭石を配した庭園が確認されている。Ⅱ―1郭は南側法面に石垣が築かれるとともに、庭とセットとなる御殿建物とみられる石組の雨落ち溝を伴う礎石建物跡が検出されていることから、城内の中心的曲輪の一つと考えられる。

上：Ⅱ－１郭庭園立石　下：Ⅱ－１郭建物雨落溝

尾根先端の曲輪群は、地形に沿った形状で連郭しており、土塁はみられない。Ⅵ―2郭には大石垣がみられる。

全体の曲輪群を通して、切岸防御が主体であり、部分的ではあるが三mに満たない垂直状の低い石垣が五〇箇所で確認されている。現在の遺構は、永禄末〜天正年間前半であることが発掘調査により判明している。

＊12　渡邊二〇一八

＊13　四月二十六日付「国中城わるべき覚」『一柳文書』秀・二三五

＊14　夢前町教育委員会二〇〇二

＊15　夢前町教育委員会二〇〇六

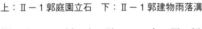

Ⅵ－２郭大石垣

出土遺物は、戦国時代後半のものが中心である。土器片は約一万四〇〇〇点を数え、土師器が八五%近くを占めている。このほか、中国産の陶磁器、備前焼等がそれぞれ約六%となっている。特に土師器は京都系土師器皿が多くを占めている。瓦は、Ⅰ—１郭とⅡ—１郭で大半が出土しており、時期については前者が天正期前半、後者が永禄期頃とされる。特にⅡ—１郭で出土した鳥衾《とりぶすま》（隅棟の先端で鬼瓦の上にのせる、長くそって突き出した丸瓦）には「甚六作」の銘があり、姫路系瓦工人橘国次《たちばなくにつぐ》の息子で三木在住の甚六《じんろく》が関与していたことがわかる。

【評価】主要な曲輪では瓦葺き礎石建物や塼列建物のほか部分的に石垣を備え、庭園を配置するなど格式の高い曲輪群が展開する。これは、守護所機能を山城に移設したものと評価でき、その点においては、播磨守護にふさわしい山城であったといえよう。しかし、主郭への求心性は低く、並列的な曲輪配置であり、石垣も低く垂直状に積まれていることから、播磨在地の技術で発展した山城の最終形態を示すものといえよう。＊16

＊16　兵庫県立考古博物館二〇一八、山上二〇一四

尼子氏終焉の城

39 上月城《こうづきじょう》

指定区分：未指定
所在地：佐用郡佐用町上月
遺構：曲輪・堀切・畝状空堀群
規模：二八〇×一五〇m
標高／比高：一九〇m／一〇〇m

【選地】佐用川《さようがわ》と幕山川《まくやまがわ》の合流点の南南西約八〇〇mの荒神山《こうじんやま》に位置する。天正六年の毛利軍の陣城として、谷を挟んだ南側山上に大亀山城、佐用川を挟んだ北東側の山上に仁位山《にいやま》城がそれぞれ位置しており、備前・美作との境目の城として、織田・毛利との争奪戦が繰り広げられた。

幕山川越しに城跡を望む（東から）

【歴史】築城時期は不明である。一次史料によると、天正五年（一五七七）十月の羽柴秀吉による播磨攻めの際には赤松七条《しちじょう》家が城主となっていた。

十一月二十七日、秀吉による上月城攻めが始まり、竹中重治《たけなかしげはる》・黒田孝高が福原《ふくはら》城（兵庫県佐用町）を攻め落とした。勢いに乗った秀吉軍は攻勢を強め、十二月三日に上月城は落城した。秀吉は毛利氏に敗れ出雲を逐われていた尼子勝久《かつひさ》・山中幸盛《やまなかゆきもり》等を上月城に配置した。[*1] しかし、翌天正六年四月中旬から毛利軍の攻勢を受け、秀吉

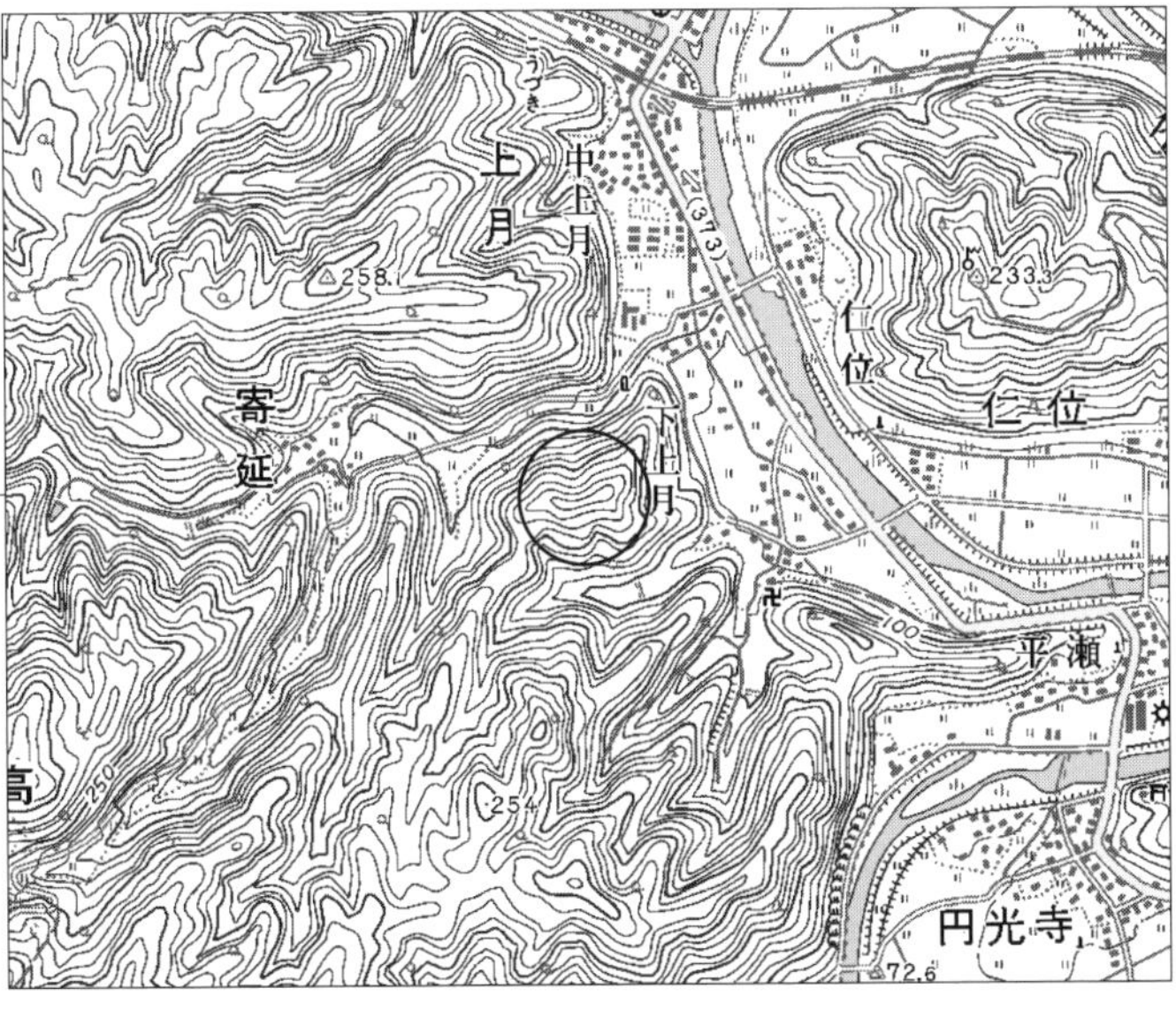

＊1　十二月五日付「下村玄蕃助宛羽柴秀吉書状」『下郷共済文庫所蔵文書』秀・一五二

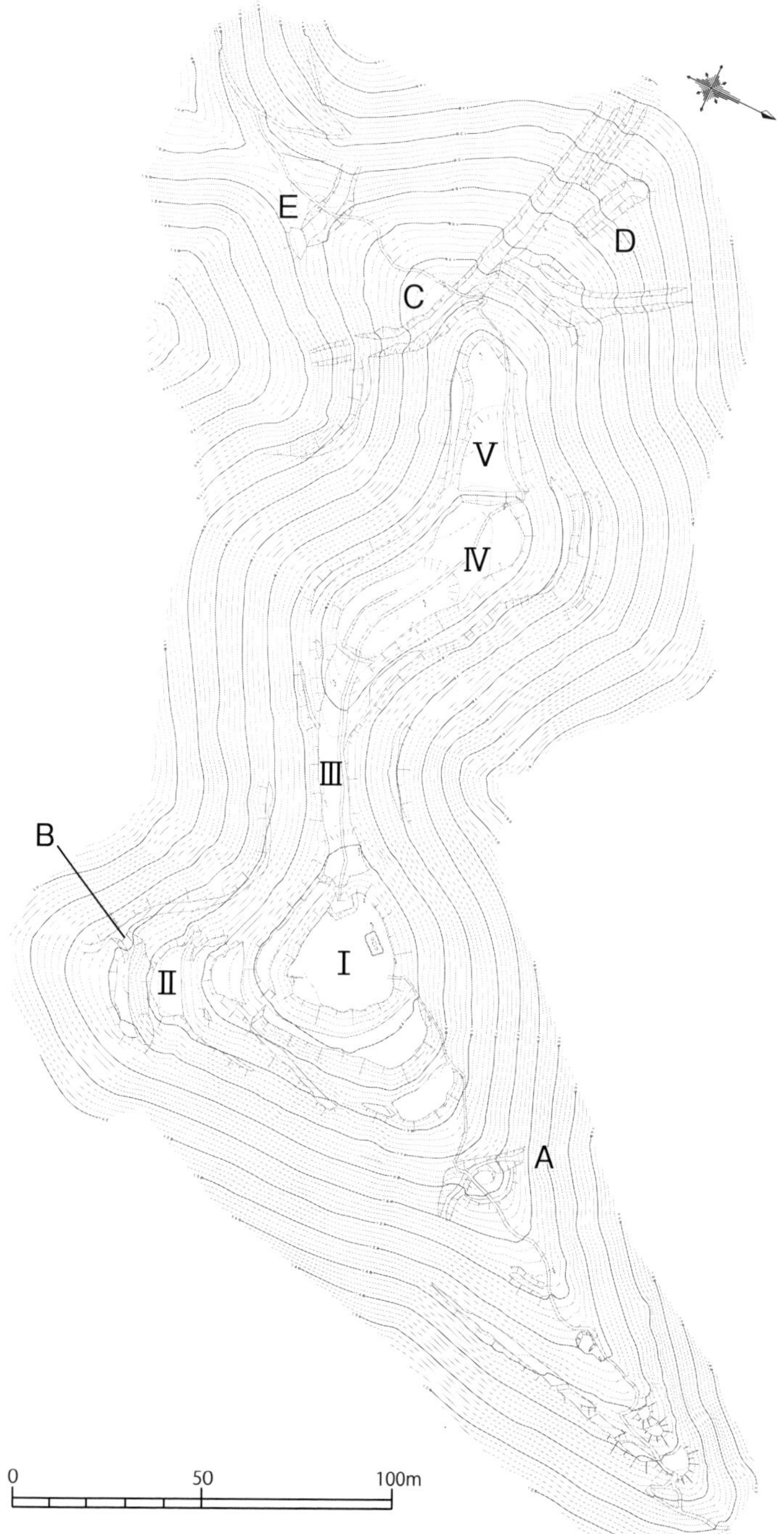

上月城跡測量図　図面提供：佐用町教育委員会

等による援軍も及ばず、七月五日に落城した。[*2]

【遺構】東西に延びる尾根上に遺構が広がっている。東側のピークに主郭Ⅰが位置する。曲輪内には、城主とされる赤松政範《まさのり》の供養碑がある。南西端に虎口状の窪みがあり、Ⅲ郭とつながる。

北東尾根続きは、二段の曲輪を連ねた先は堀切Aが設置されている。その先は断続的に小曲輪が連なるが、基本的には城外とみられる。南尾根続きにも曲輪を連ね、「ヤクラ丸」と伝わるⅡ郭が続き、その下の曲輪の南西隅が竪堀状遺構Bとなり、城域を画す。

Ⅲ郭は、主郭ⅠとⅣ郭をつなぐ細長い曲輪である。Ⅳ郭のほうがやや高いが、明瞭な段差はみられない。Ⅳ郭は城内西側のピークであるが、特筆される遺構はみられない。西側に低くなっていき、北西隅のスロープによりⅤ郭とつながる。Ⅴ郭は、東西方向に延び、Ⅳ郭・Ⅴ郭の南側一段下には、帯曲輪が配されている。南西尾根続きは堀切Cとそこから派生する畝状空堀群D、南西尾根続きの堀切Eによって城域を画している。

【評価】基本的には切岸と堀切主体の縄張り構造であり、発達した防御遺構は見受けられない。織田方の城になってからも、基本的には赤松七条家の段階と大差なかったと考えられる。天正六年七月の落城後、史料的には確認できないことから、まもなく廃城となったようである。

主郭Ⅰ（東から）

堀切C（西から）

＊2　『石山本願寺日記』

【主要参考文献】

天野忠幸「西摂一向一揆と荒木村重」(『寺内町研究』第四号、貝塚寺内町歴史研究会、一九九九年)

同『荒木村重』(戎光祥出版、二〇一七年)

伊賀なほゑ「在郷町成立の一考察―播磨国美嚢郡三木町を例として―」(『ヒストリア』第一六〇号、大阪歴史学会、一九九八年)

同「三木町の形成」(『三木城跡及び付城跡群総合調査報告書』、三木市教育委員会、二〇一〇年)

岩本晃一「三木落城後の大量殺戮説に対する考察」(『歴史と神戸』第五五巻第一号、神戸史学会、二〇一六年)

大阪城天守閣『特別展 秀吉お伽衆―天下人をとりまく達人たち―』(大阪城天守閣特別事業委員会、二〇〇七年)

小川雄『水軍と海賊の戦国史』(平凡社、二〇二〇年)

小野市立好古館『加古川流域の城館』(小野市立好古館、二〇〇一年)

加古川市史編さん専門委員『加古川市史』第2巻 本編Ⅱ(加古川市、一九九四年)

加古郡役所『加古郡誌』(一九一三年)

金松誠『三木城跡及び付城跡群総合調査報告書 総括編』(三木市教育委員会、二〇一二年)

同「播磨三木城攻めの付城群」(『織豊城郭』13、織豊期城郭研究会、二〇一三年)

同「衣笠城」(『図解近畿の城郭』Ⅱ、戎光祥出版、二〇一五年a)

同「宿原城」(『図解近畿の城郭』Ⅱ、戎光祥出版、二〇一五年b)

同「毘沙門城」(『図解近畿の城郭』Ⅲ、戎光祥出版、二〇一六年)

同「奥谷城」(『図解近畿の城郭』Ⅴ、戎光祥出版、二〇一八年a)

同「市野瀬城」(『図解近畿の城郭』Ⅴ、戎光祥出版、二〇一八年b)

同「三木城の縄張構造に関する復元的研究」(『みなぎの2―平成30・令和元年度 三木市立みき歴史資料館年報・紀要―』三木市立みき歴史資料館、二〇二〇年)

金松誠・廣井愛邦「三木城跡・付城跡群・多重土塁の発掘調査の成果」(『三木城跡及び付城跡群総合調査報告書』、三木市教育委員会、二〇一〇年)

神田千里『顕如―仏法再興の志を励まれ候べく候―』(ミネルヴァ書房、二〇二〇年)

木内内則　「有安城」（『図解近畿の城郭』Ⅲ、戎光祥出版、二〇一六年）
黒田恭正　「淡河城」（『城館からみた中世の播磨』、第8回播磨考古学研究集会実行委員会、二〇〇七年）
小島道裕　「織豊期の都市法と都市遺構」（『国立歴史民俗博物館研究報告』第8集、国立歴史民俗博物館、一九八五年）
小林基伸　「播磨の破城令について」（『播磨置塩城跡発掘調査報告書』、夢前町教育委員会、二〇〇六年）
同　「三木合戦の経緯」（『三木城跡及び付城跡群総合調査報告書』、三木市教育委員会、二〇一〇年）
同　「三木城の最期について」（『歴史と神戸』第五一巻第四号、神戸史学会、二〇一二年）
柴裕之編著　『図説豊臣秀吉』（戎光祥出版、二〇二〇年）
高橋成計　『織豊系城郭事典』（戎光祥出版、二〇一八年）
同　『明智光秀の城郭と合戦』（戎光祥出版、二〇一九年）
竹本千鶴　「秀吉書状に見える「御茶湯御政道」の再検討」（『織豊期の茶会と政治』、思文閣出版、二〇〇六年）
多田暢久　「播磨野村城の縄張りについて―三木合戦における陣城の構造―」（『歴史と神戸』第三十巻第六号、神戸史学会、一九九一年）
同　「織豊期城郭における軽量礎石建物について―近畿地域の陣城事例を中心に―」（『織豊城郭』第8号、織豊期城郭研究会、二〇〇一年）
同　「淡河城」（『近畿の名城を歩く』大阪・兵庫・和歌山編、吉川弘文館、二〇一五年a）
同　「三津田城」（『図解近畿の城郭』Ⅱ、戎光祥出版、二〇一五年b）
同　「野村城」（『図解近畿の城郭』Ⅱ、戎光祥出版、二〇一五年c）
田中幸夫　「三木城出土瓦について」（『織豊城郭』創刊号、織豊期城郭研究会、一九九四年）
永惠裕和　「志方城」（『図解近畿の城郭』Ⅳ、戎光祥出版、二〇一七年a）
同　「神吉城」（『図解近畿の城郭』Ⅳ、戎光祥出版、二〇一七年b）
姫路市教育委員会　『御着城跡発掘調査概報』（一九八一年）
姫路市史編集専門委員会　『姫路市史』第七巻下　資料編　考古（姫路市、二〇一〇年）
同　『姫路市史』第二巻　本編　古代　中世（姫路市、二〇一八年）
姫路市埋蔵文化財センター　『御着城跡―黒田官兵衛　起つ―』（二〇一四年a）

同　　『黒田官兵衛 成る』(二〇一四年b)
兵庫県教育委員会　『兵庫県の中世城館・荘園遺跡―兵庫県中世城館・荘園遺跡緊急調査報告―』(一九八二年)
兵庫県教育委員会埋蔵文化財調査事務所　『三木市加佐山城跡・慈眼寺山城跡』(兵庫県教育委員会、一九九五年)
兵庫県立考古博物館　『吉田住吉山遺跡群』(兵庫県教育委員会、二〇一一年)
同　　『兵庫山城探訪』(二〇一八年)
藤田均　「吉川谷の渡瀬氏を訪ねて(報告その2)」(『三木史談』三八、三木郷土史の会、一九九七年)
堀口健弐　「吉田住吉山遺跡」(『図解近畿の城郭』Ⅳ、戎光祥出版、二〇一七年)
堀新　「織田信長と勅命講和」(『織豊期王権論』、校倉書房、二〇一一年)
同　　「三木合戦にみる古文書・軍記・合戦図の比較研究―「一人による犠牲死」を中心に―」(『軍記と語り物』五四、軍記・語り物研究会、二〇一八年)
松林靖明・山上登志美『別所記―研究と資料―』(和泉書院、一九九六年)
三木市教育委員会　『三木市埋蔵文化財調査概報』昭和50年度～昭和59年度(一九八六年)
同　　『三木市埋蔵文化財発掘調査概要報告書』Ⅱ　昭和60年度～平成6年度(二〇〇〇年)
同　　『三木市遺跡分布地図』(二〇〇一年)
同　　『シクノ谷峯構付城跡・高木大塚城跡』(二〇〇七年)
同　　『三木城跡発掘調査報告書―三木城本丸遺跡・南構遺跡―』(二〇〇八年)
同　　『三木市平成20・22・23年度国庫補助事業による発掘調査報告書』(二〇一三年)
同　　『三木市平成24～26年度国庫補助事業による発掘調査報告書』(二〇一五年)
同　　『三木合戦を知る』(第3版)(二〇一九年)
三木郷土史の会　『累年覚書集要―明石藩三木郡小川組大庄屋安福家七代の記録―』(三木市教育委員会、一九九四年)
三木市史編さん委員会　『新三木市史』地域編6　口吉川の歴史(三木市、二〇二〇年)
三木城跡及び付城跡群学術調査検討委員会『三木城跡及び付城跡群総合調査報告書』(三木市教育委員会、二〇一〇年)
光成準治　『本能寺前夜　西国をめぐる攻防』(KADOKAWA、二〇二〇年)
美嚢郡教育会　『兵庫県美嚢郡誌』(一九二六年)
宮田逸民　「平井山本陣」(『日本城郭大系』12、新人物往来社、

同　一九八一年ａ）
同　「衣笠城」（『日本城郭大系』12、新人物往来社、一九八一年ｂ）
同　「三津田城」（『日本城郭大系』12、新人物往来社、一九八一年ｃ）
同　「播州平井山陣城―三木合戦における秀吉の陣所―」（『賀毛』9、賀毛郷土研究会、一九八二年）
同　「織田政権と三木城包囲網―秀吉による「三木の干殺し」の検証―」（『歴史と神戸』第三十巻第六号、神戸史学会、一九九一年）
同　「三木城跡・付城跡・多重土塁の縄張りと現状」（『三木城跡及び付城跡群総合調査報告書』、三木市教育委員会、二〇一〇年ａ）
同　「三木城並びに付城群の考察」（『三木城跡及び付城跡群総合調査報告書』、三木市教育委員会、二〇一〇年ｂ）
同　「淡河城並びに付城」（『図解近畿の城郭』Ⅱ、戎光祥出版、二〇一五年）
同　「石野館」（『図解近畿の城郭』Ⅴ、戎光祥出版、二〇一八年ａ）
同　「三木城包囲網縮小後―三木合戦「三木の干殺しの完結―」（『「城郭談話会特別例会～徹底討論～『図解近畿の城郭Ⅰ～Ⅴ』発刊記念報告会」資料集』城郭談話会、二〇一八年ｂ）
山上雅弘　「中尾城」（『三田市史』第三巻 古代・中世資料、三田市、二〇〇〇年）
同　「置塩城」（『図解近畿の城郭』Ⅰ、戎光祥出版、二〇一四年）
山崎敏昭　「播磨の城郭瓦の様相―播磨系あるいは姫路系瓦工人のふるさと「播磨国」における城館瓦の観察から―」（『続 織豊期城郭瓦研究の新視点』、織豊期城郭研究会、二〇一八年）
山下晃誉　『上月合戦』（兵庫県上月町、二〇〇五年）
山本浩樹　「戦国期但馬国をめぐる諸勢力の動向」（『山陰山名氏』、戎光祥出版、二〇一八年）
夢前町教育委員会　『置塩城跡総合調査報告書』（二〇〇二年）
同　『播磨置塩城跡発掘調査報告書』（二〇〇六年）
吉川町誌刊行委員会　『吉川町誌』（吉川町教育委員会、一九七〇年）
依藤保　「『赤松記』と吉川荘北河村の得平氏」（『三木史談』四六、三木郷土史の会、二〇〇一年）
同　「播磨置塩城主赤松氏の動向」（『播磨置塩城跡発掘調査

報告書』、夢前町教育委員会、二〇〇六年）
同　「三木城主赤松別所氏の動向」（『三木城跡及び付城跡群総合調査報告書』、三木市教育委員会、二〇一〇年ａ）
同　「羽柴秀吉の筑前守・藤吉郎通称考」（『城郭研究室年報』第24号、姫路市立城郭研究室、二〇一五年）
渡邊大門　「播磨三木合戦に関する一考察―天正六年の情勢を中心にして―」（『十六世紀史論叢』第八号、十六世紀史研究学会、二〇一七年）
同　「天正七・八年における三木合戦の展開について」（『十六世紀史論叢』第九号、十六世紀史研究学会、二〇一八年）
同　「丹波八上城の攻防をめぐる一考察」（『戦国・織豊期の政治と経済』、歴史と文化の研究所、二〇一九年）

【基本資料集】

天野忠幸『戦国遺文』三好氏編第一～三巻（東京堂出版、二〇一三年～二〇一五年）

奥野高廣『増訂織田信長文書の研究』下巻、補遺・索引〔オンデマンド版〕（吉川弘文館、二〇〇七年）

奥野高廣・岩沢愿彦校注『信長公記』（角川書店、一九六九年）

久世町史資料編編纂委員会『久世町史』資料編　第一巻 編年資料（久世町教育委員会、二〇〇四年）

新熊本市史編纂委員会『新熊本市史』史料編第二巻　古代 中世（熊本市、一九九三年）

土居聡明・村井祐樹・山内治朋『戦国遺文』瀬戸内水軍編（東京堂出版、二〇一二年）

名古屋市博物館『豊臣秀吉文書集』一・二（吉川弘文館、二〇一五年・二〇一六年）

「播州御征伐之事」（『群書類従』第二一輯合戦部〔オンデマンド版〕、八木書店、二〇一三年）

姫路市史編集専門委員会『姫路市史』第八巻 史料編 古代 中世1（姫路市、二〇〇五年）

兵庫県史編集専門委員会『兵庫県史』史料編中世二・中世七・中世九古代補遺・近世一（兵庫県、一九八七年・一九八九年・一九九三年・一九九七年）

藤田達生・福島克彦『明智光秀 史料で読む戦国史』（八木書店、二〇一五年）

山口県文書館『萩藩閥閲録』第一～三巻（マツノ書店、一九九五年）

依藤保「三木城跡・別所氏をめぐる史料と解説」（『三木城跡及び付城跡群総合調査報告書』、三木市教育委員会、二〇一〇年b）

和歌山県史編さん委員会『和歌山県史』中世史料二（和歌山県、一九八三年）

和歌山市史編纂委員会『和歌山市史』第四巻 古代中世史料（和歌山市、一九七七年）

あとがき

　奈良大学で城郭研究という分野に出会い、奈良県の城郭と戦国史を中心に調査研究を続けていた私にとって、三木城と付城群を研究テーマとするきっかけとなったのは、平成二十一年（二〇〇九）十月の三木市への奉職である。以来、文化財担当職員として付城跡の発掘調査や、三木城跡及び付城跡・土塁の史跡指定に向けた一連の取り組み、史跡指定後の整備に至るまでその業務に携わっている。元々、三好・松永方の陣城や織豊勢力の陣城に関する論文を発表するなど、以前より陣城研究に強い関心があったことから、自身にとってもやりがいを感じながら取り組んでいるところである。

　本書執筆の経緯は、平成二十八年八月に岐阜市で開催された全国城郭研究者セミナーに参加した際に、戎光祥出版株式会社代表取締役の伊藤光祥氏からお声をかけていただいたことがきっかけであった。ただ、その後にお話しいただいた『松永久秀』と『筒井順慶』等の執筆や奈良県中近世城館跡調査報告書作成に係る現地調査を優先させた関係で、先延ばしとなっていた。そして、これらが一段落つき、これまで積み重ねてきた調査研究成果を土台として、執筆を進めていくことで、ここにようやく刊行するに至った。本書を通して、秀吉の播磨攻めについて関心を持っていただくとともに、現地を訪れていただけたら幸いである。

　現在、三木市は整備基本計画に基づき、史跡の保存活用のための整備を進めており、早ければ令和四年度以降に三木城本丸跡・二の丸跡の発掘調査も予定されている。今後も新たな発見が期待され、伸びしろのある研究テーマといえる。担当者として、今後とも日々研鑽に励み、その成果を社会に還元できるよう努めてまいりたい。

最後になるが、長年にわたり三木城攻めの付城群の調査研究を続けてこられ、日頃からご指導いただいている宮田逸民氏に感謝の意を表したい。また、『松永久秀』の執筆以来、編集を担当いただいている丸山裕之編集長にも、この場を借りてお礼申し上げたい。

令和三年三月

金松　誠

【著者略歴】

金松 誠（かねまつ・まこと）

1977年（昭和52年）生まれ。大阪府出身。奈良大学大学院文学研究科文化財史料学専攻博士前期課程修了。現在、三木市立みき歴史資料館係長。城郭談話会会員。

著書に、『松永久秀』（戎光祥出版、2017年）、『筒井順慶』（戎光祥出版、2019年）。論文に、「戦国期における大和口宇陀地域の城館構成と縄張技術」（『城館史料学』6、城館史料学会、2008年）、「播磨三木城攻めの付城群」（『織豊城郭』13、織豊期城郭研究会、2013年）、「織豊系城郭の陣城」（『織豊系城郭とは何か－その成果と課題－』、サンライズ出版、2017年）、「三木城の縄張構造に関する復元的研究」（『みなぎの2－平成30・令和元年度　三木市立みき歴史資料館年報・紀要－』、三木市立みき歴史資料館、2020年）などがある。

図説 日本の城郭シリーズ⑯

秀吉《ひでよし》の播磨《はりま》攻《ぜ》めと城郭《じょうかく》

2021年5月10日 初版初刷発行

著　　者　金松　誠
発 行 者　伊藤光祥
発 行 所　戎光祥出版株式会社
〒102-0083 東京都千代田区麹町1-7 相互半蔵門ビル8F
TEL:03-5275-3361(代表)　FAX:03-5275-3365
https://www.ebisukosyo.co.jp

印刷・製本　モリモト印刷株式会社
装　　丁　山添創平

ISBN978-4-86403-385-5